GESTÃO DA QUALIDADE DE VIDA NO TRABALHO

O selo DIALÓGICA da Editora InterSaberes faz referência às publicações que privilegiam uma linguagem na qual o autor dialoga com o leitor por meio de recursos textuais e visuais, o que torna o conteúdo muito mais dinâmico. São livros que criam um ambiente de interação com o leitor – seu universo cultural, social e de elaboração de conhecimentos –, possibilitando um real processo de interlocução para que a comunicação se efetive.

Gestão da qualidade de vida no trabalho

Lorena Carmen Gramms
Erika Gisele Lotz

EDITORA
intersaberes

Rua Clara Vendramin, 58 . Mossunguê
CEP 81200-170 . Curitiba . PR . Brasil
Fone: (41) 2106-4170
www.intersaberes.com
editora@editoraintersaberes.com.br

Conselho editorial	Dr. Ivo José Both (presidente)
	Dr.ª Elena Godoy
	Dr. Nelson Luís Dias
	Dr. Neri dos Santos
	Dr. Ulf Gregor Baranow
Editora-chefe	Lindsay Azambuja
Supervisora editorial	Ariadne Nunes Wenger
Analista editorial	Ariel Martins
Capa: *design*	Sílvio Gabriel Spannenberg
imagem	kurhan e Rawpixel.com/Shutterstock
Projeto gráfico	Fernando Zanoni Szytko
Diagramação	Alfredo Netto

Dados Internacionais de Catalogação na Publicação (CIP)
(Câmara Brasileira do Livro, SP, Brasil)

Gramms, Lorena Carmen
   Gestão da qualidade de vida no trabalho/Lorena Carmen Gramms, Erika Gisele Lotz. Curitiba: InterSaberes, 2017.

   Bibliografia.
   ISBN 978-85-5972-380-9

   1. Administração de empresa 2. Administração de pessoal 3. Qualidade de vida no trabalho 4. Recursos humanos I. Lotz, Erika Gisele. II. Título.

17-02534   CDD-658.31422

Índices para catálogo sistemático:
1. Qualidade de vida no trabalho: Administração de pessoal: Administração de empresas 658.31422

Foi feito o depósito legal.
1ª edição, 2017.

EDITORA AFILIADA

Informamos que é de inteira responsabilidade das autoras a emissão de conceitos.
Nenhuma parte desta publicação poderá ser reproduzida por qualquer meio ou forma sem a prévia autorização da Editora InterSaberes.
A violação dos direitos autorais é crime estabelecido na Lei n. 9.610/1998 e punido pelo art. 184 do Código Penal.

Sumário

7 *Dedicatória*

9 *Apresentação*

13 *Como aproveitar ao máximo este livro*

1
16 Gestão da qualidade de vida no trabalho
18 1.1 Qualidade de vida
27 1.2 Qualidade de vida no trabalho
39 1.3 Gestão da QVT
40 1.4 Cultura organizacional e QVT
42 1.5 Clima organizacional e gestão da QVT

2
50 Estresse e qualidade de vida no trabalho
51 2.1 Estresse
74 2.2 Estresse e trabalho

3
94 As relações de assédio e a qualidade de vida no trabalho
95 3.1 Assédios no trabalho
96 3.2 Assédio moral
112 3.3 Assédio intelectual
113 3.4 Assédio sexual
115 3.5 Gestão da QVT e estratégias de prevenção de assédios

4
124 Modelos e instrumentos para avaliação da qualidade de vida no trabalho
126 4.1 Índice de Desenvolvimento Humano (IDH)
127 4.2 Hierarquia das necessidades, de Abraham Maslow
130 4.3 Teoria dos dois fatores, de Frederick Herzberg
131 4.4 Modelos de avaliação da QVT
139 4.5 Instrumentos para medição e avaliação da QVT

5
180 Implantação e gestão de programas de qualidade de vida no trabalho
181 5.1 Preparação da organização
189 5.2 Planejamento do programa
206 5.3 Execução do programa
209 5.4 Verificação do programa
212 5.5 Identificação de oportunidades de melhorias

6
218 Coletânea de ações e atividades de qualidade de vida no trabalho
219 6.1 Dimensão biológica
227 6.2 Dimensão psicológica
232 6.3 Dimensão social
238 6.4 Dimensão organizacional

249 *Para concluir...*

251 *Referências*

267 *Bibliografia comentada*

269 *Respostas*

279 *Sobre as autoras*

Dedicatória

À minha amada família: marido, filhos, mãe, irmãos e irmãs – os alicerces e a razão de minha existência, com os quais vivo momentos mágicos e de pura felicidade!

Lorena Gramms

Às pessoas que inspiram e iluminam minha jornada, em especial a Kelly Eloá Lotz de Souza e Jo Pavezi, com reverência, amor e profunda gratidão!

Erika Lotz

Apresentação

As organizações estão inseridas na atualidade em um cenário de mudanças constantes e cada vez mais velozes, em especial em função dos avanços das tecnologias da informação e comunicação (TICs). Nesse ambiente frequentemente transformado, as empresas atuam e empreendem buscando produtividade e lucratividade. Com essa finalidade, ao longo das últimas décadas, elas têm investido esforços no sentido de desenvolver e aprimorar competências nas áreas de gestão financeira, produção, sistemas de informação, *marketing*, logística, qualidade e inovação, entre outras.

Contudo, sabemos que *gerir* significa obter resultados por meio das pessoas. Essa afirmação, embora bastante simples, nos remete a um campo altamente complexo das interações humanas que, quando saudáveis, promovem prazer, alegria e bem-estar, e, quando insalubres, são potentes geradoras de distúrbios, doenças e crises.

Nesse sentido, podemos afirmar que, para que possam alcançar suas metas de produtividade, crescimento e desenvolvimento, competitividade e sustentabilidade, é imperativo que as organizações desenvolvam competências relativas à gestão da qualidade de vida no trabalho (QVT), que, em termos simples, significa **promover o bem-estar do colaborador por meio de ações que cuidem do ambiente físico e psicossocial da organização**.

Ainda na esteira desse pensamento, é importante destacarmos que, no ambiente de trabalho, existem diversos eventos, fatores, forças e influências sobre os quais as organizações não detêm controle algum, tais como as mudanças políticas e econômicas, que geram medos e incertezas que influenciam o bem-estar das pessoas. Levando esse panorama em consideração, é vital que as empresas foquem seus esforços em fatores, forças e influências passíveis de gestão, ou seja, de identificação, avaliação e, sobretudo, de intervenção para promover o bem-estar e a saúde do colaborador.

Tendo todos esses aspectos em vista, nesta obra elegemos como palavra-chave a *saúde*, termo que, de acordo com a Organização Mundial da Saúde (OMS), vai muito além da ausência de doenças, pois engloba o bem-estar físico, psicológico e social (WHOQOL Group, 2012).

Consideramos que a gestão da QVT é uma das competências vitais para que as organizações não apenas sobrevivam nesse cenário altamente conturbado e mutável do mundo contemporâneo, como também, sobretudo, alcancem seus objetivos estratégicos. Igualmente, o Global Healthy Workplace Awards de 2016 (Global Centre for Healthy Workplaces, 2016) parece fazer a mesma afirmação, tendo em vista o slogan adotado pela instituição em 2016 – *Good Health is Good Business*, que, em tradução livre, significa *Boa Saúde = Bons Negócios*.

Ressaltados esses pontos, é interessante esclarecermos que o objetivo desta obra é oferecer reflexões, instrumentos e metodologias que contribuam para que as empresas desenvolvam a competência da gestão da QVT. Para tanto, optamos por dividir o conteúdo do livro em seis capítulos.

No Capítulo 1, abordamos os elementos de base da qualidade de vida e da QVT. Sobre este último tópico, tratamos da gestão do ambiente físico e do ambiente psicossocial, bem como da influência da cultura e do clima organizacional na QVT.

No Capítulo 2, dedicamo-nos à discussão sobre o estresse: seus respectivos tipos, suas repercussões na QVT e seus efeitos para o indivíduo, para a organização e para a sociedade. Em seguida, discutimos sobre a importância da gestão do ambiente interno para a minimização dos impactos e, sobretudo, para a prevenção de eventuais problemas.

O assédio nas relações de trabalho é o tema que discutimos no Capítulo 3, apresentando tópicos como assédio nas relações de trabalho, tipos de assédio e seu potencial destrutivo no ambiente psicossocial da empresa. Procuramos demonstrar que, além de promover danos físicos, psicológicos e sociais, o assédio no ambiente de trabalho pode penalizar a empresa com elevadas somas em indenizações. Além disso, ainda nesse capítulo, tratamos da importância de a empresa adotar posturas de intervenção nos múltiplos aspectos das relações de trabalho e na educação e conscientização dos colaboradores, criando mecanismos para evitar, esclarecer, identificar e impedir quaisquer tipos de assédio.

No Capítulo 4, apresentamos as bases para a construção dos indicadores de QVT, elencando exemplos de instrumentos genéricos e específicos para diagnosticar as necessidades de intervenção no ambiente de trabalho e nortear as decisões sobre a adoção de medidas para a promoção da qualidade de vida nesse contexto.

Apresentamos, no Capítulo 5, as etapas da implantação de programas de QVT, alertando sobre os cuidados que devem ser tomados na implantação desses programas. Tratamos, ainda, de como os programas têm melhores chances de ser bem-sucedidos e contínuos, sempre de modo aprimorado e melhorado, quando fundamentados na condução de diagnósticos, em pesquisas e na sensibilização de todos os envolvidos.

Por fim, no Capítulo 6, oferecemos uma seleção de ações e atividades que podem ser aplicadas nas organizações, contemplando as dimensões biológica, psicológica, social e organizacional, de modo a estimular a QVT de forma sistêmica e integrada, cumprindo o objetivo de trazer saúde para o trabalhador e ganhos para a organização.

Temos certeza de que os conceitos e as ferramentas que apresentamos aqui servirão como inspiração para que você aprimore seus conhecimentos ou desenvolva ações e programas voltados para a QVT, de forma a beneficiar colaboradores, familiares e sociedade.

Como aproveitar ao máximo este livro

Este livro traz alguns recursos que visam enriquecer seu aprendizado, facilitar a compreensão dos conteúdos e tornar a leitura mais dinâmica. São ferramentas projetadas de acordo com a natureza dos temas que vamos examinar. Veja a seguir como esses recursos se encontram distribuídos no decorrer desta obra.

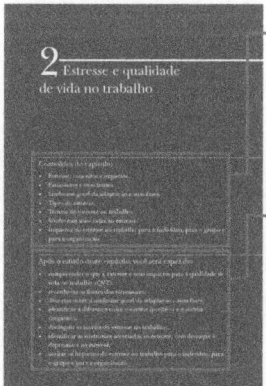

Conteúdos do capítulo
Logo na abertura do capítulo, você fica conhecendo os conteúdos que nele serão abordados.

Após o estudo deste capítulo, você será capaz de:
Você também é informado a respeito das competências que irá desenvolver e dos conhecimentos que irá adquirir com o estudo do capítulo.

Estudo de caso
Esta seção traz ao seu conhecimento situações que vão aproximar os conteúdos estudados de sua prática profissional.

Síntese
Você dispõe, ao final do capítulo, de uma síntese que traz os principais conceitos nele abordados.

Questões para revisão
Com estas atividades, você tem a possibilidade de rever os principais conceitos analisados. Ao final do livro, as autoras disponibilizam as respostas às questões, a fim de que você possa verificar como está sua aprendizagem.

Questões para reflexão
Nesta seção, a proposta é levá-lo a refletir criticamente sobre alguns assuntos e a trocar ideias e experiências com seus pares.

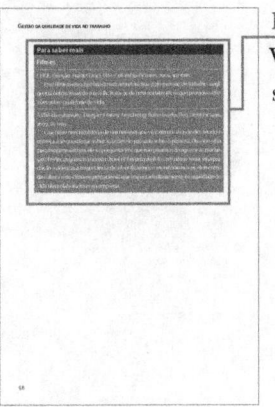

Para saber mais
Você pode consultar as obras indicadas nesta seção para aprofundar sua aprendizagem.

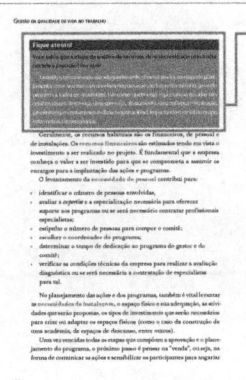

Fique atento!
Nessa seção, as autoras disponibilizam informações complementares referentes aos temas tratados nos capítulos.

1 Gestão da qualidade de vida no trabalho

Conteúdos do capítulo:

- Qualidade de vida.
- Visão biopsicossocial.
- Bem-estar e qualidade de vida.
- Qualidade de vida no trabalho (QVT).
- Fatores objetivos e subjetivos da QVT.
- Conceito e significado do trabalho.
- Ambiente físico e ambiente psicossocial.
- Gestão da qualidade de vida no trabalho.
- Cultura organizacional e a QVT.
- Clima organizacional e a gestão da QVT.

Após o estudo deste capítulo, você será capaz de:

- compreender e conceituar o significado de *qualidade de vida*;
- compreender o aspecto biopsicossocial do ser humano;
- analisar e dissertar sobre os conceitos de *bem-estar*, *qualidade de vida* e *qualidade de vida no trabalho*;
- distinguir os fatores objetivos e subjetivos da qualidade de vida no trabalho (QVT);
- identificar os ambientes e os domínios que compõem a QVT;
- entender os riscos potenciais dos ambientes físico e psicossocial do trabalho;
- relacionar as condições do ambiente físico e psicossocial à QVT;
- definir a gestão da QVT;
- descrever a importância da cultura e do clima organizacional para a QVT.

A gestão da qualidade de vida no trabalho (QVT) é, por definição, o conjunto de estratégias que têm como objetivo diagnosticar, promover, acompanhar e monitorar ações para a saúde, o bem-estar e a satisfação do profissional.

Como sabemos, as organizações empregam, em geral, esforços nas áreas de gestão financeira, produção, processos, *marketing*, recursos materiais, sistemas de informação e logística a fim de alcançar seus objetivos de produtividade, lucratividade, competitividade e sustentabilidade. Contudo, tais propósitos só podem ser alcançados graças às pessoas que formam o capital humano e intelectual das empresas, que, por isso, devem investir na criação de estratégias que promovam a saúde, o bem-estar, e a satisfação das pessoas no ambiente de trabalho.

Sabendo da importância de conhecer primeiramente os conceitos citados, analisaremos, nos itens a seguir, cada um deles, a fim de fornecer a base estrutural para os nossos estudos nesta obra.

1.1 Qualidade de vida

A Organização Mundial de Saúde (OMS) define *qualidade de vida* como a "percepção do indivíduo sobre sua posição na vida, no contexto da cultura e do sistema de valores nos quais ele vive em relação aos seus objetivos, expectativas, padrões e preocupações" (WHOQOL Group, 2012, p. 2).

Igualmente, na esteira desse pensamento, os autores Gill e Feinstein (1994) afirmam que a qualidade de vida pressupõe o bem-estar físico, funcional, emocional e mental do indivíduo, assim como em relação a elementos relevantes da vida da pessoa, como trabalho, família, amigos, entre outros, avaliados e mensurados à luz da percepção que o indivíduo faz acerca dos fatores que a compõem.

Podemos afirmar que a qualidade de vida está, portanto, alicerçada na *saúde*, que é um termo definido pela OMS (1946) como o "estado completo de bem-estar físico, mental e social e não apenas na ausência de doença". Daí a importância de perceber o homem como um ser integral, composto pelas dimensões biológica, psicológica e social: a visão biopsicossocial.

1.1.1 Visão biopsicossocial

Há muito tempo o ser humano é visto numa dimensão que abrange muito mais que um corpo físico, além de uma ótica simplista de que o homem é apenas um animal racional. Ao transcendermos essa visão reducionista do ser humano, podemos vislumbrá-lo, sob a perspectiva sistêmica, como um ser integral, composto pelas dimensões biológica, psicológica e social.

Nesse sentido, contraposta à visão cartesiana, que divide o ser humano em partes, a visão biopsicossocial, proposta por Lipowski (1986), é uma abordagem holística e sistêmica, que amplia o conceito de *saúde*. Veja, na Figura 1.1, as dimensões que compõem essa perspectiva.

Figura 1.1 – **Interação biopsicossocial**

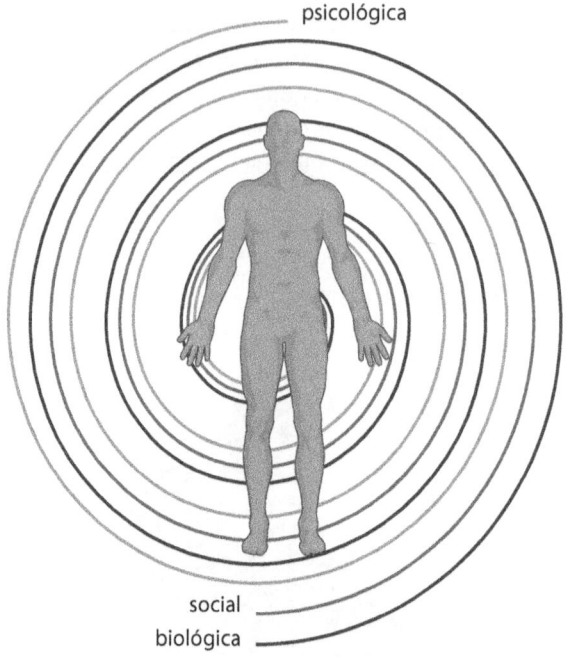

Fonte: Limongi-França; Rodrigues, 2002, p. 19.

- **Dimensão psicológica:** constituída por elementos como pensamento, memória, raciocínios, emoções, sentimentos e crenças que constituem o mapa de referência do indivíduo, que determinam a forma por meio da qual ele registra, interpreta, dá significado e reage aos acontecimentos, pessoas e circunstâncias. São os aspectos relativos à

personalidade, que é expressa pelo comportamento e influenciada por instâncias conscientes e inconscientes.

- **Dimensão social:** são os aspectos que envolvem a vida em grupo e a relação com o outro – família, amigos, colegas de trabalho e a comunidade na qual o indivíduo está inserido.

- **Dimensão biológica:** são os aspectos físicos do corpo (anatomia, fisiologia, as funções e disfunções dos diversos órgãos e a inter-relação de todos os sistemas) e as características adquiridas pelo indivíduo ao longo da vida, influenciadas por hábitos alimentares, atividades físicas, entre outros fatores.

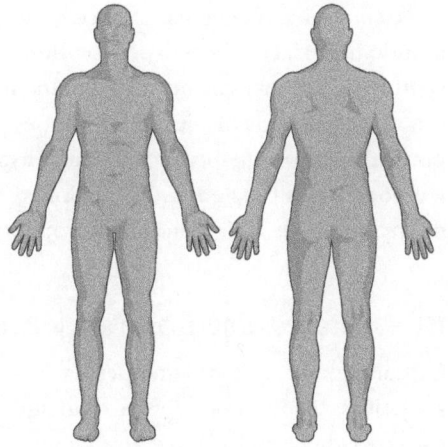

É válido ressaltarmos que Gill e Feinstein (1994) consideram também o papel da espiritualidade na compreensão do ser integral, tendo em vista que, desde tempos imemoriais, o ser humano expressa a necessidade de ligar-se a forças que o transcendem. Das pinturas nas cavernas às diferentes expressões culturais de nossos dias, a **dimensão espiritual** está presente no pensamento humano e vai além da adoção de uma crença em uma ou outra religião, uma vez que é caracterizada sobretudo pela confiança em uma inteligência superior, uma força maior, que ultrapassa o mundo material conhecido pelo ser humano. A crença espiritual é, nesse sentido, uma convicção que liga o homem às questões transcendentes de sua existência e o conecta com emoções positivas em relação ao futuro, por meio da fé e da esperança. Assim, a espiritualidade mobiliza energias e emoções positivas e impulsionadoras, que potencializam a melhoria da qualidade de vida (Saad; Masiero; Battistella, 2001).

1.1.2 Fatores objetivos e subjetivos da qualidade de vida

A qualidade de vida de uma pessoa é composta por fatores objetivos e subjetivos. Os **fatores objetivos** são aqueles determinados pelas condições de vida do indivíduo e atrelados ao desenvolvimento econômico e social, como renda, escolaridade e moradia.

Os **fatores subjetivos** são determinados pelo estilo de vida do indivíduo e influenciados por hábitos que impactam diretamente em seu bem-estar, como a alimentação, a prática de atividades físicas e o sono.

Embora existam divergências entre os autores estudiosos desses fatores, parece existir um consenso de que o conceito de *qualidade de vida* apresenta dois aspectos relevantes:

1. **Subjetividade**: é determinada pela percepção de cada um, ou seja, depende da forma e dos filtros por meio dos quais o indivíduo vê, sente e julga a sua qualidade de vida, tanto em relação ao seu estado de saúde quanto aos aspectos não médicos do seu contexto de vida.
2. **Multidimensionalidade**: está atrelada ao atendimento de diversos aspectos da vida do indivíduo, representados pelos domínios físico, emocional, social, ocupacional, intelectual, espiritual e ambiental. No Quadro 1.1, a seguir, apresentamos a síntese dos componentes de cada um desses domínios.

Quadro 1.1 – **Domínios da qualidade de vida**

Domínio	Características
Físico	Engloba o quadro clínico do indivíduo (presença/ausência, gravidade/intensidade de doença orgânica demonstrável) e os hábitos que ele adota ao longo da vida (alimentação, atividades físicas, saudável) e a não adesão a hábitos nocivos à saúde.
Emocional	Refere-se à capacidade de gerenciamento das tensões e do estresse, a autoestima e o nível de entusiasmo em relação à vida.
Social	Diz respeito à qualidade e à harmonia nos relacionamentos (amigos, família, trabalho).
Profissional	Consiste no nível de satisfação com o trabalho, no desenvolvimento profissional e no reconhecimento do valor do trabalho realizado.
Intelectual	Relaciona-se à oportunidade de utilizar a capacidade criativa e às possibilidades de expandir os conhecimentos permanentemente, de modo a partilhar o potencial interno com os outros.
Espiritual	Engloba o propósito de vida alicerçado em valores e ética, associado a pensamentos positivos e otimistas.

Fonte: Elaborado com base em Silva, 1999.

> **Importante!**
>
> A qualidade de vida é o resultado da percepção que o indivíduo tem sobre as diferentes dimensões de sua vida. Assim, pessoas que veem de forma positiva o seu estado físico e psicológico – suas expectativas, valores e relações sociais – tendem a acreditar que têm elevados níveis de qualidade de vida.

Ao ampliarmos o conceito de *saúde*, trazendo a visão biopsicossocial e os domínios da qualidade de vida, podemos compreender que a saúde está relacionada, sobretudo, ao bem-estar.

1.1.3 Bem-estar e qualidade de vida

O bem-estar, de acordo com o National Wellness Institute (2017):

- é um processo ativo e consciente por meio do qual o indivíduo faz escolhas para realizar seu pleno potencial e conferir significado e propósito em sua vida;
- é multidimensional, holístico e envolve estilo de vida, bem-estar físico, mental, social e emocional;
- envolve respostas emocionais positivas.

De acordo com Allardt, citado em Nussbaum e Sen (1995), estudos realizados na Escandinávia sobre o sistema de bem-estar compreendem três verbos considerados básicos para a existência humana:

1. **Ter**: relativo às condições materiais necessárias à sobrevivência livre da miséria. Estão contemplados nessa dimensão os recursos econômicos (renda e riqueza); as condições de habitação (espaço disponível e conforto doméstico); o emprego (ausência de

desemprego); condições físicas de trabalho (ausência de condições insalubres nos postos de trabalho, rotina física condizente com a função realizada, ausência de *stress*); a saúde (ausência de sintomas de dores e doenças, acessibilidade a atendimento médico); e a educação (medida por anos de escolaridade).
2. **Amar**: relativo aos relacionamentos e à formação da identidade social. Estão comtemplados nessa dimensão a união e os contatos com a comunidade local; a ligação com a família e os parentes; os padrões ativos de amizade; a união e contatos com companheiros em associações e organizações; as relações com colegas de trabalho.
3. **Ser**: relativo à integração com a sociedade e de harmonização com a natureza, mensurada com base na participação do indivíduo nas decisões e nas atividades coletivas que influenciam sua vida; atividades políticas; oportunidades de tempo de lazer; oportunidades para uma vida profissional significativa; oportunidade de estar em contato com a natureza em atividades lúdicas ou contemplativas.

Importante!

A qualidade de vida:

- só pode ser descrita pelo próprio indivíduo;
- envolve diversos aspectos da vida;
- está atrelada aos objetivos, metas e expectativas de cada indivíduo;
- está vinculada à capacidade que o indivíduo tem de identificar e atingir seus objetivos;
- deve referir-se a objetivos realistas, para que a pessoa mantenha a esperança de realizá-los;
- tem na ação um elemento necessário para diminuir a lacuna entre os objetivos e as expectativas;
- pressupõe que a lacuna ente as expectativas e a realidade pode ser a força motora para o indivíduo.

Fonte: Elaborado com base em Ogata; Simurro, 2009.

Você já parou para pensar sobre a importância da dimensão profissional para a qualidade de vida?

Muitas pessoas passam a maior parte de seu tempo dentro das organizações, mais tempo até do que com a família ou em outras atividades cotidianas. Daí a relevância de se ter um ambiente saudável, com **qualidade de vida no trabalho**, pois é esse ambiente que baliza a maior parte do tempo diário das pessoas.

1.2 Qualidade de vida no trabalho

Qualidade de vida no trabalho (QVT) é um termo que tem sido utilizado para expressar a **ampla experiência que a pessoa vivencia em relação ao trabalho**. Contudo, sabemos que um único conceito ou uma só definição podem não exprimir a subjetividade contida no significado de QVT, que, além de contemplar os aspectos inerentes à organização, é indissociável dos fatores que compõem a qualidade de vida como um todo.

Limongi-França (1996, p. 143) define QVT como "o conjunto de ações de uma empresa que envolvem a implantação de melhorias e inovações gerenciais, tecnológicas e estruturais no ambiente de trabalho".

A autora menciona ainda que, embora historicamente a QVT esteja mais associada a questões de saúde e segurança no trabalho, seu conceito passou na atualidade a sinalizar a emergência de habilidades, atitudes e conhecimentos relacionados a outros fatores, abrangendo agora associações com produtividade, legitimidade, experiências, competências gerenciais e mesmo integração social (Limongi-França, 2004).

Mais recentemente, a abordagem da QVT passou a considerar as condições globais do local no qual se desenvolve o trabalho, com destaque para o cargo, o relacionamento entre as pessoas e setores e as políticas organizacionais. Com isso, a ênfase da QVT, que antes era focada em combater o sedentarismo e o *stress*, passou a se dar no equilíbrio entre trabalho e lazer, extrapolando os limites internos das organizações e passando a envolver tópicos voltados ao bem-estar do indivíduo como um todo (Sant'Anna; Kilimnik, 2011).

Agora, para aprofundarmos o tema da QVT, convidamos você a conhecer o conceito e o significado de *trabalho*.

1.2.1 Conceito e significado de *trabalho*

Pense por um instante na palavra *trabalho* e, ao fazer isso, observe por alguns segundos as imagens mentais que aparecem em sua mente. Quais sensações essas imagens suscitam em você? Prazer? Alegria? Entusiasmo? Ou uma sensação de peso, esforço, cansaço? Fique tranquilo se as sensações que você experimentou não foram das mais animadoras.

Você sabia que, através dos tempos, o termo trabalho tem recorrentemente sido associado a pesar, à obrigação e a um fardo pesado e difícil de suportar?

Muito provavelmente, essa carga depreciativa é devida à origem da palavra *trabalho*, que vem do latim *tripalium*, termo formado pela junção dos elementos *tri*, que significa "três", e *palum*, que quer dizer "madeira". *Tripalium* era o nome atribuído a um instrumento, composto por três estacas de madeira afiadas, que era utilizado para torturar pessoas destituídas de liberdade ou pessoas que deviam impostos (Cassar, 2010; Soibelman, 1981).

Para complementar os conceitos expostos, citamos Confúcio, filósofo chinês nascido no ano 551 a.C. que exerceu profunda influência no pensamento de todo o Oriente, a quem é atribuída a seguinte afirmação: "Escolhe um trabalho de que gostes, e não terás que trabalhar nem um dia na tua vida".

Qual é a relação entre a afirmação de Confúcio e as sensações que você experimentou ao pensar em trabalho?

A frase do pensador remete ao prazer de trabalhar. Entretanto, há uma mensagem velada no comentário do filósofo: quando carente de significado, de vínculo profundo com as características intrínsecas do indivíduo, o trabalho pode ser um peso, um fardo, uma condenação.

Nesse sentido, podemos pensar, apoiados na afirmação do filósofo, que o trabalho, quando atende a esses importantes critérios, é uma fonte renovável de prazer, conquistas, satisfação, superação e reconhecimento.

Tendo todos esses fatores em vista, é preciso pensarmos no que é, essencialmente, o trabalho. De acordo com Cassar (2010, p. 3), *trabalho* pode ser definido como "toda energia física ou intelectual empregada pelo homem com finalidade produtiva". É, então, a ação, o esforço realizado com o objetivo de atingir determinado fim. Obviamente, nem todos os trabalhos são iguais, pois alguns demandam maiores investimentos de energia física, ao passo que outros requerem elevados níveis de energia intelectual; alguns são remunerados, outros não (como é o caso do trabalho voluntário). Nesse sentido, o que existe em comum é a **transformação** da energia em produtos, bens ou serviços que são fundamentais para a sobrevivência e manutenção da sociedade.

O trabalho, além de contribuir para suprir as necessidades de sobrevivência do indivíduo, é uma das **formas mais profundas da expressão do ser humano**, uma vez que nele buscamos reconhecimento, conquista de espaço e respeito, enfim, construímos nossa autoimagem, autoconceito e autoestima. Por meio do trabalho, então, desempenhamos nosso papel na sociedade e damos nossa contribuição para o desenvolvimento da humanidade.

Mas o que distingue o trabalho como fonte de prazer ou pesar? Talvez nunca tenhamos a resposta exata, porque existem questões individuais que passam pelas escolhas pessoais e pelas oportunidades de cada indivíduo, mas uma coisa é certa: o trabalho tende a ser mais prazeroso à medida que contempla o ser humano em sua totalidade, atendendo a suas dimensões biológicas, psicológicas e sociais.

Nesse sentido, a construção da QVT ocorre à medida que a organização passa a olhar para o trabalhador nas dimensões biológica, psicológica e social e busca criar e manter ambientes e programas que atendam a essas dimensões.

É válido ressaltarmos, ainda, que as organizações se interessam pela QVT porque o cenário altamente competitivo em que estão inseridas demanda estratégias que possibilitem altos níveis de produtividade, competitividade e sustentabilidade. O propósito da QVT é promover melhorias nas condições de trabalho e na vida dos trabalhadores, em uma relação de ganhos mútuos. Daí a importância de atentar para o ambiente físico e para o ambiente psicossocial da organização, sobre os quais trataremos nas seções a seguir.

1.2.1.1 Ambiente físico

O **ambiente físico** da organização refere-se aos aspectos tangíveis relacionados às condições específicas de trabalho: infraestrutura, recursos adequados para a realização das atividades, leiaute, sinalização, adequação do posto de trabalho ao trabalhador, ventilação, iluminação, segurança no trabalho, entre outras.

Para que os ambientes físicos possam ser considerados saudáveis e assegurem a integridade física dos colaboradores, é importante atentar para os fatores que podem afetar a segurança, a saúde física e mental e o bem-estar dos trabalhadores.

No ambiente físico de trabalho, existem riscos que podem causar acidentes, resultando em lesões, afastamento do trabalhador, incapacitação para o trabalho, invalidez e até a morte. Tais incidentes, além de afetarem o trabalhador, também resultam em prejuízos para a organização em termos de produtividade, atendimento ao cliente, imagem da empresa, implicações jurídicas, entre outros inconvenientes.

Risco é qualquer fator que coloque ou venha a colocar o trabalhador em situação de vulnerabilidade e que possa afetar tanto a sua integridade quanto o seu bem-estar físico e psíquico.

Mike Elliott/Shutterstock

Para manter um ambiente físico saudável, é importante que a empresa identifique, monitore e aja para eliminar, reduzir ou sinalizar os agentes ambientais, ou **riscos ambientais**, promovidos por substâncias ou elementos presentes em diversos ambientes que, quando acima dos limites de tolerância, podem ocasionar danos à saúde do trabalhador.

A Portaria n. 3.214, do Ministério do Trabalho do Brasil, de 8 de junho de 1978, contém uma série de normas regulamentadoras que consolidam a legislação trabalhista, relativas à segurança e medicina do trabalho. Encontramos a classificação dos riscos na sua Norma Regulamentadora n5 (NR-5), que afirma que o ambiente de trabalho pode apresentar cinco tipos de riscos: físicos, químicos, biológicos, de acidentes e ergonômicos (Brasil, 1978). Conheça cada um deles::

- **Físicos**: são riscos provenientes de fatores como "ruídos, vibrações, pressões anormais, temperaturas extremas, radiações ionizantes, infrassom e [...] bem como ultrassom" (Brasil, 1978). Em outras palavras, são riscos provenientes de diversas formas de energia às quais os trabalhadores possam estar expostos.

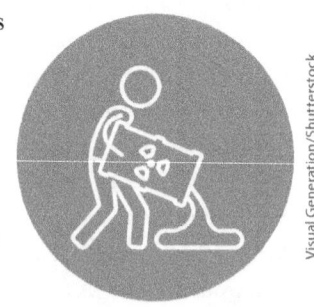

- **Químicos:** riscos provenientes da exposição a "substâncias, compostos ou produtos que possam penetrar no organismo pela via respiratória, nas formas de poeiras, fumos, névoas, neblinas, gases ou vapores, ou que, pela natureza da atividade de exposição, possam ter contato ou ser absorvidos pelo organismo através da pele ou por ingestão" (Brasil, 1978). São exemplos de agentes químicos os solventes, fumaças, gases, vapores, neblinas, pesticidas, amianto, sílica e produtos químicos em geral.

- **Biológicos:** são os riscos provenientes de diversos tipos de micro-organismos que possam infectar o indivíduo por vias respiratórias, contato com a pele ou ingestão. São exemplos de agentes biológicos "as bactérias, os fungos, os bacilos, os parasitas, os protozoários, os vírus, entre outros" (Brasil, 1978).

- **Acidentes:** riscos provenientes de arranjo físico inadequado do espaço de trabalho, máquinas e equipamentos sem proteção, ferramentas inadequadas ou defeituosas, iluminação inadequada, instalações elétricas mal planejadas, probabilidade de explosão e incêndio, armazenamento inadequado de itens, presença de animais peçonhentos, entre outras situações de risco que poderão contribuir para a ocorrência de acidentes (Brasil, 1978).

- **Ergonômicos**: riscos provenientes de fatores que possam interferir nas características psicofisiológicas do trabalhador, causando desconforto ou afetando sua saúde. São riscos gerados por esforço físico intenso, levantamento e transporte manual de peso, postura inadequada, tarefas repetitivas, ritmo excessivo, trabalho em turno noturno, excessivas jornadas de trabalho entre outras situações causadoras de *stress* físico ou psíquico (Brasil, 1978).

Fique atento!

De maneira geral, os domínios de especialização da ergonomia são:
- Ergonomia física: está relacionada com às características da anatomia humana, antropometria[1], fisiologia e biomecânica em sua relação a atividade física. [...] incluem o estudo da postura no trabalho, manuseio de materiais, movimentos repetitivos, distúrbios músculo-esqueletais relacionados ao trabalho, projeto de posto de trabalho, segurança e saúde.
- Ergonomia cognitiva: refere-se aos processos mentais, tais como percepção, memória, raciocínio e resposta motora conforme afetem as interações entre seres humanos e outros elementos de um sistema. [...] incluem o estudo da carga mental de trabalho, tomada de decisão, desempenho especializado, interação homem computador, stress e treinamento conforme esses se relacionem a projetos envolvendo seres humanos e sistemas.
- Ergonomia organizacional: concerne à otimização dos sistemas sociotécnicos, incluindo suas estruturas organizacionais, políticas e de processos. [...] incluem comunicações, gerenciamento de recursos de tripulações (CRM – domínio

aeronáutico), projeto de trabalho, organização temporal do trabalho, trabalho em grupo, projeto participativo, novos paradigmas do trabalho, trabalho cooperativo, cultura organizacional, organizações em rede, teletrabalho e gestão da qualidade.

Fonte: Albergo, 2017.

Nota: [1] De acordo com Houaiss (2009), é a "parte da antropologia que trata da mensuração do corpo humano ou de suas partes [...]; registro das particularidades físicas dos indivíduos".

Quando o ambiente de trabalho oferece riscos físicos, o trabalhador desenvolve sentimentos de ansiedade e insegurança. Por isso, informar e formar o trabalhador é de especial relevância para identificar as ameaças e adotar medidas para evitá-las (Istas, 2002).

A QVT passa pela criação e pela manutenção de um ambiente físico de trabalho seguro e livre de riscos. Por isso, é fundamental que tanto a organização quanto cada um de seus colaboradores estejam atentos aos detalhes dos riscos envolvidos nas atividades laborais. À empresa, compete a oferta dos equipamentos individuais e coletivos de proteção, a informação, a sensibilização, o treinamento e o controle. Ao colaborador, compete o cuidado com sua integridade física e a integridade dos colegas, atuando como agente disseminador da importância e da responsabilidade de cuidar do ambiente físico de trabalho.

1.2.1.2 Ambiente psicossocial

Ambiente psicossocial, no trabalho, refere-se às interações que ocorrem no ambiente de trabalho, que envolvem o conteúdo da tarefa, as condições oferecidas para a realização do trabalho, bem como as habilidades, as necessidades e a cultura do trabalhador. Considera, ainda, as questões extratrabalho (finanças, lazer, família, amigos, desenvolvimento pessoal, espiritualidade), que podem influenciar a saúde, o desempenho na tarefa e a satisfação no trabalho (Bureal Internacional do Trabalho, 2009).

A OIT considera fatores psicossociais no trabalho a interação entre o trabalho (ambiente, satisfação e condições da organização) e as capacidades do trabalhador (necessidades, cultura e fatores extratrabalho) (Ruiz; Araujo, 2012).

Fique atento!

Os riscos psicossociais influenciam a saúde e o bem-estar dos indivíduos e do grupo, o rendimento e a satisfação no trabalho, pela presença de elementos que causam estresse nas relações interpessoais e nas do colaborador com o trabalho. A Word Health Organization (Leka; Jain, 2010) destaca como principais riscos psicossociais:

- organização deficiente do trabalho;
- ausência de clareza de informações;
- problemas na distribuição de tarefas;
- falta de respeito mútuo;
- falta de valorização, recompensa e reconhecimento;
- falta de apoio de gestores;
- abuso de poder;
- incivilidade no tratamento;
- ameaças de punições;
- ausência de políticas voltadas à gestão de pessoas;
- presença de assédios;
- intimidações e descriminações de qualquer espécie;
- imputação de ônus e cobranças incabíveis ao colaborador.

Uma interação negativa entre condições ocupacionais e fatores humanos pode levar o colaborador a distúrbios emocionais e problemas comportamentais, além de alterações bioquímicas e neuro-hormonais, potencializando riscos de doenças físicas e mentais. Além disso, pode causar prejuízos à satisfação no trabalho e ao desempenho das tarefas do trabalhador.

A reação dos trabalhadores depende de fatores como suas habilidades, necessidades, expectativas, cultura e vida pessoal, que podem modificar-se com o tempo, refletindo adaptação, entre outras influências.

> Quais são os efeitos dos riscos psicossociais no trabalho?

Os efeitos dos riscos podem ser observados nas reações de comportamento, nos acidentes e incidentes e em mudanças psicológicas do profissional.

As **reações de comportamento** afetam a vida pessoal, familiar, social e profissional do trabalhador, além de repercutir no clima e na eficiência das organizações.

A OIT (Leka; Jain, 2010) aponta que as reações de comportamento dos trabalhadores em relação aos riscos podem ser ativas (expressadas por reclamações, greves, enfrentamentos com gestores, atrasos etc.) ou passivas (absentismo, negligência em relação à qualidade do trabalho, resignação, falta de comprometimento e participação, isolamento, sentimento de agonia, infelicidade, insônia, consumo abusivo de comida, álcool ou tabaco).

As condições psicossociais prejudiciais causam distrações e comportamentos inseguros, que podem resultar em incidentes ou acidentes

(Leka; Jain, 2010). Além disso, provocam o estresse, que leva a alterações de natureza emocional (nervosismo, irritabilidade, ansiedade, raiva etc.), com consequências graves dentro e fora do local de trabalho.

Quando fatores psicossociais nocivos perduram no ambiente de trabalho, impactam severamente o trabalhador, reduzindo as defesas físicas e psíquicas, o que favorece o aparecimento de distúrbios que afetam os planos biológico, físico e social do indivíduo (Leka; Jain, 2010).

Sabendo disso, podemos afirmar que a QVT requer equilíbrio entre as condições de trabalho e os fatores humanos. A atenção e o cuidado com as diferentes esferas da vida influenciam na saúde física e mental do indivíduo, o que afeta diretamente na motivação, satisfação e disposição para o trabalho.

Fique atento!

Saúde e bem-estar são os investimentos mais rentáveis

O termo *bem-estar* envolve a responsabilidade pessoal pela própria saúde e a adoção, pelo indivíduo, de um estilo de vida que promova o vigor e a energia. É uma abordagem positiva do equilíbrio entre trabalho, família, lazer, vida social e desenvolvimento pessoal e que atua em conjunto no sentido de prevenir doenças e promover a saúde. Entre os múltiplos aspectos que envolvem a capacidade de estar saudável, as estatísticas dizem que:

- 30% refere-se à carga genética: determinada pelo DNA e influenciada por hábitos, comportamentos e estilo de vida.
- 15% refere-se às circunstâncias sociais: educação, emprego, renda, moradia e coesão social.
- 5% refere-se às condições ambientais: riscos dos locais onde vivemos e trabalhamos.
- 10% refere-se aos cuidados médicos: são vistos pela maioria das pessoas como o grande responsável pela manutenção da saúde e por melhor que sejam não causam um impacto tão significativo na capacidade de estar saudável.
- 40% refere-se às escolhas comportamentais: é o fator mais importante e está atrelado às práticas de comportamento, ao estilo de vida e dependem da capacidade de gestão e, portanto, pode ser alterado pelas atitudes.

Fonte: Elaborado com base em Ogata; Marchi, 2008.

Tendo essas estimativas como base, podemos afirmar que a necessidade de as organizações atuarem na gestão dos ambientes físico e psicossocial para promover a QVT, e que essas iniciativas podem ser realizadas por meio da implementação de programas e ações que sensibilizem, estimulem, apoiem e possibilitem melhorias nas condições de trabalho e na vida do trabalhador.

1.3 Gestão da QVT

Para que a QVT seja, dentro das organizações, permanente e incessante, é preciso que ela faça parte de todas as bases da organização – em sua estratégia e em sua arquitetura –, ou seja, precisa ser parte da cultura da empresa, de sua essência.

Nesse sentido, os elementos que estabelecem vínculo entre trabalhador e organização precisam fazer parte da missão da empresa, bem como de seus valores, sua filosofia e seu clima organizacional. Esses elementos são influenciados pela cultura, pelos aspectos formais da gestão de pessoas e pelas práticas das liderança, que são os agentes da identificação e comprometimento entre empresa e colaborador.

> **Importante!**
>
> **Mas, afinal, o que significa fazer gestão da QVT?**
>
> Para responder a essa pergunta, é fundamental que você compreenda que *gerir* significa "administrar", que, por sua vez, se refere a executar os processos de planejamento, organização, direção e controle:
>
> - **Planejar a QVT:** refere-se aos atos de definir objetivos que se deseja alcançar, estabelecer os planos de ação ou programas e determinar os orçamentos para cada programa.
> - **Organizar a QVT:** refere-se às atividades de estabelecer os papéis das áreas e os responsáveis pelas ações, estabelecer claramente as relações de autoridade e definir as tarefas.
> - **Dirigir a QVT:** refere-se à motivação do grupo para a realização dos programas, à comunicação clara e precisa e à formação por meio de treinamentos e desenvolvimentos.
> - **Controlar a QVT:** refere-se à ação de medir os resultados, inclusive no decorrer dos processos, compará-los aos padrões e tomar as medidas para corrigir os desvios.

Uma vez estabelecido o ciclo de gestão para a QVT, é necessário manter as práticas e aprimorar continuamente as ações, evoluindo em resultados. Dessa maneira, podemos afirmar que a adoção de um ciclo de melhoria contínua da QVT implica necessariamente criar uma cultura organizacional que favoreça a criação e a manutenção de ações em prol da QVT.

1.4 Cultura organizacional e QVT

Para criar e nutrir uma cultura organizacional favorável à QVT, é oportuno entender o que é a cultura organizacional, como ela é formada e o papel ela desempenha no comportamento das pessoas na organização e nas relações da organização em seu contexto social. Podemos definir *cultura organizacional* como o

> conjunto de crenças, costumes, sistemas de valores, normas de comportamento e formas de fazer negócios, que são peculiares a cada empresa, que definem um padrão geral para as atividades, decisões e ações da empresa e descrevem os padrões explícitos e implícitos de comportamento e as emoções que caracterizam a vida na organização. (Lacombe, 2011, p. 275)

Para compreendermos mais claramente esse conceito, emprestamos a metáfora de Schein (1992), na qual o autor propõe uma analogia entre cultura organizacional e o *iceberg*, um bloco de gelo no qual apenas a menor parte fica visível na superfície e a maior parte está submersa na água. Observe a Figura 1.2.

Figura 1.2 – O *iceberg* da cultura organizacional

Fonte: Elaborado com base em Schein, 1992.

Para esclarecermos, podemos afirmar que, assim como no *iceberg*, a cultura organizacional é composta por elementos presentes em duas dimensões (Schein, 1992):

1. **Elementos tangíveis da cultura organizacional**: são os elementos visíveis a todos os membros da organização, caracterizados pelos aspectos formais, tais como estratégias, objetivos, tecnologia, políticas, diretrizes de pessoal, métodos e procedimentos, estrutura organizacional, títulos, descrições de cargos, práticas operacionais, medidas de produtividade física e financeira, entre outros.

2. **Elementos intangíveis da cultura organizacional:** são os aspectos informais e subjetivos, que apresentam elevada influência no comportamento dos membros da organização. Esses aspectos são compostos por crenças, valores, expectativas, percepções, atitudes das pessoas, sentimentos, comportamentos, padrões de integração informais, normas do grupo, relações afetivas, padrões de influência e poder; entre outros fatores.

Cabe ressaltarmos, nesse momento, que, no que se refere à relação entre a cultura organizacional e a QVT, a empresa só irá vivenciar na prática a qualidade se esta estiver fundamentada em uma crença na relevância da promoção da saúde, do cuidado e do bem-estar do colaborador. Esse valor, por sua vez, se fundamenta na cultura; portanto, se esse valor não estiver presente na cultura da organização, não existirá a prática da qualidade de vida. A crença e o valor são, portanto, a força motriz para a gestão da QVT.

1.5 Clima organizacional e gestão da QVT

Quando falamos em *gestão da QVT*, sabemos que muitos fatores precisam ser levados em conta. Um deles é o **clima organizacional**, que precisa ser constantemente monitorado. A QVT está intrinsicamente relacionada à satisfação e ao bem-estar do trabalhador, com tudo o que envolve a sua relação com a organização. Portanto, vai além das questões de estrutura e de benefícios.

De acordo com Chiavenato (2006, p. 50), o clima organizacional constitui o meio interno de uma organização, a atmosfera psicológica e característica que existe em cada organização; [...] é o ambiente humano dentro do quais as pessoas de uma organização fazem o seu trabalho; [...] a qualidade ou propriedade do ambiente organizacional que é percebida ou experimentada pelos participantes da empresa e que influencia o seu comportamento.

Em outras palavras, e com base no que já estudamos, podemos afirmar que clima organizacional é a percepção, por parte da empresa, dos sentimentos dos colaboradores em relação aos valores, bem como está relacionado ao relacionamento com colegas e gestores, às políticas e práticas de gestão de pessoas, à forma como a empresa estabelece metas, recompensas e punições, e à situação econômica da empresa. O clima organizacional, portanto, **reflete o estado de ânimo ou o grau de satisfação dos funcionários de uma empresa, em um dado momento** (Boog; Boog, 2002; Luz, 2003).

Essas questões referentes a relacionamentos, comportamentos, satisfação e insatisfação estão relacionadas ao bem-estar dos indivíduos. O clima, então, impacta o bem-estar e o trabalho, que, por sua vez, são fundamentais para a instauração de um clima organizacional harmonioso para os trabalhadores (Rocha Sobrinho; Porto, 2012).

Sob essa perspectiva, o ato de lidar com as demandas do ambiente de trabalho também colabora para o bem-estar dos colaboradores, reforçando assim a importância de monitorar o clima organizacional e de atentar para o papel do gestor e de suas equipes em suas relações organizacionais.

É válido mencionarmos, ainda, que os indícios da qualidade do clima em uma organização são expressos por meio de fatores como *turnover* (rotatividade de pessoal), absenteísmo (ausência no ambiente de trabalho), presenteísmo (estar fisicamente presente no trabalho, mas sem produtividade), avaliações de desempenho constantes, greves, cuidado no uso dos banheiros (pichações, asseio), desperdícios de recursos, conflitos interpessoais e interdepartamentais, reclamações no serviço médico, entre outros.

> Como o clima organizacional pode ser monitorado e avaliado?

A pesquisa de clima é um método formal cujo objetivo é avaliar o clima organizacional e as oportunidades de melhoria no ambiente de trabalho. Trata-se de uma estratégia bastante útil para conhecer e avaliar o clima, bem como para possibilitar a realização de ações que promovam a melhoria e que venham atender às demandas de QVT.

Com base no que vimos, podemos afirmar que a qualidade do ambiente físico recebe uma tratativa mais regulamentada pela legislação, já que é foco de atenção da disciplina que rege a saúde, a higiene e a segurança no trabalho. Já o ambiente psicossocial apresenta muitas nuances de subjetividade, especialmente por estar atrelado à percepção e aos relacionamentos, e é de grande complexidade. São esses os motivos pelos quais optamos por trazer à tona os temas relativos ao ambiente psicossocial, uma vez que impactam profundamente no clima organizacional e na qualidade de vida do trabalhador.

Síntese

Neste capítulo, analisamos o conceito de *qualidade de vida* e, passando pela visão biopsicossocial, apresentamos o ser humano como um ser integral, composto pelas dimensões biológica, psicológica e social, e argumentamos que tal concepção deve ser considerada na tratativa da qualidade de vida no trabalho.

Na sequência, elencamos fatores objetivos e subjetivos envolvidos na qualidade de vida e refletimos sobre o significado de bem-estar e da subjetividade presente na percepção individual. Para isso, analisamos os elementos que compõem a QVT, distinguindo os ambientes físico e psicossocial desse contexto. Demonstramos que, no ambiente físico, os riscos potenciais podem ser de natureza física, biológica, química, ergonômica e de acidentes. Por sua vez, no ambiente psicossocial, os riscos potenciais residem nas relações interpessoais e na relação do trabalhador com o trabalho.

Finalmente, destacamos a importância da gestão da QVT e, ainda, enfatizamos fatores como o papel da cultura organizacional na promoção desse fator e o clima organizacional para sua respectiva gestão.

Questões para revisão

1. Imagine a seguinte situação: uma colaboradora da empresa X acorda todos os dias com dores no corpo, principalmente no estômago e nas costas. Por isso, ela procurou um médico para investigar seu quadro clínico e fez diversos exames, que incluíram exames de sangue, endoscopia, densitometria óssea, entre outros. Contudo, os resultados dos exames só fizeram atestar que ela não sofria de nenhuma doença. Mas como é possível que, apesar de seu desconforto diário, os exames não tenham apontado nenhuma disfunção? Foi então que essa colaboradora passou a cogitar que, talvez, as raízes de suas dores físicas tivessem origens emocionais.

   Analisando essa situação hipotética, classifique as alternativas a seguir como verdadeiras (V) ou falsas (F):

   ( ) De acordo com o Ministério da Saúde, *saúde* é muito mais do que ausência de doenças: é o bem-estar físico, emocional e social.
   ( ) Um distúrbio no campo emocional não tem força suficiente para promover dores físicas.
   ( ) O bem-estar é fruto da inter-relação dinâmica e complexa entre as dimensões que o constituem.
   ( ) Uma dor emocional pode impactar a dimensão biológica, ou seja, o corpo físico e também as relações sociais.

( ) A colaboradora em questão deve ignorar os sintomas e continuar trabalhando, pois com o tempo as dores tendem a desaparecer.

Marque a alternativa que corresponde à sequência correta:

a) V, F, V, F, F.
b) F, V, F, F, V.
c) V, F, V, F, V.
d) F, V, F, V, V.
e) V, F, V, V, F.

2. Sobre a qualidade de vida, classifique as alternativas a seguir como verdadeiras (V) ou falsas (F):
( ) Pode ser descrita pelo próprio indivíduo, uma vez que é a percepção que a pessoa tem sobre diversos aspectos de sua vida.
( ) Engloba aspectos objetivos, tais como condições de moradia e saúde, e aspectos subjetivos, que são determinados pelo estilo de vida adotado pela pessoa.
( ) A qualidade de vida de uma população é mensurada com base em indicadores previamente estabelecidos (por exemplo, pelo IDH).
( ) A qualidade de vida não engloba a dimensão do domínio espiritual, tendo em vista seu grau de subjetividade.
( ) O conceito de *qualidade de vida* apresenta dois aspectos relevantes: a subjetividade e a multidimensionalidade.

Marque a alternativa que corresponde à sequência correta:

a) V, V, V, V, V.
b) F, V, V, V, V.
c) F, V, V, V, F.
d) V, V, V, F, V.
e) F, V, V, F, F.

3. Ao gestor de pessoas da empresa Y foi solicitada uma pesquisa sobre a QVT. Sua missão era identificar a percepção dos colaboradores a respeito desse tema. Foi então que entendeu que o primeiro passo seria elaborar um questionário que pudesse lhe fornecer dados a serem transformados em informações, para que então ele pudesse dar retorno aos seus gestores. Ao elaborar o questionário, o gestor deve se fundamentar na premissa de que:

a) a QVT envolve o ambiente físico e psicossocial.
b) a QVT depende fundamentalmente da personalidade de cada colaborador e da forma e filtro que esse funcionário adota para construir sua realidade.
c) a empresa que oferece os equipamentos de segurança aos colaboradores já está fazendo a sua parte na qualidade de vida de seus funcionários, e, se eles não quiserem utilizar esses itens para proteger a própria vida, a organização nada pode fazer em prol dos colaboradores.
d) a QVT é uma preocupação das organizações cujo ramo de atividade oferecem riscos químicos e biológicos aos trabalhadores.
e) a responsabilidade sobre a QVT recai exclusivamente sobre os ombros da organização, uma vez que os trabalhadores apenam cumprem ordens e não podem agir diretamente no âmbito da promoção da qualidade de vida no trabalho.

4. Qual é a relação entre a cultura organizacional e a QVT?

5. Qual é a relação entre o clima organizacional e a gestão da qualidade de vida no trabalho?

Questões para reflexão

1. Como a qualidade de vida é gerenciada na organização onde você trabalha? Converse com o gestor da área de Recursos Humanos e compreenda como a organização estimula a QVT. Para você, quais são as possibilidades de melhoraria da qualidade de vida no seu ambiente de trabalho?

2. Monitorar o clima é fundamental para elevar a QVT. Contudo, existe uma crença de que essa é uma prática indicada para empresas com muitos colaboradores. Você concorda com esse pensamento? Quais são os ganhos que uma empresa pequena pode ter ao investigar o clima organizacional? E o que a empresa pode perder em curto, médio e longo prazos ao não fazê-lo?

Para saber mais

Filmes

CLICK. Direção: Frank Coraci. EUA: Columbia Pictures, 2006. 107 min.

    Esse filme narra a história de um arquiteto que, pelo excesso de trabalho, negligencia outras áreas de sua vida. Trata-se de uma narrativa leve que promove reflexões sobre qualidade de vida.

A ERA da estupidez. Direção: Franny Armstrong. Reino Unido: Dog Woof Pictures, 2009. 89 min.

    Esse filme narra a história de um homem que vive em um mundo devastado e começa a se questionar sobre as ações do passado sobre o planeta. Quando olha para imagens antigas, ele se pergunta: Por que não paramos de agravar as mudanças climáticas quando tivemos chance? Em um paralelo com nosso tema, essa produção evidencia a importância de identificarmos e monitorarmos os elementos da cultura e do clima organizacional que impactam diariamente na qualidade de vida dos colaboradores na empresa.

2 Estresse e qualidade de vida no trabalho

Conteúdos do capítulo:
- Estresse: conceitos e impactos.
- Estressores e suas fontes.
- Síndrome geral da adaptação e suas fases.
- Tipos de estresse.
- Teorias do estresse no trabalho.
- Síndromes associadas ao estresse.
- Impactos do estresse no trabalho para o indivíduo, para o grupo e para a organização.

Após o estudo deste capítulo, você será capaz de:
- compreender o que é estresse e seus impactos para a qualidade de vida no trabalho (QVT);
- reconhecer as fontes dos estressores;
- dissertar sobre a síndrome geral da adaptação e suas fases;
- identificar a diferença entre o *eustress* (positivo) e o *distress* (negativo);
- distinguir as teorias do estresse no trabalho;
- identificar as síndromes associadas ao estresse, com destaque à depressão e ao *burnout*;
- avaliar os impactos do estresse no trabalho para o indivíduo, para o grupo e para a organização.

Quando empreendemos uma jornada pelos aspectos constituintes da qualidade de vida no trabalho (QVT), inevitavelmente nos deparamos com o **fator estresse**. Mas será que o estresse é, de fato, um grande vilão? Seus resultados são sempre negativos? Ou o estresse é um mecanismo de adaptação a fatores considerados ameaçadores ao equilíbrio do organismo? As pessoas reagem da mesma maneira ao estresse ou o que estressa um indivíduo pode não ter o mesmo efeito sobre outro? O estresse pode levar ao adoecimento? O estresse pode ser um recurso útil e importante para que a pessoa faça frente aos desafios enfrentados na vida? É possível manter um ambiente de trabalho totalmente livre do estresse? Quais são os efeitos do estresse para a QVT e para a produtividade das organizações? Neste capítulo, responderemos a essas e a outras questões.

2.1 Estresse

A palavra *estresse*, do inglês *stress*, significa "tensão, insistência, pressão". É um termo emprestado da física para designar as tensões às quais estão expostos os materiais, ou seja, "o grau de deformidade que uma estrutura sofre quando é submetida a um esforço" (Limongi-França; Rodrigues, 2002, p. 28). O estresse, no contexto desta obra, tem dois significados:

> 1. **Processo**: tensão diante de uma situação de desafio por ameaça ou conquista.
> 2. **Estado**: resultado positivo ou negativo da tensão.

Fonte: Limongi-França; Rodrigues, 2002, p. 31.

Ao pressionarmos a ponta do dedo indicador em um travesseiro, observamos que se formará uma depressão. Isso ocorre com a maioria dos materiais, sendo que a deformidade será em maior ou menor grau, de acordo com a natureza do material e da tensão ao qual foi submetido. O mesmo ocorre com as pessoas quando submetidas a pressões, sejam essas de ordem física, emocional ou social. Essa analogia nos leva a compreender que *estresse* é um conjunto de **reações** que ocorrem em determinado organismo, quando submetido a um esforço de adaptação (Selye, 1936).

As pressões às quais o organismo é submetido são denominadas *estressores*, que podem vir do meio externo, como frio ou calor, ambiente de trabalho insalubre e perigoso, convívio com o meio social, situação socioeconômica etc., como podem também ter origem no mundo interno, como pensamentos, emoções (raiva, medo, tristeza), expectativas etc.

Sendo assim, os estressores disparam uma série de reações no organismo via sistema nervoso que impactam no funcionamento dos órgãos e na regulação da emoção, influenciando a saúde do corpo, da mente e dos relacionamentos sociais.

Figura 2.1 – **Impactos externos e internos à pessoa**

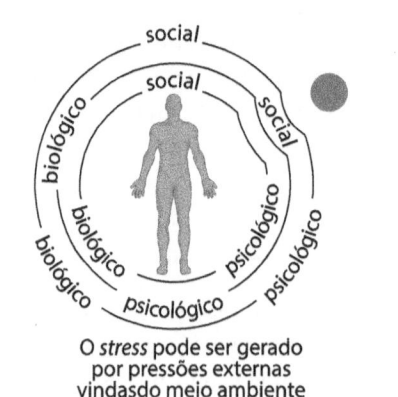

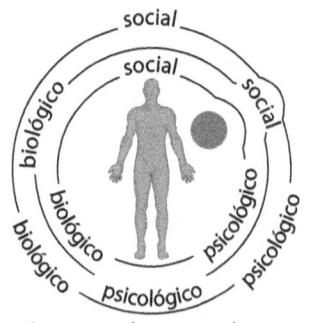

O *stress* pode ser gerado por pressões externas vindas do meio ambiente

O *stress* pode ser gerado por situações internas à pessoa

Fonte: Adaptado de Limongi-França; Rodrigues, 2002, p. 22.

O estudo de caso a seguir conta a história de Fernando. Nela, você identificará os estressores e compreenderá o efeito que produzem no nível físico, emocional e social.

Estudo de caso

Fernando é diretor de operações de uma empresa de cosméticos que reduziu o quadro funcional em 25% para driblar a crise. Desde então, tem sofrido com pressões externas, exercidas pelos superintendentes que cobram resultados e por colaboradores que a cada dia relatam as impossibilidades de atingir as metas, dada a escassez de pessoal. Como se não bastasse, existem também as pressões internas, porque Fernando sente que tem deixado muito a desejar no desempenho de seu papel de esposo e pai. Ele não consegue mais ter uma noite de sono repousante e encontra refúgio apenas no cigarro e no *whisky*. Quando a esposa relata alguma situação da rotina da casa, ele fica irritado e a conversa acaba em discussão, gritos e bater de portas. Sua pressão arterial está nas alturas e o médico já o notificou de que seu quadro clínico se agrava à medida que sua imunidade diminui. O profissional se sente exausto e não consegue se concentrar. Certa manhã, quando a secretária bateu à porta para lembrar-lhe de uma reunião, ele foi ríspido e grosseiro. A colaboradora, muito amavelmente, disse: "Sr. Fernando, tenho notado que o senhor tem estado muito irritado ultimamente. Isso pode não fazer bem". "Irritado, eu?", perguntou Fernando visivelmente alterado. "Como posso não estar irritado com você me fazendo seguidas interrupções e me dizendo o que eu tenho e o que eu não tenho que fazer?". "Não estou estressado coisa nenhuma! Só não dá pra manter o equilíbrio com alguém pegando no meu pé o tempo todo!".

Observe que as pressões por metas e desempenho causadas pelos cortes de pessoal são estressores externos. E a percepção de Fernando de que não está sendo um bom marido e pai, assim como de não estar mais dando conta de seu papel de gestor, são estressores internos. O resultado pode ser percebido no adoecer físico (elevação da pressão arterial e diminuição do nível imunológico); no plano mental – a falta de concentração e a irritabilidade – e na esfera social, em que, fica nítida a deterioração dos relacionamentos, tanto em casa quanto no trabalho.

De acordo com Limongi-França e Rodrigues (2002, p. 28), estar estressado é o "estado do organismo, após o esforço de adaptação, que pode produzir deformações na capacidade de resposta atingindo o comportamento mental e afetivo, o estado físico e o relacionamento com as pessoas".

Agora que você está familiarizado com o conceito de *estresse*, vamos as modificações biológicas que ocorrem no organismo em virtude desse fenômeno.

2.1.1 Síndrome geral de adaptação

Hans Selye, que foi o primeiro pesquisador do estresse, na década de 1930, denominou como *síndrome geral de adaptação* o conjunto de reações não específicas desencadeadas quando o organismo é exposto a um estímulo ameaçador à manutenção do equilíbrio – ou, como também é conhecida, *homeostase*, que, por sua vez, é a habilidade do organismo de manter um estado físico-químico característico e constante, dentro de determinados limites. Selye (1936) explica que essa manifestação é constituída de três fases: a de alarme, de resistência e de exaustão.

♦ **Fase de alarme**: ocorre quando o indivíduo, ao entrar em contato com o agente estressor, tem uma perda da homeostase. Esse estágio provoca alterações no organismo, como aumento da frequência cardíaca e da pressão arterial para que o sangue, ao circular mais rápido, facilite a ação e o movimento; aumento da frequência respiratória, para captar mais oxigênio pelo sangue; dilatação das pupilas, para favorecer a eficiência visual etc. As alterações sofridas pelo organismo têm por propósito colocá-lo em condições de lutar ou fugir.

A **luta** é o enfrentamento e acontece quando uma situação é percebida pelo indivíduo como uma ameaça a se dominar; nesse caso, o organismo se prepara para a defesa, que pode também incluir o ataque.

A **fuga** ocorre quando o indivíduo percebe a situação como uma ameaça demasiadamente grande. Nesse cenário, o organismo se prepara para fugir – em outras palavras, "dar no pé".

> **Exemplo**
>
> Marcos está prestes a se formar na faculdade de engenharia. Contudo, para obter a certificação, é fundamental que apresente seu Trabalho de Conclusão de Curso a uma banca examinadora composta por três professores. Só de pensar na apresentação, ele sente secura na boca, dor no estômago, taquicardia e ausência de apetite. Ele confessou a um amigo que não sabia se enfrentava a situação e passava noites e noites estudando, ensaiando a apresentação e se preparando (luta), se inventava uma justificativa qualquer para não comparecer ao evento (fuga) ou o postergava até que se sentisse preparado o suficiente para passar por tal situação.

- **Fase de resistência**: se a exposição ao agente estressor continua, o organismo tenta se adaptar à situação. Também nessa fase ocorre um conjunto de mudanças no organismo: a tensão se acumula e produz diminuição no bem-estar e alterações no comportamento, e o organismo empreende uma busca para se adequar a esse novo cenário. É quando a reação ao estresse é canalizada para um órgão ou sistema e surgem ulcerações no aparelho digestivo, irritabilidade, insônia, mudanças significativas no humor, alterações no apetite e redução do desejo sexual, dentre outros. Também nessa fase aparecem o cansaço constante, os esquecimentos, a dificuldade de concentração, o isolamento, a sensação de perda de controle, a desorganização, a angústia, a apatia, a introspecção e a autoritarismo, que indispõem a pessoa ao diálogo (Limongi-França; Rodrigues, 2002).

> **Exemplo**
>
> Valmir é caminhoneiro há 8 anos e viaja em média 600 km por dia. Desde que iniciou suas atividades nesse ramo, vem enfrentando múltiplos estressores que só fazem aumentar: as condições das estradas, a falta de infraestrutura para atender às necessidades básicas, a alimentação pobre em nutrientes, a má qualidade do sono, a falta de lugar limpo e adequado para a higiene pessoal, de recursos para se refrescar ou se aquecer e longas horas sentado sem a prática de uma atividade física regular. Além desses problemas, o motorista enfrenta longas jornadas de trabalho longe de casa, com o consequente distanciamento da família, a solidão, a iminência de assaltos e agressões, a pressão por produtividade, a vigilância constante para os perigos existentes, a forma como outros motoristas dirigem e se comportam, a exposição à degradação social (fome, miséria, prostituição, drogadição). Todos esses fatores causam fortes dores físicas e transtornos emocionais. Nos poucos momentos em que ele consegue estar em casa com a família, em vez de sentir alegria e felicidade, sente irritação, infelicidade, culpa e desamor. Vive reclamando que não tem dinheiro suficiente para as despesas da casa e não tem paciência com a esposa e as filhas; além disso, ao adotar uma postura autoritária e inflexível, não tem percebido o abismo que tem se desenhado entre ele e seus entes queridos. Sente-se exausto e deprimido. Como resultado de tantas pressões com as quais tem tido grande dificuldade de lidar, Valmir acabou por desenvolver uma úlcera que lhe causa fortes dores abdominais e na coluna; seus últimos exames clínicos apontaram para um quadro de pré-diabetes. Ele se sente derrotado, acha que deveria ser "mais homem" para enfrentar e não se deixar abater por situações que fazem parte da profissão. Mas a realidade é que sua autoestima está comprometida, e a única coisa que o acompanha é a constante sensação de incapacidade perante a vida e o futuro.

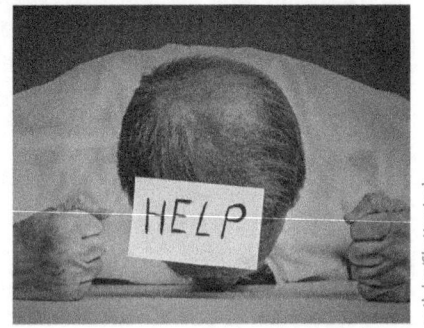

- **Fase da exaustão**: é quando ocorre a falha dos mecanismos de adaptação, fato que promove esgotamento por sobrecarga fisiológica, que, por sua vez, resulta na quebra total da resistência (quando as doenças graves aparecem). Alguns sintomas são bastante semelhantes aos da fase de alarme, mas em maior proporção: aumento das estruturas linfáticas e exaustão psicológica, manifestada por depressão e exaustão física – esta se apresenta por meio das doenças e pode ter como resultado final a morte (Lipp, 2003).

Exemplo

Elizabete, 40 anos, casada, mãe dois filhos, é professora de ensino médio e funcionária concursada da prefeitura há 20 anos. Idealista, dedicava-se com afinco ao trabalho e acreditava que, por meio da educação, poderia contribuir para o desenvolvimento das pessoas e, por consequência, contribuir para tornar o mundo melhor. Considerava que ser professora era muito mais que um trabalho: era a sua missão de vida. A despeito do irrisório salário que recebia, investia como podia para aprender novas metodologias que viessem a tornar suas aulas mais dinâmicas e interativas. Nos últimos anos, passou a se sentir cada vez mais cansada. A exaustão foi abrindo espaço para a irritabilidade, que parecia se manter constante; a educadora já não tinha tanta alegria ao se arrumar para ir para o trabalho; algumas situações que anteriormente não produziam maiores efeitos agora pareciam ser intermináveis batalhas que a esgotavam física e mentalmente. Certo dia, a professora se acidentou ao retornar do trabalho. Após a ocorrência, retornou à escola, mas nos meses seguintes chorava muito, sentia-se esgotada e tinha dificuldade de dar atenção às turmas às quais ministrava aulas. Queixou-se com a médica do trabalho, que constatou problemas de natureza circulatória. As dificuldades se acentuavam em virtude do atrito com um adolescente com problemas de comportamento e agressividade e constantemente desafiava sua autoridade, atribuindo-lhe apelidos desqualificantes.

O problema se agravou ainda mais quando, em uma de suas aulas, o adolescente, sentido intimidado pelo colega, tirou do bolso uma faca e partiu para cima do outro aluno, situação que por pouco não teve um desfecho trágico. Elizabete, ao relatar a situação à diretora e pedir apoio, teve como resposta que os tempos mudaram e que ela não poderia ficar "reclamando", pois o aluno não tinha culpa, não passava de uma vítima do sistema. Ela chegou a dizer que o que poderia ter deflagrado a situação era na verdade a sua metodologia de ensino e pediu que fizesse apenas o que havia sido contratada para fazer: dar aulas; ouviu, ainda, que, quanto mais tradicional fosse seu método, menos risco ela corria

> de que tal situação voltasse a se repetir. Desde então, ela passou a se sentir cada vez mais insegura, incapaz e todos os dias parecia estar à beira da exaustão. Chorava muito, não conseguia dormir ou se alimentar e não tinha forças sequer para cuidar dos próprios filhos. Além do cansaço físico, sentia-se exigida além do seu limite emocional. Trabalhou por mais um tempo e afastou-se do trabalho em virtude de transtornos emocionais. Não conseguiu retornar ao trabalho até o momento. Utilizou-se de vários medicamentos e participou de sessões de psicoterapia durante um período, abandonando o tratamento logo em seguida pelo agravamento dos sentimentos de desvalorização pessoal e vontade de morrer.

Fonte: Elaborado com base em Lucca, 2012.

Embora Selye (1936) tenha identificado três fases do estresse, pesquisadores recentemente identificaram e incluíram uma nova fase, a qual denominaram *fase de quase exaustão*, ou seja, um estágio intermediário entre a fase de resistência e a de exaustão, na qual os estudiosos observaram a manifestação de diversas doenças, mas não tão graves a ponto de levar à morte.

Fique atento!

A primeira evidência experimental do estresse foi conduzida na Universidade McGill, no Canadá, por Hans Selye, um endocrinologista, nascido na antiga Áustria-Hungria. Procurando novos hormônios na placenta, injetou um extrato da mesma, por via intraperitoneal em ratos, verificando uma série de alterações. Estas, no entanto, não puderam ser atribuídas aos efeitos desse extrato, uma vez que os animais controles, injetados com placebo, tiveram as mesmas alterações. Selye sugeriu a hipótese de que a manipulação e/ou a injeção pudesse ser responsável pelas alterações encontradas. Para testar essa hipótese expôs os animais a uma série de estímulos diversos, que incluíam: frio, injuria tecidual, excesso de exercícios e intoxicações, observando os mesmos achados, independente do estímulo utilizado. Concluiu que se tratava de uma "reação geral de alarme" a situações críticas e que representava um esforço do organismo para adaptar-se à nova condição passando a chamá-la então de "síndrome de adaptação geral". Esta síndrome caracterizava-se por: hipertrofia das glândulas adrenais, úlceras gástricas e uma diminuição no tamanho do timo, baço e gânglios linfáticos.

Fonte: Zuardi, 2014, p. 1.

2.1.2 *Eustress* e o *distress*

Será que o estresse traz sempre resultados negativos? Por que a natureza haveria de nos dotar com um mecanismo que só serve para trazer consequências indesejadas? Podemos ficar estressados diante de eventos importantes e significativos em nossas vidas? É possível que o estresse cumpra um importante papel na sobrevivência a evolução da espécie humana? A resposta é que o estresse pode ser um recurso útil e importante e que a adaptação ocorre também diante de eventos agradáveis da vida, como casamento, nascimento de um filho, promoções no trabalho, formatura, entre outros eventos.

Ollyy/Shutterstock

Embora esteja frequentemente associado a aspectos negativos, possa produzir consequências indesejadas e até mesmo levar o indivíduo a adoecer, o estresse é um recurso útil e de extrema importância para que a pessoa encare e se adapte às diversas situações da vida. Isso ocorre porque a resposta ao estresse é ativada pelo organismo para mobilizar recursos para o enfrentamento de tais situações. Veja, na Figura 2.2, a curva do estresse com a distinção entre o *eustress* (positivo) e o *distress* (negativo).

Figura 2.2 – **Tipos de estresse**

TIPOS DE *STRESS*

```
         Distress              Eustress              Distress
         Monotonia                                   Sobrecarga
         (–esforço)                                  (–esforço)

                            Área de melhor
                             desempenho
                              e conforto
       Manifestações                               Manifestações
         e sintomas                                  e sintomas
         da doença                                   da doença
```

Fonte: Adaptado de Limongi-França; Rodrigues, 2002, p. 41.

- *Eustress*: é o "estresse positivo", ou seja, o esforço sadio de adaptação que assegura a sobrevivência e promove sensação de realização pessoal e bem-estar físico e emocional. É aquele que estimula e mobiliza a ação para a conquista ou a realização de algo. Por exemplo: imagine que um candidato a uma vaga de trabalho no funcionalismo público se dedica meses aos estudos e, como resultado, obtém a aprovação no tão desejado concurso. Foi o desafio que gerou energia e o impulsionou para a dedicação intensa e disciplinada rumo ao seu objetivo. No ambiente de trabalho, o *eustress* promove uma tensão sadia que mobiliza energia rumo à obtenção de um resultado, leva ao revigoramento, ao engajamento social e a ações empreendedoras. Em termos práticos, podemos citar aquele gestor que consegue engajar e mobilizar a equipe de forma saudável rumo à conquista de uma meta ou objetivo.

* *Distress*: é o estresse negativo, que gera desequilíbrio e promove danos físicos, emocionais e sociais. É a tensão com o rompimento do equilíbrio biopsicossocial por excesso ou ausência de esforço, que ocorre quando as situações fogem ao controle e produzem frustrações ou quando a demanda é muito grande, com descarga de poderosos hormônios que afetam o bem-estar e reduzem a vitalidade. O estado de alarme do organismo (fase de alarme) se faz persistente por longo tempo (fase da resistência) ou permanentemente, o que produz o esgotamento físico e mental (fases de quase exaustão e exaustão), que leva ao desenvolvimento de doenças frequentes e crônicas. Em termos práticos, esse fenômeno se verifica em um ambiente de trabalho com múltiplos estressores, provenientes de ausência de condições para realização das tarefas, gestores inábeis no trato social, comunicação deficitária, metas opressivas, relacionamentos agressivos, posturas desqualificantes, entre outros. O *distress* promove o trabalho compulsivo (*workaholic*), a sobrecarga, o envelhecimento precoce, o surgimento de doenças e a desorganização, que também afeta outras áreas da vida (Limongi-França; Rodrigues, 2002).

Exemplo

Carlos era casado há 6 anos e tinha uma filha de 4 anos e uma vida confortável: morava em um condomínio de luxo e sua filha frequentava uma escola renomada. Ele era superintendente de um grande banco comercial e há anos cumpria longas jornadas de trabalho, atribuindo sua progressão na carreira e consequente *status* financeiro e social à disciplina, foco e dedicação intensos ao trabalho. Suas relações de amizade eram restritas aos colegas do banco e os momentos de lazer com a família eram escassos e permeados por atendimentos a demandas profissionais que, não raro, ocupavam a maior parte do tempo em suas viagens de férias, causando frustração em sua esposa e distanciamento da filha.

> Em certa ocasião, sua esposa não pôde ir buscar a filha na escola e pediu que Carlos a apanhasse. Ao chegar na escola, a diretora se recusou a entregar a menina a ele, alegando que não o conhecia e solicitou que ele aguardasse até que ela pudesse confirmar a liberação da criança aos seus cuidados. Após longa espera, a diretora retornou, informando que havia conseguido fazer contato com sua esposa e que ela havia confirmado que a criança poderia ser liberada. Esse evento a princípio deixou Carlos furioso, mas a raiva logo cedeu lugar a uma profunda reflexão sobre seu papel de pai, que estava acompanhando o crescimento e desenvolvimento da sua filha, bem como sobre a ausência e o distanciamento das pessoas que realmente eram importantes em sua vida.
>
> Foi naquele momento que descobriu que era um *workaholic* e que, se não fizesse uma mudança imediata na sua vida, pagaria um alto preço no futuro.

Importante!

O que é *workaholic*?

Work = trabalho

–aholic = que não consegue parar de fazer algo

Portanto, pessoas identificadas como *workaholic* são aquelas viciadas em trabalho.

Será que todo mundo que trabalha muito é workaholic?

Dooder/Shutterstock

Cabe observarmos que nem todas as pessoas que trabalham em excesso são *workaholics*. O ponto reside no desequilíbrio entre a área do trabalho e as demais áreas da vida, como a saúde, os relacionamentos pessoais e sociais, o lazer, o convívio com a família, entre outras.

2.1.3 Fatores potenciais de estresse

Você já observou a quantidade de pessoas que se dizem estressadas? No âmbito do trabalho, é muito comum que os colaboradores atribuam o estado de estresse às exaustivas jornadas, às mudanças de tecnologia, ao baixo nível de competência comportamental dos gestores, às pressões por melhorias contínuas, ao medo de perder o emprego em tempos de crise etc.

Mas será que o estresse advém mesmo somente dessas questões organizacionais? É possível que outros fatores, alheios à organização, sejam também promotores de estresse? São três as categorias que abrangem fatores potenciais de estresse: os fatores ambientais, os fatores organizacionais e os fatores individuais, conforme ilustra a Figura 2.3.

Figura 2.3 – **Fatores potenciais de estresse**

Fontes potenciais

Fatores ambientais
- Incerteza econômica
- Incerteza política
- Mudança tecnológica

Fatores organizacionais
- Demandas de tarefas
- Demandas de papéis
- Demandas interpessoais

Fatores individuais
- Problemas familiares
- Problemas econômicos
- Personalidade

Diferenças individuais
- Percepção
- Experiência no trabalho
- Apoio social
- Lócus de controle
- Autoeficácia
- Hostilidade

Estresse experimentado

Consequências

Sintomas físicos
- Dores de cabeça
- Pressão alta
- Doenças cardíacas

Sintomas psicológicos
- Ansiedade
- Depressão
- Diminuição da satisfação no trabalho

Sintomas comportamentais
- Produtividade
- Absenteísmo
- Rotatividade

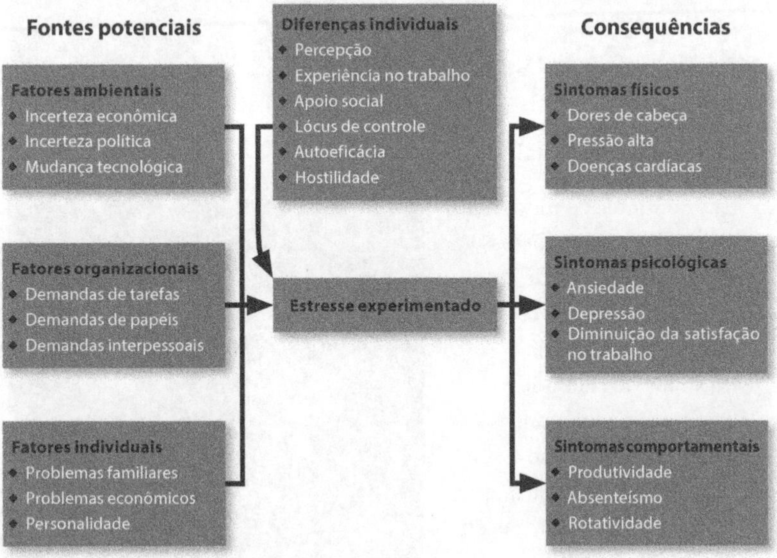

Fonte: Adaptado de Robbins; Judge; Sobral, 2010, p. 583.

Nas seções a seguir, para melhor ilustrar nosso conteúdo, detalharemos das fontes potenciais de estresse, de acordo com os autores Robbins, Judge e Sobral (2010) e Limongi-França e Rodrigues (2002).

2.1.3.1 Fatores ambientais

A história a seguir ilustra o impacto das fontes potencias de estresse oriundas do ambiente.

Estudo de caso

Vera, 38 anos, trabalhava como vendedora em uma loja de departamentos há 9 anos. É mãe de 3 filhos, os quais sustenta sozinha, sem nenhum tipo de ajuda financeira do pai das crianças, do qual é separada e com quem não tem mais contato. Uma manhã, ao chegar ao trabalho, foi surpreendida pela notícia de que a loja fecharia as portas por causa da crise econômica que assolava o país e que todos os funcionários seriam demitidos. Vera ficou desesperada, pois logo lembrou de sua filha, que tem 17 anos, não trabalha e está grávida de 5 meses. Somada à preocupação que já tinha em relação à situação de sua filha, há também a ameaça da microcefalia, em função da constatação do aumento de casos da doença na região onde reside. E agora terá que lidar com a preocupação financeira e pensar em como fará para sustentar sua família. Ainda sob o impacto da notícia do fechamento da loja, ela não conseguia parar de repetir que "é preocupação demais para uma pessoa lidar sozinha".

Os fatores ambientais dividem-se em:

♦ **Econômicos:** as mudança nos ciclos dos negócios geram incertezas de ordem econômica e, quando a economia dá sinais de recessão, as pessoas se tornam ansiosas em relação à sua segurança financeira, que desencadeia incertezas em outras áreas.

- **Políticos:** as mudanças ou ameaças políticas causam estresse, uma vez que promovem alto grau de incerteza em relação às questões econômicas e sociais.
- **Tecnológicos:** as mudanças tecnológicas ocorrem de forma rápida e constante. O profissional se sente compelido a acompanhar as inovações tecnológicas e a se especializar constantemente, sob pena de se tornar rapidamente obsoleto no ambiente de trabalho.
- **Naturais/geográficos:** são as pressões vivenciadas por pessoas que habitam regiões que estão na iminência de desastres ambientais, como desabamentos, terremotos, maremotos, *tsunamis*, entre outros.

> **Fique atento!**
>
> **Tecnoestresse**
>
> A bateria do celular acaba, a internet não funciona e a pessoa se sente irritada, nervosa e isolada do mundo. A reunião parece demorar demasiadamente e a pessoa começa a se desesperar por não poder olhar no aplicativo de mensagens. Um indivíduo sai para jantar e a maior parte do tempo passa olhando as postagens nas redes sociais em vez de conversar com a pessoa que está diante dele. E o dia já não é mais o mesmo para determinada pessoa sem a trilha sonora da sua seleção de músicas do celular.
>
> O ritmo imposto pela era digital transformou a percepção do tempo, ocupando um espaço enorme na vida das pessoas, o que gera dependência, angústias e vícios, bem como impacta na saúde física, mental e social. A avalanche de estímulos cria a sensação de insuficiência de condições para acompanhar o ritmo dos acontecimentos e inovações. Essa condição gera um estresse denominado *tecnoestresse*, que é uma doença do século XXI provocada pela dependência tecnológica cada vez maior das pessoas e pela dificuldade de adaptação perante o ritmo frenético e acelerado de mudanças. O indivíduo acometido por esse problema tem reações extremas a problemas do cotidiano, como entrar em pânico cada vez que se depara com um novo programa de computador e se irritar exageradamente sempre que uma página da internet demora mais de 20 segundos para abrir. No trabalho, o tecnoestresse impacta na produtividade, uma vez que a pessoa perde muito tempo com *e-mails*, telefonemas e mensagens, o que ocasiona interrupções nas tarefas, perda de concentração, demora para concluir atividades programadas, problemas que geram um ciclo de estresse. Essa doença se manifesta progressivamente, em três níveis: na primeira fase, geralmente a pessoa deseja utilizar os potenciais da tecnologia; na segunda fase, se a tecnologia traz algum problema, a pessoa é acometida de crises de raiva, dores de cabeça e tensão muscular. Na terceira fase, o tecnoestresse torna-se crônico e a pessoa tem sua saúde gravemente prejudicada.
>
> Essa doença pode ser evitada por meio da adoção de hábitos que estabeleçam limites, como desligar o celular durante as refeições e na hora de dormir; gerenciar o tempo *on-line*, por meio da disciplina das horas extras passadas na internet, seja em jogos ou em redes sociais; realizar passeios ou atividades físicas; manter a tranquilidade; cultivar encontros presenciais com amigos e se manter longe do celular nesses momentos. É necessário que as pessoas tenham em mente que a tecnologia existe para servir e facilitar o cotidiano, e não contrário.

Fonte: Elaborado com base em Melo; Nascimento, 2009.

2.1.3.2 Fatores organizacionais

A história a seguir ilustra o conjunto de fatores potenciais de estresse no nível da organização.

Estudo de caso

Roberto é gerente em uma fábrica de móveis de médio porte, que possui 120 funcionários. A direção da empresa adota procedimentos que exigem que os gestores documentem completamente todas as suas decisões, bem como estabelece regulamentos e regras que devem ser rigorosamente obedecidos pelos funcionários. Os "bons gestores" são aqueles capazes de oferecer todos os dados que deem sustentação às suas recomendações. Decisões criativas, que incorram em mudanças significativas ou riscos, são desencorajadas. Os responsáveis por projetos fracassados são criticados abertamente e penalizados. Por isso, os gestores procuram manter decisões que reforcem o *status quo*. Recentemente, Roberto foi procurado por um colaborador operacional que queria trazer uma oportunidade de melhoria nos processos da linha de montagem, ao que o gestor respondeu: "Melhoria? Se não estiver quebrado, não tente consertar, e fim de conversa!". Os chefes supervisionam de perto os subordinados, para assegurar que não haja desvios das regras. Roberto está preocupado com a produtividade, independentemente do impacto que essa postura causa sobre o moral ou a satisfação dos empregados ou sobre o índice de rotatividade, ou ainda sobre a competitividade da empresa. As atividades de trabalho são planejadas para os indivíduos, em uma clara divisão de quem pensa e de quem executa o trabalho. Existem departamentos distintos e linhas de autoridade, e espera-se que os funcionários tenham pouco contato com os colegas de fora da sua área funcional ou linha de comando. Ao avaliar o desempenho do colaborador, Roberto considera unicamente o resultado do indivíduo, sem considerar fatores alheios à vontade do funcionário, como atrasos de entrega de matéria-prima, quebra de máquinas ou desempenho de outras áreas que interferem na produtividade do indivíduo.

A rotatividade na empresa é alta e, em função disso, ao chegar, o novo colaborador não tem tempo hábil para receber as devidas orientações e treinamento, porque já precisa assumir seu posto de trabalho. Dessa forma, o profissional vai aprendendo à medida que realiza o trabalho e, por isso, os acidentes de trabalho são frequentes. Ao ter um colaborador acidentado, Roberto justificou que, mesmo em tempos de crise, é difícil encontrar pessoas atentas e comprometidas com o trabalho.

Os fatores organizacionais são potenciais de estresse no nível da organização. São eles:

- **Tarefas e condições de trabalho**: são pressões realizadas sobre a capacitação técnica e o perfil adequado para a realização do trabalho. Se o indivíduo está realizando uma atividade para a qual não tem perfil ou habilidade, fica exposto e vulnerável aos estressores potenciais. As condições de trabalho e o ambiente físico também são fontes de estresse. Mesmo um ambiente confortável pode promover alto grau de estresse para o trabalhador, em função de fatores como segurança, ruídos, temperatura, ventilação, iluminação e ergonomia.

- **Normas**: são as pressões geradas por políticas da empresa, por diretrizes formais ou informais, regulamentos, a exemplo de metas muito elevadas, incompatibilidade entre qualidade e prazo para a realização do trabalho.

- **Relações interpessoais:** são as pressões decorrentes dos conflitos entre as pessoas. A incompatibilidade de temperamento, a dificuldade de aceitação do jeito de ser do outro são fontes inesgotáveis de estresse. Outro fator agravante, além da dificuldade em se relacionar com os pares de trabalho, é o estilo de gestão adotado pela organização. Quando carece de competências comportamentais ou de inteligência emocional, o gestor pode comprometer o desempenho e os resultados de toda a equipe.
- **Processos:** são as pressões geradas pela falta de informações precisas para a realização das tarefas. A ausência de autonomia do trabalhador para tomar decisões relativas a determinados problemas.

Conhecendo os fatores que são fontes potenciais de estresse na organização, o gestor pode e deve ficar atento para identificar possíveis disfunções e agir preventivamente.

2.1.3.3 Fatores individuais

Conheça a história de Erico e Daniel, que abre a discussão acerca dos fatores individuais, e observe como cada pessoa pode reagir de forma diferente a determinadas situações, de acordo com sua personalidade.

Estudo de caso

Erico e Daniel trabalham juntos em uma empresa que submete os colaboradores a um grande volume de exigências e impõe constantes cobranças por resultados. A relação de Erico com a produtividade e as exigências de sucesso que impõe a si mesmo o leva a viver intranquilo. Ele faz diversas coisas ao mesmo tempo e dificilmente se permite uma pausa para uma conversa com algum colega de trabalho. Parece ter uma pressa incurável. Daniel, por sua vez, embora seja extremamente responsável e cumpridor de seus deveres, parece levar a vida de forma muito diferente. Ele permanece inabalável diante das pressões do dia a dia da empresa, não importa o quanto esteja assoberbado de trabalho ou atropelado pelas exigências e prazos de entrega. Ele acredita que dará tempo para realizar todas as tarefas tranquilamente e sempre se dispõe para uma conversa agradável. Ainda que esteja no meio de uma atividade e alguém o interrompa, Daniel dá toda a atenção ao interlocutor, com toda a calma e tranquilidade, ainda que o assunto seja demorado e nada relevante para a esfera do trabalho. Quando estão realizando uma atividade juntos e essa situação acontece, enquanto Daniel conversa tranquila e amavelmente, Erico fica enviando sinais de impaciência, olhando o tempo todo no relógio, tamborilando com os dedos na mesa, na esperança de que o colega encerre a conversa e volte às atividades.

Essa história remete ao primeiro fator individual de estresse, que é relativo à personalidade.

- **Personalidade**: embora exista, na literatura, uma grande diversidade de conceitos de personalidade, parece haver certa unanimidade ao considerá-la algo característico ao indivíduo, o que o torna único. A personalidade define a forma como a pessoa reage e interage com os outros e com as situações. No amplo contexto e abordagem dos estudos sobre a personalidade, destacamos a classificação oferecida pelos pesquisadores Friedman e Rosenman (1959), que, citados em Robbins (2000), classificam a personalidade tipo A e a personalidade tipo B. De acordo com os autores, indivíduos com personalidade tipo A são mais suscetíveis ao estresse em comparação aos indivíduos de personalidade tipo B.

Além disso, os teóricos citados afirmam que indivíduos com personalidade tipo A apresentam padrão de comportamento caracterizado por uma luta incessante e agressiva para conseguir mais e mais em menos tempo.

Robbins (2000) e Carvalho (2009) explicam que a personalidade tipo A e tipo B apresentam as seguintes características:

> **Fique atento!**
>
> **Personalidade tipo A**
> - Nível elevado de ambição, competitividade, agressividade e sentido de urgência.
> - Necessidade de controle e forte orientação para realização pessoal e para o sucesso.
> - Está sempre em movimento, andando e comendo rapidamente.
> - Impacienta-se com a velocidade e o ritmo com que as coisas acontecem.
> - Tenta pensar ou fazer duas coisas ao mesmo tempo.
> - Não consegue suportar momentos de ócio.
> - É obcecado por números e mede seu sucesso por meio do quanto consegue obter.
>
> **Personalidade tipo B**
> - É imune ao sentimento de urgência e impaciência.
> - É reservado, não sente necessidade de demonstrar suas realizações e conquistas, a não ser que a situação requeira.
> - Faz as coisas por prazer e relaxamento, sem se preocupar em provar a sua superioridade a qualquer custo.
> - Consegue relaxar sem se sentir culpado.

Além da personalidade, outros fatores potenciais de estresse no nível individual são:

- **Lócus de controle:** *lócus* remete ao centro de controle, ou seja, a quem está na direção. É um filtro de referência determinado pela percepção que o indivíduo tem sobre o quanto é vítima de tudo o que lhe acontece ou o quanto está no comando de sua vida. Portanto, pessoas com lócus externo de controle tendem a se sentir sempre vítimas, seja de outras pessoas, do governo ou da situação, ao passo que pessoas com lócus interno de controle tendem a perceber que entre um estímulo (evento) e um resultado (comportamento) existe uma escolha.
- **Crenças limitantes:** *crença* é um sentimento de verdade, de certeza. As crenças são como lentes que o indivíduo utiliza para enxergar a si mesmo, o outro e o mundo e, dessa forma, interferem poderosamente na interpretação que a pessoa faz dos fatos e, influenciando em seu comportamento. Crenças limitantes são fontes potenciais de estresse, uma vez que atuam percepção que o indivíduo tem de sua autoeficácia.
- **Valores/comprometimento:** *valor* é tudo aquilo que é importante para a pessoa e, dessa forma, a percepção de que um valor está sendo atacado ou colocado em perigo é uma fonte potencial de estresse. Os valores estão atrelados ao comprometimento, pois a pessoa entende que algo é importante – ela se compromete, se dedica, se envolve, se conecta. E quanto maior o comprometimento, maior é a frustração quando há um descompasso entre a energia investida e o resultado obtido.

Para compreendermos o estresse, é importante olharmos para além do estressor. Significa atentar para a forma como o indivíduo interpreta, avalia e enfrenta o estímulo.

> O estresse deve ser observado não só como uma reação do organismo, mas também como uma relação particular entre uma pessoa, seu ambiente e as circunstâncias nas quais está submetida, que é avaliada pela pessoa como uma ameaça ou algo que exige dela mais do que suas habilidades ou recursos e que põe em perigo seu bem-estar ou sobrevivência. (Limongi-França; Rodrigues, 2002, p. 34)

Ainda que alguns estressores sejam potentes o suficiente para desencadear o desequilíbrio biopsicossocial e abrir portas para o aparecimento ou o desenvolvimento de doenças, os indivíduos e grupos podem responder de forma diferente, tendo em vista os diversos filtros que adotam para interpretar tais pressões. O que pode ser considerado altamente estressante para um indivíduo pode não produzir o mesmo efeito sobre outro.

Para Lazarus e Folkman (1984, p. 19), "o estresse é uma relação particular entre a pessoa e o ambiente que é avaliado pela pessoa como onerando ou excedendo seus recursos e colocando em risco o seu bem-estar". Os estudos realizados pelos pesquisadores acerca dos fatores individuais apontam para o relevante papel da função cognitiva do indivíduo na percepção e na interpretação das situações promotoras de estresse. Os eventos em si não são estressantes, mas a forma como são interpretados pelo indivíduo. Essa estratégia de enfrentamento é denominada *coping*, que "é o conjunto de esforços, cognitivos e comportamentais, utilizados pelos indivíduos com o objetivo de lidar com demandas específicas, internas ou externas, que surgem em situações de *stress* e são avaliadas como sobrecarregando ou excedendo seus recursos pessoais" (Lazarus; Folkman, 1984, citados por Dell'Aglio, 2000, p. 12, grifo nosso).

Exemplo

Paola e Fátima trabalham como vendedoras há cinco anos em uma loja de luminárias e artigos para decoração. Paola tem elevada competência em comunicação e carisma, o que faz com que seus clientes sempre retornem à loja para comprar com ela. Fátima é uma pessoa que não gosta de trabalhar com vendas, faz um esforço hercúleo para ser amável com os clientes e vive reclamando que a sorte favorece a colega de trabalho. Recentemente, o novo gestor de RH da loja implantou uma série de processos de gestão de pessoas, entre eles a avaliação de desempenho. Fátima, ao saber que será avaliada, tem estado visivelmente nervosa e não raras vezes choraminga pelos cantos reclamando que "essa coisa de avaliar desempenho é só para mandar empregado embora". "Eu não suporto a ideia de saber que estou sendo avaliada". "Não consigo mais me concentrar em nada, tenho tido insônia todas as noites; vivo com dores de cabeça e dor no estômago". Para Paola, por outro lado, a rotina continua a mesma. Ela acredita fortemente que seja lá qual for o resultado da avaliação de desempenho, ela poderá utilizá-la para se desenvolver e aprimorar.

> Então quer dizer que algumas pessoas podem ser mais vulneráveis aos estressores do que outras?

A chave para compreender a razão pela qual algumas pessoas são mais suscetíveis ao estresse do que outras, mesmo quando submetidas a condições similares, pode ser encontrada na concepção da *vulnerabilidade individual*, que remete à ideia de que as pessoas são diferentes e, portanto, reagem de modo diversificado a eventos aparentemente semelhantes (Myers, 1999).

De acordo com Lacerda et al. (2009, p. 206, grifo do original), a vulnerabilidade

> é produto da interação de diferentes fatores, em uma proporção própria a cada indivíduo [...] diretamente ligado a sensibilidade individual ao estresse emocional, e certos traços que podem ser desenvolvidos para servir como verdadeiros *buffers* (fatores de proteção) que fazem a mediação ente a vulnerabilidade biológica e os eventos de vida estressantes.

Fique atento!

Independentemente da fonte potencial de estresse, é importante termos em mente que ele pode desenvolver ou agravar uma série de doenças que precisam ser consideradas quando tratamos da QVT.

2.2 Estresse e trabalho

Um estudo realizado em Porto Alegre e São Paulo pela International Stress Management Association (2014-2015) aponta que 89% das pessoas economicamente ativas, com idades entre 25 e 60 anos, sofrem de estresse por falta de reconhecimento no trabalho. A falta de tempo e os relacionamentos interpessoais são outras duas fontes de estresse no trabalho apontadas pela pesquisa (Pesquisa..., 2015).

No Quadro 2.1, apresentamos diferentes abordagens que consideram a relação entre os estressores e as respostas dos indivíduos ao estresse. Esse entendimento é fundamental para que as organizações possam lidar com o estresse no ambiente de trabalho.

Quadro 2.1 – **Modelos e teorias de estresse no trabalho**

Autores	Contribuições e limites das teorias
Cox e Mackay (1978)	Estresse como o desequilíbrio entre as demandas ambientais percebidas e a habilidade percebida para lidar com estas demandas. A experiência das pessoas de seu ambiente é mediada pela avaliação cognitiva. Consideram o estresse como um processo descrito em 5 estágios.
Karasek (1979)	Modelo Demanda Controle (JDC)[1]. O *strain* resulta da interação das demandas de trabalho e controle do trabalhador sobre as decisões (*Job demand/Job decision latitude*). Delineia a interação entre grupos de estressores (diferentes tipos de exigências do trabalho e participação do trabalhador) mas não identifica estressores específicos do ambiente de trabalho que poderiam ser modificados para reduzir o estresse. Não tem foco na interação indivíduo/ambiente e não incorpora as diferenças individuais na percepção das exigências. Pouca ênfase no suporte social como moderador.
French et al. (1982)	Teoria de Ajuste Pessoa – ambiente. Uma inadequação entre características individuais (habilidade e objetivos) e seu ambiente de trabalho (demandas e clima organizacionais) pode resultar em *strain* psicológico, fisiológico e comportamental. Faz distinção entre realidade objetiva e percepções subjetivas e entre variáveis ambientais e variáveis pessoais.
Cooper (1983)	Considera que o estresse psíquico no trabalho depende do modo como o indivíduo percebe as esferas do trabalho, doméstica, social e individual, podendo, então, desencadear sintomas individuais e organizacionais.

(continua)

(Quadro 2.1 – conclusão)

Autores	Contribuições e limites das teorias
Lazarus e Folkman (1984)	Teoria relacional cognitiva. O estresse é visto como um processo multivariado, enquanto representação interna de transações problemáticas e particulares entre a pessoa e seu ambiente. Considera aspectos de cognição e emoção. Enfatiza a mediação das estratégias de *coping*. Simplifica os focos das estratégias de *coping* (no problema ou na emoção).
Siegrist (1990)	Estresse como resultado da desigualdade entre esforço e recompensa. Estresse crônico = custos altos e baixas recompensas. Fontes de esforço – intrínsecas (motivações do trabalhador) e extrínsecas (demandas no trabalho). Recompensa – financeira, socioemocional (estima) e controle de *status* no trabalho (promoção ou mobilidade para baixo, fragmentações na carreira, instabilidade no trabalho). Prevê estratégias de *coping*.
Hart et al. (1994)	Teoria do equilíbrio dinâmico. O estresse resulta de um sistema amplo de variáveis que incluem personalidade, características ambientais, processos de *coping*, experiências positivas e negativas e vários índices de bem-estar psicológico.
Escola de Michigan (Edwards, Caplan & Harrison, 1998)	Estresse com resultado de desajustes – demandas do ambiente × habilidades pessoais, e necessidades pessoais × recursos oferecidos pelo ambiente. Diferencia representações objetivas e subjetivas da pessoa e do ambiente, mas não especifica o conteúdo destas duas dimensões. Relações pouco específicas entre estratégias de *coping* e defesa e *strain*.
Levi (1998)	Modelo ecológico baseado em Kagan e Levi (1978). As reações de estresse são provocadas pela ação recíproca ou por desajustes entre as oportunidades e exigências inerentes ao meio e às necessidades e expectativas individuais. O trabalhador reage a estímulos psicossociais segundo certos padrões (programa psicobiológico) que podem ser modificados e sofrer interações com o apoio social e repertório de *coping*.

Nota: [1] *Job Demand Control*.

Fonte: Cooper, 1998; Cox; Griffiths; Gonzaléz, 2000; Fernandes, 1997; Hart; Cooper, 2001; Levi, 1998, citados por Sousa, 2005, p. 38.

Com base no Quadro 2.1, podemos observar que as abordagens convergem para os estressores que vem do ambiente e a percepção que o indivíduo tem desse estressores e da forma como reage a eles.

Baker e Karasek (2000) explicam que um trabalho estressante é aquele que impõe exigências ao trabalhador e cria restrições ambientais, o que faz emergir grande tensão em virtude das características do trabalho, correlacionadas à baixa autonomia, ao reduzido controle pessoal sobre o processo e reduzido nível de habilidade para oferecer respostas às demandas pela atividade exercida.

Os trabalhadores submetidos a elevadas exigências, pressões psicológicas, baixa capacidade decisória e reduzido controle sobre seu trabalho correm maior risco de apresentar problemas de saúde física e mental decorrentes do estresse (Karasek et al., 1998).

Os estudos publicados por Baker e Karasek (2000), citados por Limongi-França e Rodrigues (2002), consideram seguintes estressores, apresentados a seguir:

- **Exigências de tempo, estrutura temporal do trabalho e ritmo:** horas extras, trabalhos em turnos, trabalho ao ritmo da máquina, pagamento por produção.
- **Estrutura das tarefas:** ausência ou baixa autonomia nas decisões sobre as atividades, subutilização de capacidades.

- Condições físicas: ambiente físico de trabalho desagradável, inseguro ou insalubre, com riscos físicos, mecânicos, tóxicos, ergonômicos e predisposto a acidentes de trabalho.
- Organização do trabalho: competição não saudável, rivalidade e ambiguidade e conflito de papéis. A ambiguidade de papel ocorre quando o indivíduo recebe informações insuficientes ou inadequadas sobre o conteúdo e limites de sua função; o conflito de papéis, por sua vez, ocorre quando dois ou mais conjuntos simultâneos de prescrições estão presentes de tal modo que que a obediência a um conjunto inviabiliza ou torna impossível a obediência aos demais.
- Fatores extraorganizacionais: relacionados à comunidade, insegurança no emprego e preocupações com a carreira.
- Fontes extratrabalho: pessoais, família, relacionados com a comunidade.

Na mesma linha de considerar os fatores do ambiente de trabalho e os fatores individuais, Cooper, Cooper e Eaker (1988) afirmam que o estresse é qualquer força que conduz a um fator psicológico ou físico que produz uma tensão além do limite de estabilidade do indivíduo. Esses autores apontam para a necessidade de **investigar cinco fatores ambientais**:

1. **Fatores intrínsecos ao trabalho:** investigar as condições de trabalho (a qualidade do ar, a iluminação, a decoração, o barulho e o espaço pessoal influenciam o humor e o estado mental dos colaboradores); a sobrecarga de informação; a pressão para cumprimento de metas e prazos e as mudanças tecnológicas.
2. **Papel do colaborador na organização:** identificar a ambiguidade e o conflito de papéis. O trabalhador pode estar suscetível ao estresse quando lhe falta a clareza necessária a respeito das expectativas da organização em relação a ele, bem como dos objetivos de seu trabalho e das suas responsabilidades sobre as pessoas e das demandas que envolvem a sua função.
3. **Desenvolvimento de carreira:** avaliar os efeitos promovidos pela insegurança no emprego, pela ausência ou excessos de promoções, pela obsolescência das tecnologias e habilidades para o trabalho e também pela incongruência de *status*, seja por inadequação com

relação ao nível hierárquico de seu cargo, seja por frustrações referentes ao desenvolvimento de carreira.

4. **Estrutura e clima organizacional**: investigar os aspectos que possam ameaçar a individualidade, a liberdade e a autonomia, elementos fundamentais para a criação de vínculos entre o colaborador e a empresa e a sensação de pertencimento. Quando se sente pertencendo à organização, o colaborador tem maior probabilidade de se envolver em tomadas de decisão e de se conectar com os pares e gestores.

5. **Relacionamentos no trabalho**: investigar os efeitos da falta de consideração e da forma pela qual os gestores exercem pressões sobre os colaboradores. Enfatizar a necessidade de cuidar do estilo de gestão adotado e das relações entre os subordinados, uma vez que o isolamento, a falta de suporte social dos pares, conflitos e ressentimentos são fatores promotores do estresse no trabalho.

Como essas informações podem ser utilizadas para promoção da QVT? Compete à organização, na figura dos gestores, equipe de gestão de pessoas, supervisores e colaboradores manter tais aspectos em constante observação. Uma vez atendidos, esses fatores promovem a satisfação ou a redução da insatisfação no trabalho. Contudo, quando não observados, podem promover graves consequências de curto, médio e longo prazos nas dimensões fisiológica, psicológica e social do colaborador com consequências sérias para as organizações, como absenteísmo, *turnover* e queda de produtividade e competitividade.

2.2.1 Síndromes relacionadas ao estresse no trabalho

A palavra *psicossomática* provém do grego *psikê*, que significa "alma" e *soma*, que significa "corpo". É uma ciência que estuda os mecanismos de interação entre as dimensões mental e corporal do indivíduo, segundo a qual todo ser humano é muito mais que um conjunto de órgãos, mas sim composto pelas dimensões biológica, psicológica e social e, nesse sentido, as doenças psicossomáticas são doenças da alma e do corpo. Logo, de acordo com a abordagem psicossomática, nada é "só" psicológico.

Ainda segundo essa abordagem, o impacto do estressor em uma dimensão (física, psicológica ou social) implica desdobramentos também nas outras, uma vez que existe a relação entre corpo, mente e meio externo, o que equivale a afirmar que cada uma das dimensões afeta e é afetada pela outra. A saúde e a doença são estados gerados pelo equilíbrio harmônico do organismo ou pela desregulação dele.

Por isso, é fundamental investigar as queixas de natureza clínica. A dor é um sinal de alerta emitido pelo organismo e, por essa razão, deve ser levada a sério.

No Quadro 2.2, apresentamos as síndromes diretamente associadas ao estresse.

Quadro 2.2 – Síndromes associadas ao estresse

Síndrome	Caracterização
Somatizações	Sensações e distúrbios físicos com forte carga emocional e afetiva.
Fadiga	Desgaste de energia física ou mental que pode ser recuperada por meio de repouso, alimentação ou orientação médica específica.
Depressão	É uma combinação de sintomas em que prevalece a falta de ânimo, a descrença pela vida e uma profunda sensação de abandono e solidão.
Síndrome do Pânico	Estado de medo intenso, repentino, acompanhado de imobilidade, sudorese e comportamento arredio.
Síndrome de Burnout	Estado de exaustão total decorrente do esforço excessivo e contínuo.
Síndrome do Desamparo	Medo contínuo da perda de emprego, acompanhado de sentimento de perseguição e queda da autoconfiança.

Fonte: Limongi-França; Rodrigues, 2002, p. 88.

> Então, quer dizer que a depressão pode ser desencadeada pelo estresse? E a depressão pode afastar a pessoa do trabalho?

Segundo dados veiculados pelo Jornal da Record (2015), em 2014 mais de 80 mil pessoas se afastaram do trabalho por conta da depressão. Segundo estimativas da Organização Mundial da Saúde (OMS), a depressão será a doença mais comum na próxima década, ultrapassando as doenças cardiovasculares e o câncer.

2.2.1.1 Depressão

A depressão é uma doença caracterizada por um desequilíbrio químico no cérebro que altera o funcionamento dos neurotransmissores, substâncias que fazem a comunicação entre as células nervosas, responsáveis pela produção de hormônios como a dopamina, a endorfina, a serotonina, que dão a sensação de conforto, bem-estar e prazer.

A síndrome da depressão, segundo Del Porto (1999) inclui não apenas alterações do humor (tristeza, irritabilidade, falta da capacidade de sentir prazer, apatia), mas também uma gama de outros aspectos, incluindo alterações cognitivas, psicomotoras e vegetativas (sono, apetite).

Eakachai Leesin/Shutterstock

O indivíduo em estado depressivo tem o desempenho profissional comprometido, sobretudo por conta da dificuldade de concentração, do cansaço excessivo e da ausência de forças para executar suas tarefas diárias. Em casos mais severos, o indivíduo não encontra disposição para sair de casa. Limongi-França e Rodrigues (2002) elencam o conjunto de sintomas presentes em indivíduos acometidos pela depressão:

- Redução do nível de energia.
- Diminuição do prazer nas atividades em geral e perda de interesse.
- Irritabilidade.
- Diminuição da libido.
- Dificuldade em iniciar atividades, principalmente pela manhã.
- Lentificação dos pensamentos e movimentos.
- Diminuição significativa do apetite ou aumento da ingestão de alimentos, com perda ou ganho de peso.
- Insônia inicial ou despertar precoce e excesso o durante o dia.
- Diminuição da autoestima, pessimismo e ideias negativas sobre si.
- Angústia, sentimento de desesperança e crises de choro.
- Preocupação maior que o habitual.
- Afastamento das atividades sociais.
- Dificuldade de tomar decisões.
- Ideias e planos de suicídio e pensamento de que a morte seria um alívio ou solução.

Pessoas submetidas a estresse intenso e prolongado, luto, doenças, rompimentos, assédios, perda de emprego ou de patrimônio, podem desenvolver tendências psicológicas e biológicas para depressão. O estilo de vida também influencia no desenvolvimento da depressão: o alcoolismo e o uso de anfetaminas e demais drogas e substâncias que afetam o sistema nervoso central podem conduzir a manifestação depressivas.

É muito importante que as empresas tenham mecanismos e programas para **identificar e encaminhar para tratamento pessoas acometidas dessa síndrome.** Muitas vezes, o colaborador deprimido pode ser estigmatizado como um indivíduo preguiçoso, sem iniciativa, fraco; esse julgamento compromete a tomada de ação para tratar a doença. Daí a importância dos gestores e colaboradores se manterem alertas para os sinais da depressão e livres de preconceito. O apoio social é fundamental no processo de recuperação.

2.2.1.2 Síndrome de *burnout*

O termo *burnout* surgiu da combinação dos termos da língua inglesa *burn* (queima) e *out* (exterior), e sugere que a pessoa com esse tipo de estresse apresenta distúrbios emocionais e físicos.

"A síndrome é definida como fenômeno psicológico crônico presente em indivíduos cujo trabalho envolve relacionamentos de atenção intensa e frequente a pessoas que necessitam de assistência e cuidados, apresentando três dimensões" (Nascimento Sobrinho et al., 2010, citados por Silva et al., 2015, p. 126). Pode acometer pessoas das mais diversas áreas de atuação, mas as profissões mais vulneráveis são aquelas que requerem envolvimento interpessoal direto e intenso, como as relacionadas ao setor de saúde em geral, assistência social, educação e segurança pública.

Para Farber (1999), a etiologia da síndrome de burnout (SB) está associada a fatores relacionados ao indivíduo, às instituições e à sociedade. Castro e Zanelli (2007) apontam, entre os fatores desencadeadores, a relação do profissional com seu projeto para o futuro ou, mais precisamente, a relação do profissional com o fracasso do futuro projetado.

Os profissionais mais suscetíveis à síndrome de *burnout* são aqueles altamente comprometidos, que se dedicam talvez de forma excessiva às atividades profissionais e apresentam forte desejo de demonstrar alto grau de desempenho em suas funções. Sua autoestima varia em função de seus resultados, geralmente percebidos por eles como a medida do sucesso profissional.

O burnout tem consequências sobre a saúde física e mental, entre elas as alterações cardiovasculares, fadiga crônica, cefaleias, enxaqueca, úlcera péptica, insônia, dores musculares ou articulares, ansiedade, depressão, irritabilidade, entre outras. Também pode interferir na vida doméstica, com as relações familiares ressentindo-se da falta de tempo para o cuidado dos filhos e o lazer. O contexto do trabalho é afetado pelo absenteísmo, rotatividade de emprego, aumento de condutas violentas e diminuição da qualidade do trabalho. (Galindo et al., 2012, p. 421)

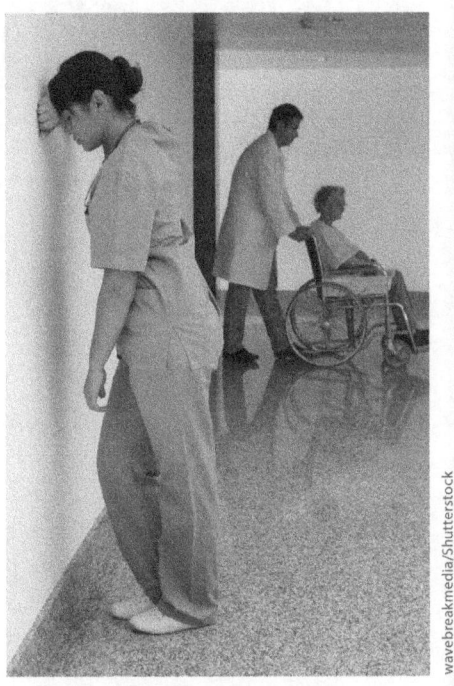

A SB é caracterizada por três dimensões básicas: a exaustão emocional, a despersonalização e a redução da realização pessoal e profissional, detalhadas no Quadro 2.3.

Quadro 2.3 – **Dimensões da síndrome de *burnout***

Dimensões	Características
Exaustão emocional	O profissional se sente esgotado, com pouca energia para enfrentar o dia seguinte de trabalho, com a sensação de que não terá como recuperar, reabastecer as energias; torna-se pouco tolerante, facilmente irritável, nervoso e amargo.
Despersonalização	Caracterizado por sentimentos e atitudes negativas, distanciamento emocional, indiferença perante às necessidades de outras pessoas, frieza, insensibilidade, perda dos aspectos humanizados das relações interpessoais; comprometimento da empatia e tendência a tratar as pessoas como "coisas"; o trabalho passa a ser fonte de incômodo e perturbação.

(continua)

(Quadro 2.3 – conclusão)

Dimensões	Características
Baixa realização pessoal e profissional	Deterioração da qualidade e do prazer resultante da atividade, forte sentimento de inadequação, incompetência e incapacidade, tendência negativa à autoavaliação profissional, aumento da irritabilidade, baixa produtividade, deficiência de relacionamento profissional e perda da motivação, infelicidade e insatisfação. O indivíduo passa a ter a sensação de que se tornou outro tipo de pessoa, insensível e descuidada.

Fonte: Elaborado com base em Limongi-França; Rodrigues, 2002; Maslach, 1982; Silva et al., 2015.

A SB afeta tanto a vida pessoal quanto a vida profissional do indivíduo. No primeiro quesito, caracteriza-se pela dificuldade de a pessoa manter as relações com a família, pelo sentimento de falta de tempo e por uma alta cobrança interna. No segundo tópico, caracteriza-se pela falta de atenção e de concentração, pela irritabilidade, pela conduta violenta, pelo presenteísmo, pelo absenteísmo, pela dilapidação das relações com os colegas e pela acentuada queda de qualidade e produtividade.

2.2.2 Consequências do estresse no trabalho

O impacto do estresse é comparável a atirar uma pedra no centro de uma lagoa, que vai produzindo círculos que vão se ampliando. Os efeitos do estresse que atingem o indivíduo também geram danos aos grupos de trabalho e aos resultados das organizações.

Neste ponto do texto, passaremos a analisar algumas das consequências do estresse no trabalho para o indivíduo, para o grupo de trabalho e para a organização, de acordo com Limongi-França e Rodrigues (2002):

a) **Consequências para o indivíduo:**
- queda da eficiência;
- ausências repetidas;
- insegurança nas decisões;
- procrastinação;
- protelação na tomada de decisões;
- sobrecarga voluntária de trabalho;
- isolamento;

- uso abusivo de medicamentos;
- irritabilidade constante,
- explosão emocional fácil;
- alto nível de tensão;
- sentimento de frustração, incompetência e incapacidade;
- desconfiança e reações de desperdício;
- eclosão ou agravamento de doenças.

b) **Consequências para o grupo:**
- competição não saudável;
- politicagem;
- comportamento hostil com as pessoas;
- agressões;
- perda de tempo com discussões inúteis;
- baixo nível de comprometimento para com o trabalho;
- alto nível de insegurança;
- elevada dependência do gestor.

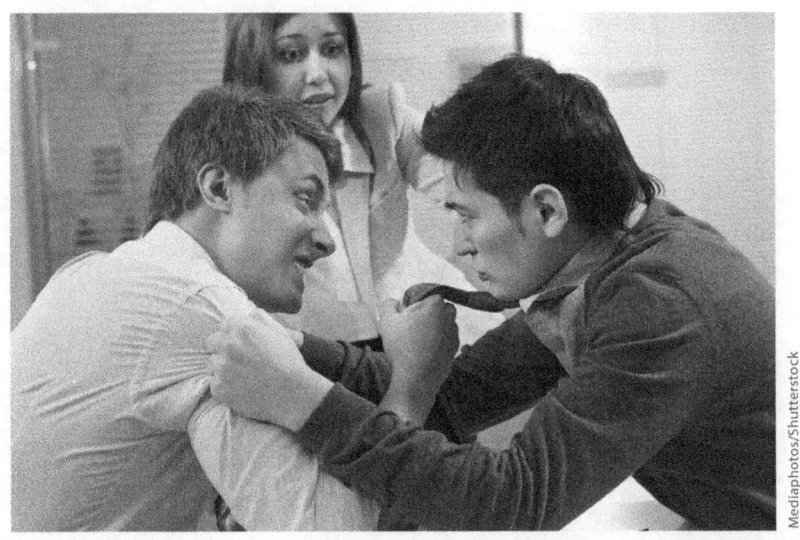

c) **Consequências para a organização:**
- greves;
- ociosidade;
- sabotagem;
- absenteísmo;
- *turnover*;
- altas taxas de profissionais doentes;
- acidentes de trabalho;
- atrasos constantes nos prazos;
- baixo nível de comprometimento do colaborador com os resultados organizacionais;
- relacionamentos alicerçados na rivalidade, na desconfiança, no desrespeito;
- prejuízos oriundos de indenizações aos trabalhadores e familiares em caso de doenças laborais e acidentes de trabalho.

Tendo em vista todos os aspectos que abordamos aqui, podemos enfatizar a severidade dos impactos do estresse e a implicação para os resultados da organização. É aí que entra a gestão da QVT: para diagnosticar as situações, elaborar planos e programas, intervir para eliminar problemas, ensinar os colaboradores a lidar com o estresse ou reduzir os efeitos desse problema.

Síntese

Neste capítulo, abordamos o estresse e seus impactos para a qualidade de vida no trabalho, esclarecendo que os estressores podem vir de fontes internas ou externas. Em seguida, argumentamos que o principal fator que leva ao estresse é a percepção do indivíduo sobre as demandas que ele tem *versus* os recursos de que ele dispõe para lidar com a situação.

Analisamos, ainda, a síndrome geral da adaptação e seus estágios: a fase de alarme, que prepara o organismo para a luta ou para a fuga; a fase de resistência, na qual, em virtude da prevalência à exposição ao estressor, o organismo tenta adaptar-se à situação; a fase de quase exaustão, na qual surgem algumas doenças; e a fase de exaustão, que é o colapso total do organismo.

Na sequência, apresentamos a diferença entre o *eustress* (positivo), que impulsiona o indivíduo em direção ao alcance de seu objetivo, e o *distress* (negativo), que produz o esgotamento físico e mental e pode levar ao adoecimento.

Por fim, discorremos sobre modelos e teorias do estresse no trabalho, sobre as síndromes associadas ao estresse, com destaque à depressão e ao *burnout*, e sobre os impactos do estresse no trabalho para o indivíduo, para o grupo e para a organização.

Questões para revisão

1. A palavra da língua inglesa *stress* significa "tensão, insistência, pressão". É um termo emprestado da física, para designar a tensão aos quais estão expostos os materiais, ou seja, "o grau de deformidade que uma estrutura sofre quando é submetida a um esforço" (Limongi-França; Rodrigues, 2002, p. 28).

   Com base no que estudamos neste capítulo a respeito do estresse, classifique as afirmativas a seguir como verdadeiras (V) ou falsas (F):

   ( ) O termo remete a dois significados: *estresse* como estado e *estresse* como processo.
   ( ) O estresse como estado é o resultado positivo ou negativo da tensão.
   ( ) O estresse como processo é a tensão diante de uma situação de desafio por ameaça ou conquista.
   ( ) O resultado do estresse é invariavelmente negativo, pois gera de danos no campo físico, emocional e social do indivíduo.
   ( ) O estresse que gera resultados positivos ao indivíduo é denominado *eustresse*.

   Assinale a afirmativa que corresponde à sequência correta:

   a) V, F, V, V, F.
   b) F, V, F, F, V.
   c) F, V, F, V, F.
   d) V, V, V, F, V.
   e) V, F, V, F, V.

2. Hans Selye foi o primeiro pesquisador do estresse, na década de 1930. O nome que o pesquisador deu ao conjunto de reações não específicas desencadeadas quando o organismo é exposto a um estímulo ameaçador à manutenção do equilíbrio foi:

a) Síndrome geral de adaptação.
b) Visão biopsicossocial.
c) Estressores.
d) Homeostase.
e) Vulnerabilidade individual.

3. Neste capítulo, vimos que o estresse pode ser desencadeado por diversos fatores oriundos do ambiente, da organização e do próprio indivíduo. Relacione os fatores mencionados a seguir às suas respectivas características:

1) Fatores ambientais
2) Fatores organizacionais
3) Fatores individuais

( ) Instabilidade política e econômica
( ) Lócus de controle
( ) Informações imprecisas para a realização das tarefas
( ) Estilo de chefia desqualificante
( ) Metas irreais
( ) Residência em áreas de risco
( ) Conflitos disfuncionais com os pares

Assinale a alternativa que corresponde à sequência correta:

a) 1, 2, 2, 3, 1, 1, 2.
b) 1, 3, 2, 3, 2, 1, 2.
c) 1, 3, 2, 2, 2, 1, 2.
d) 2, 3, 2, 2, 1, 1, 2.
e) 2, 2, 1, 3, 1, 2, 2.

4. Leia atentamente o texto a seguir, retirado de artigo intitulado *Stress: a vida além do limite*:

> Uma pesquisa da Isma com executivos e gerentes de vários países mostra que a média semanal de horas trabalhadas no Brasil é superior a 49 – uma das mais altas do mundo. De acordo com as análises da organização, o executivo brasileiro trabalha cerca de 15% mais que o americano e 20% mais que o europeu, só perdendo para o asiático. No atual cenário dos negócios, trabalhar muito é necessário, mas não suficiente. É preciso dar resultados – e a cada ano que passa eles precisam ser melhores. [...]
> Talvez a face mais cruel desse problema é que o *stress* normalmente tem um caráter contagioso e epidêmico. Executivos estressados tendem a criar um ambiente corporativo tenso. No livro **Como Tornar-se um Bom Estressado** [...], o psiquiatra e consultor de empresas francês Eric Albert diz que a tarefa de procurar sinais de *stress* numa empresa começa pela observação atenta de seus funcionários. "Se o comportamento deles é marcado pela pressa, pela agressividade e/ou pela queda da produtividade, a empresa está estressada", diz ele. Albert considera que o primeiro fator de *stress* no mundo profissional está ligado às relações interpessoais.

Fonte: Dieguez, 2017, grifo do original.

Sabemos que o estresse gera consequências graves para indivíduo e que elas podem ser manifestas no campo físico, psicológico e social. Mas quais são as consequências que o estresse pode gerar para as organizações?

5. Leia com atenção o texto a seguir:

Estresse: o assassino silencioso

> [...] "o estresse é o resultado do homem criar uma civilização, que, ele, o próprio homem não mais consegue suportar". E, em se calculando que o seu aumento anual chega a 1%, e que hoje atinge cerca de 60% de executivos [...], pode-se chamar de a "doença do século" ou, melhor dizendo, "a doença do terceiro milênio". Trata-se de um sério problema [socioeconômico], pois é uma preocupação de saúde pública, pois ceifa pessoas ainda jovens, em idade produtiva e geralmente ocupando cargos de responsabilidade, imobilizando e invalidando as forças produtivas da nação; e é mais importante ainda no Brasil que, por ser um país ainda jovem, exclui da atividade pessoas necessárias ao seu desenvolvimento.

Fonte: Bernik, 2017.

Com base no texto e no que estudamos neste capítulo, podemos afirmar que o estresse pode levar ao adoecimento físico emocional e social. Quais são as síndromes que podem estar associadas a ele?

Questões para reflexão

1. Como você lida com o estresse no seu dia a dia? Quais são as medidas que você toma para reduzir sua própria vulnerabilidade ao estresse? Ao cuidar desse problema, quais são os ganhos que você pode ter na realização de seus objetivos?

2. Independentemente de sua função ou ocupação, o que você pode fazer para minimizar os impactos do estresse no relacionamento com seus colegas, gestores e outros públicos com os quais se relaciona profissionalmente?

Para saber mais

Filme

O OPERÁRIO. Direção: Brad Anderson. Espanha, 2005. 102 min.

O filme relata as mazelas do personagem que, sem dormir há 1 ano, está sendo destruído pelo cansaço. Após um acidente de trabalho que resultou na perda de um braço, o operário começa a acreditar que seus colegas estão conspirando para demiti-lo. Ele precisará lutar para permanecer no emprego e também para manter a sanidade. No filme, assim como estudamos no capítulo, podem ser observados os efeitos físicos e psicológicos e os danos causados pelo estresse.

Texto *on-line*

ALMEIDA, J. Tecnoestresse: uma epidemia mundial. **Revista Viva Saúde**, n. 38, jan. 2007. Disponível em: <http://revistavivasaude.uol.com.br/edicoes/38/artigo40186-1.asp/>. Acesso em: 30 jan. 2017.

Embora conecte as pessoas, aproximando-as, facilite a comunicação e traga agilidade para os processos, a tecnologia também tem ocupado cada vez mais espaço na vida das pessoas gerando estresse.

> *Site*
>
> PALAVRA DE MÉDICO. Disponível em: <http://www.palavrademedico.com.br/tema25.htm>. Acesso em: 23 mar. 2017.
>
> Vale a pena visitar a página do Dr. Rogério Alvarenga para aprofundar os conhecimentos sobre os impactos do estresse no corpo, na mente, nas emoções e no comportamento.

3 As relações de assédio e a qualidade de vida no trabalho

Conteúdos do capítulo:
- Assédios no trabalho.
- Assédio moral.
- Caracterizadores de assédio.
- O que não é assédio moral.
- As formas de ocorrência do assédio moral no trabalho.
- O assédio moral disfarçado de estratégia motivacional ou cultura organizacional.
- Assédio intelectual.
- Assédio sexual.
- Estratégias de prevenção de assédios.

Após o estudo deste capítulo, você será capaz de:
- compreender o que é assédio e suas implicações para a qualidade de vida no trabalho (QVT);
- distinguir o que é e o que não é assédio;
- identificar os tipos de assédio;
- entender os efeitos do assédio para o indivíduo, para o grupo e para a organização;
- reconhecer as formas de ocorrência de assédio moral no trabalho;
- reconhecer o assédio moral disfarçado de estratégias motivacionais e cultura organizacional;
- aplicar estratégias de prevenção e combate ao assédio.

Neste capítulo, discutiremos sobre as formas de assédio no ambiente de trabalho, abordando questões como assédio moral, assédio intelectual e assédio sexual. Além disso, elencaremos os danos que tais práticas acarretam para a pessoa, para o grupo e para a organização e analisaremos estratégias e ferramentas para prevenir e inibir a ocorrência de assédios no ambiente laboral.

3.1 Assédios no trabalho

O assédio no trabalho, sobretudo nas relações de emprego, é um problema grave, que requer atenção especial do gestor quando se trata de qualidade de vida no trabalho (QVT), uma vez que esse crime pode ser um grande destruidor tanto da qualidade do ambiente psicossocial na empresa quanto da qualidade de vida do assediado. O assédio fere a dignidade da pessoa, é uma violência que aniquila a autoestima e promove dores que podem levar o profissional ao adoecer físico e emocional, com danos que transcendem o nível individual e alcançam as pessoas que convivem com o assediado.

O que significa *assediar*?

Assédio "é uma palavra que tem origem no latim *ad sedere*, com o significado de sentar-se em frente de", explica Martins (2015, p. 12). *Assediar* é submeter o outro a humilhações e ataques repetidos, importunar, perseguir, cercar, agredir, atacar, molestar etc.

O assédio implica cerco com insistência, de uma pessoa para a outra, com o claro, definido e real propósito de abalar a moral, a autoestima e a autoimagem do assediado. Para compreender a potência dos danos causados pelo assédio, devemos expor a profundidade do significado de *autoestima* e *autoimagem*:

- *Autoestima* é "o valor que a pessoa confere a si mesma. Inconsciente, manifesta-se nas atitudes e comportamentos e se desenvolve a partir das experiências básicas que a pessoa vivencia desde o início da vida" (Fiorelli; Fiorelli; Malhadas Junior, 2015, p. 76).
- *Autoimagem* é a imagem mental que a pessoa faz de si mesma, uma importante chave acionadora do comportamento. Assim, quando o indivíduo altera a imagem que faz de si mesmo, altera também a forma de pensar e agir.

Tanto a autoimagem quanto a autoestima são alteradas não somente por meio do intelecto, mas também por meio da experiência. Para Maltz (1981, p. 3), "é impossível pensar positivamente sobre uma situação se o indivíduo tiver um conceito negativo sobre si mesmo". O assédio é danoso porque se instala de forma tão grave que compromete severamente a autoestima e a autoimagem.

A experiência com o assédio leva o assediado a desenvolver crenças limitantes a respeito de sua identidade, capacidade e merecimento, o que, por sua vez, impacta diretamente as escolhas comportamentais, que determinam os resultados que o indivíduo apresenta nas diversas áreas da sua vida, como na produtividade, nos relacionamentos, na vida social, no bem-estar físico e mental.

Para criar, estimular e nutrir um ambiente psicossocial saudável, é imprescindível que a organização assuma o compromisso de se manter livre de todo e qualquer tipo de assédio. Assim, mais do que atuar corretivamente coibindo, combatendo e punindo severamente a prática do assédio, é fundamental que a empresa estabeleça políticas de prevenção para evitar que esse problema aconteça.

Analisaremos, nas seções a seguir, os tipos de assédios que podem ocorrer nas organizações.

3.2 Assédio moral

Você já conhece o conceito de *assédio* em si, mas, para entender o assédio moral, precisamos antes compreender o que é *moral*.

Ao conjunto de regras e princípios adquiridos que regem determinado grupo, chamamos *moral*. Em outras palavras, é um tratado sobre o bem e o mal que determina e estabelece o que deve ou não deve ser feito e remete a uma tomada de posição do que é bom ou não (Hirigoyen, 2005).

Nesse sentido, *assédio moral*, de acordo com Hirigoyen (2001, p. 17), é "qualquer conduta abusiva (gesto, palavra, comportamento, atitude) que atente, por sua repetição ou sistematização, contra a dignidade ou integridade psíquica ou física de uma pessoa, ameaçando seu emprego ou degradando o clima de trabalho."

Nesse mesmo sentido, é válido mencionarmos que a **dignidade** da pessoa que trabalha é prestigiada pelo **direito do trabalho**, e que a Declaração Universal dos Direitos Humanos postula que "todos os homens nascem livres e iguais em dignidade e direito" (ONU, 1948).

> **Fique atento!**
>
> O assédio moral agrega dois elementos absolutamente nocivos: o abuso de poder e a manipulação perversa, que se instalam no ambiente de trabalho de forma gradativa, acobertados pela ineficiência, ineficácia e incompetência da gestão de pessoas, pelas práticas mascaradas de cultura organizacional e pela conivência de quem vê e nada faz.

Será que o assediador é somente aquela pessoa que pratica a violência direta contra o assediado? É possível que pessoas que assistam ao suplício dos assediados e se mantenham em omissão também estejam praticando ato ilícito? De acordo com os art. 186 a 188 do Código Civil, "aquele que, por ação ou omissão voluntária, negligência ou imprudência, violar direito e causar dano a outrem, ainda que exclusivamente moral, comete ato ilícito" (Brasil, 2002).

Podemos concluir, então, que o assédio moral ocorre tanto pela ação quanto pela omissão deliberada de atos abusivos ou hostis realizados de forma sistemática e repetitiva durante determinado tempo e frequência de forma consciente (Zanetti, 2010).

3.2.1 Caracterizadores de assédio moral

No ambiente de trabalho, sabemos que são diversas as situações que podem provocar constrangimento, inquietações, pressões, entre outros problemas. No entanto, para que sejam consideradas assédio, é preciso que exista a presença de elementos caracterizadores, como: repetição sistemática; intencionalidade; direcionalidade e degradação deliberada do ambiente de trabalho (Hirigoyen, 2002). Vejamos cada um desses critérios a seguir:

- **Repetição sistemática:** é a frequência com a qual o assediado é submetido à perseguição, a humilhações ou a outras formas de violência. Um evento isolado não configura assédio moral, fato pelo qual a constância é um importante aspecto para caracterizá-lo.
- **Intencionalidade:** diz respeito à premeditação, ao "caso pensado". O assediador tem o propósito de humilhar, perseguir ou causar dor ou sofrimento.
- **Direcionalidade:** refere-se ao ato por parte do assediador de eleger um alvo, que é ridicularizado, culpabilizado, inferiorizado, desacreditado e humilhado diante dos colegas de trabalho.
- **Degradação deliberada das condições de trabalho:** trata-se do ato do assediador de comprometer propositadamente a qualidade das condições de trabalho – físicas ou psicológicas – do assediado.

O desconhecimento acerca desses caracterizadores pode levar muitos trabalhadores a acreditar que são vítimas do assédio moral, mas não são. Assim, tão importante quanto aprofundar os conhecimentos acerca do que é assédio moral no trabalho, é também conhecer o que não é assédio moral.

3.2.2 O que não é assédio moral?

> Quer dizer então que um gestor que trata todo mundo aos gritos, que impõe metas e prazos apertados, que impõe pressão, pode não estar cometendo assédio moral?

Sem dúvida pode! Para esclarecer, recorremos a Hirigoyen (2002), que afirma que o estresse, os conflitos, as agressões pontuais, as condições precárias de trabalho, as imposições e cobranças por metas e, até mesmo, a gestão por injúria não se configuram como assédio, exatamente pela ausência dos elementos que o caracterizam. São figuras próximas ao assédio, que comprometem a QVT e podem gerar **danos morais**. Neste ponto do texto, passaremos a analisar com mais detalhes cada um desses fatores:

- **Estresse**: já falamos bastante sobre esse tema e você já deve estar familiarizado com ele. Portanto, sabe que as pessoas reagem de forma diferente aos estressores. Como já explicamos, fatores que podem causar um grande esforço de adaptação para um indivíduo podem não causar o mesmo efeito em outro (vulnerabilidade individual). Na organização, ainda, existem fatores como pressões por metas, prazos exíguos e aumento de tarefas em virtude de redução de pessoal, fatores que são grandes promotores de estresse. Contudo, esses inconvenientes são impostos a todos os colaboradores e não apenas a um especificamente. Nesse caso, não há o propósito preconcebido de abalar a autoestima de uma pessoa em específico (Hirigoyen, 2002).

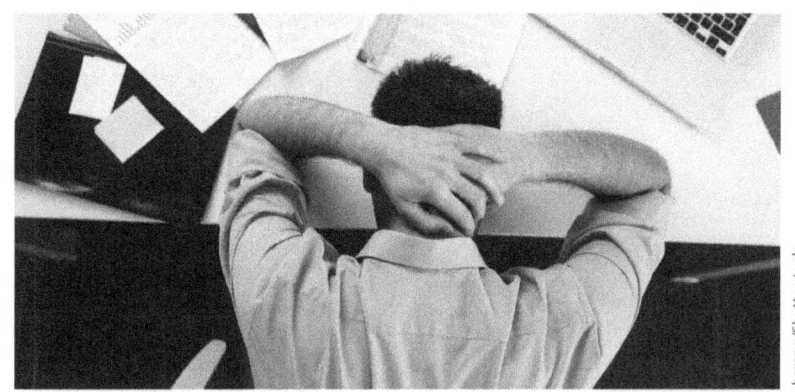

- **Conflitos**: divergências e conflitos são naturais em quaisquer relações. No que se refere ao âmbito organizacional, o fato de as pessoas primarem por defender seus pontos de vista não significa que tenham o firme propósito de abalar o outro (Hirigoyen, 2002). Veja, no Quadro 3.1, a diferença entre conflitos e assédio moral.

Quadro 3.1 – Diferenças entre conflitos e assédio moral

Conflitos	Assédio moral
As divergências de visão entre os profissionais são deixadas às claras	Agressões podem ser difusas e implícitas
Profissionais envolvidos têm consciência da divergência	Interação confusa e indefinida; nega-se a existência do assédio
Comunicação direta e franca entre profissionais que possuem opiniões diferentes	Comunicação se dá de forma evasiva, dissimulada ou há recusa ao diálogo
Não altera permanentemente o clima organizacional	Clima organizacional conturbado
Há relacionamento profissional direto entre divergentes, ainda que resolvam interromper o diálogo acerca de um tema específico	Pode haver recusa à interação, isolamento
Confrontos e divergências ocasionais	Práticas antiéticas duradouras e frequentes
Não objetiva prejudicar ou afastar da organização o profissional com visão divergente	Objetiva prejudicar a situação do trabalhador na organização, podendo levar à demissão ou à exoneração
Pode provocar antagonismo entre grupos e sofrimento compartilhado	O assediado pode ser o único alvo (o que não descarta o assédio moral coletivo)

Fonte: Fiocruz, 2014, p. 16.

- **Agressões pontuais:** uma agressão pontual é um ato de violência, que pode ser física ou moral, e que pode emergir de rompantes emocionais. No entanto, a menos que ocorra sistemática e repetidamente, não pode ser considerada assédio moral (Hirigoyen, 2002).
- **Precárias condições de trabalho:** é possível, em alguns casos, que o trabalhador seja submetido a exercer suas atividades em espaços exíguos, mal iluminados e mal instalados, ou seja, pouco

adequados ao exercício de suas funções. No entanto, embora essas condições de trabalho comprometam a QVT, não se configuram como assédio moral, a menos que exista a prova de que ao colaborador esteja sendo imposta essa situação de forma intencional, com o objetivo de desmerecê-lo, humilhá-lo ou causar-lhe algum tipo de prejuízo (Hirigoyen, 2002).

- **Imposições profissionais:** as pressões exercidas pelos gestores em relação a metas, prazos, qualidade e resultados fazem parte do papel que esses profissionais desempenham no cenário corporativo. Nesses casos, há que se atentar para a relevância das competências comportamentais, ou seja, é preciso levar em conta as formas por meio das quais essas pressões são exercidas e absorvidas (Hirigoyen, 2002).
- **Gestão por injúria:** ocorre quando profissionais que ocupam cargos de gestão carecem de competências comportamentais e equilíbrio emocional para o exercício da liderança. Como resultado, comandam a equipe de forma desmedidamente agressiva, submetendo os colaboradores a fortes pressões desnecessárias. Embora promova danos morais, é diferente

do assédio moral, pois tais ofensas são dirigidas a todos os colaboradores indistintamente e sentidas por todos, ao passo que o assédio moral tem por foco apenas um indivíduo. A gestão por injúria é uma prática desastrosa, que provoca a degradação da autoestima do grupo (Hirigoyen, 2002).

Exemplo

Antônio Carlos é notadamente um diretor que traz grandes resultados para a organização na qual trabalha. Todos os anos é parabenizado na empresa por atingir as metas do departamento e recebe prêmios em dinheiro. Ele é gestor de uma das unidades da empresa, que tem 8 filiais. Apesar de todo o reconhecimento que recebe por parte da alta cúpula, ele é visto por seus subordinados como um gestor de temperamento difícil, que não é um exemplo de equilíbrio emocional e adota um estilo de gestão desqualificante. Antônio Carlos reúne os gerentes da unidade mensalmente para acompanhamento e alinhamento dos resultados e, ao menor sinal de descontentamento em relação ao que é exposto ou trazido pelo grupo, ele passa a se referir aos subordinados hierárquicos aos berros, usando expressões como "bando de jumentos de gravata", ou "tomara que vocês não caiam de joelhos por que não vão conseguir se levantar, seus quadrúpedes", ou, ainda, "se trocar a cor do papel de branco pra verde vocês comem, bando de asnos". Antônio cobra com pulso de ferro o atingimento das metas e não aceita explicações ou justificativas quando os resultados obtidos se distanciam dos desejados. Ele costuma repetir a frase: "Não me venham contar das tempestades, quero saber que meus navios chegaram no porto". A secretária, de tão constrangida que fica por ouvir os berros, gritos e xingamentos nas reuniões com a gerência, deu um jeito de colocar uma música ambiente na sala de recepção.

Embora as situações representadas no exemplo não apresentem os elementos caracterizadores do assédio moral, não significa que devam ser aceitas e justificadas pela organização, pois geram **danos morais** e trazem severos prejuízos para o colaborador e para a empresa, que pode ter que arcar com os custos da queda da produtividade, absenteísmo, *turnover* e indenizações.

É preciso, então, termos em mente a diferença entre **dano moral** e **assédio moral**. Embora, em alguns casos, exista um encontro entre os dois conceitos, o assédio moral exige que sejam realizadas práticas hostis de forma reiterada, com uma certa frequência e duração, enquanto no dano moral não existem esses critérios: um simples ato pode caracterizar o dano moral. Por sua vez, o assédio moral causa dor e sofrimento à vítima e deve ser evidenciado por meio de comprovações, enquanto o dano moral não tem necessidade dessas provas. Nesse sentido, uma vez que requer provas e evidências, as indenizações por assédio moral tendem a ser bem mais altas que as indenizações por dano moral.

> **Exemplo**
>
> O Tribunal Superior do Trabalho (TST) condenou determinada instituição financeira por danos morais a uma ex-funcionária que ouviu de seu gestor insinuações sobre favores sexuais relacionados ao atingimento de metas. O entendimento do órgão foi o empregador pode exigir o atendimento a determinadas metas, desde que não atente contra a dignidade do trabalhador.
>
> Aa colaboradora descreveu o ambiente de pressão crescente, imposta pelo gerente do estabelecimento bancário. Chegou a recompor a cena da reunião em que o gestor teria usado termos vulgares de natureza sexual, que chegaram a levar colaboradores ao choro.
>
> A empresa negou as alegações da profissional e ressaltou que suas atribuições sequer incluíam atingimento de metas. Quando desafiada a comprovar a veracidade de suas palavras, a empregada foi apoiada pelo testemunho de muitos de seus ex-colegas.
>
> O tribunal manteve o veredito e destacou que ficou devidamente comprovada a tese inicial de que o gerente se utilizou de expressões chulas durante reunião em que cobrava metas dos subordinados, explicitamente pecando por uma atitude e escolha de palavras totalmente desproporcionais e desrespeitosas.

Fonte: Elaborado com base em UOL, 2011.

Ressaltamos a importância de a organização atuar na gestão das situações que, embora não se configurem como assédio moral, criam fissuras e promovem danos no ambiente organizacional, evitando que evoluam e abram portas para relações de assédio. Para isso, o monitoramento do ambiente e a existência de canais de comunicação e denúncia devem fazer parte das práticas da empresa.

3.2.3 Formas de ocorrência do assédio moral no trabalho

> O assédio moral no trabalho só ocorre do superior hierárquico para o subordinado?

> Será que o gestor pode também ser alvo de assédio?

Burlingham/Shutterstock

Como você responderia a essas perguntas? Primeiramente, há que se investigar as diferenças de relações hierárquicas. O assédio moral pode ser classificado em 4 tipos (Hirigoyen, 2002; Barreto, 2000; Fiorelli; Fiorelli; Malhadas Junior, 2015):

- **Assédio moral vertical descendente:** ocorre quando o assediador é o superior hierárquico e o assediado é alguém subordinado a ele. O gestor, que tem autoridade formal a ele conferida pelo cargo que ocupa, exerce o poder de forma autoritária e assimétrica, por meio de condutas desqualificantes, relações desumanas e não éticas de longa duração (Barreto, 2000).

Exemplo

Augusto tem vivido em clima de tensão e insegurança permanente. Ele trabalha em uma instituição financeira e, há oito meses, vem sendo tratado pelo gestor de forma agressiva e desqualificante. Sob pretexto de atingimento de metas, o gestor se dirige a ele de forma autoritária e desrespeitosa, usando palavras de baixo calão e com frequência declarando em alto e bom tom a outros colaboradores a incompetência do subordinado. Recentemente, houve uma reforma na empresa e a sala que Augusto ocupava precisou ser utilizada, o que fez com que ele tivesse que se alojar temporariamente em outro espaço, mas ele não recebeu a chave da sala. O gestor mandava a secretária abrir e fechar a sala todos os dias, o que causava bastante constrangimento e humilhação. Quando a reforma foi concluída, e tendo em vista as mudanças de *layout* que ocorreram, Augusto foi perguntar sobre qual espaço ocuparia, e o chefe disse que, se dependesse dele, ele ficaria no banheiro.

- **Assédio moral ascendente:** ocorre quando o superior hierárquico é alvo de condutas negativas por parte dos subordinados, cujo propósito é desestabilizá-lo. Tal assédio é favorecido por situações como: fusões de empresas e vinda de novos gestores que não são aceitos pelo grupo, quando o tempo de casa da equipe é maior do que o do gestor; quando o gestor é mais jovem (em caso de promoção de colega ao cargo de gestão) e o grupo não o legitima; quando prevalece a indicação política em detrimento da competência gerencial; quando o grupo é resistente à forma de gestão adotada ou às mudanças promovidas pelo gestor, que geram no grupo a percepção de ameaça; ou quando o cargo que ocupa é alvo de desejo de um subordinado hierárquico.

Exemplo

Luci, 42 anos, casada, mãe de dois filhos, formada em Engenharia e com MBA em Gestão de Energia, foi nomeada para gerir uma equipe composta por 20 homens, a maioria estudantes ou com formação em Engenharia. O que ela não imaginava é que a alegria que sentia em virtude do reconhecimento da competência técnica para ocupar o novo cargo fosse se transformar na experiência mais traumática e dolorosa e lhe custar a vida profissional. A princípio, tudo parecia ir bem, contudo, aos poucos, ela foi percebendo a dificuldade que um dos subordinados tinha em aceitar o comando feminino. Ao primeiro desentendimento, ela foi procurada por alguns membros do grupo para informar que aquilo já havia acontecido com a gerente anterior, que, por não conseguir suportar a pressão e as investidas sarcásticas e cruéis exercidas pelo "sociopata", havia pedido demissão. Luci pensou tratar-se de uma situação que com ela não iria se repetir, pois não seria a primeira situação desconcertante que teria que driblar. No entanto, dias mais tarde, o agressor a ameaçou severamente e aí as coisas ficaram mais difíceis. Ela procurou o gestor imediato e relatou o ocorrido, mas o gestor nada fez para coibir ou eliminar a situação. As ocorrências de assédio continuaram e se agravaram severamente. O agressor pressionava outros colaboradores, sobre os quais ele tinha influência, a também assediar a gestora com olhares e gestos de reprovação, sarcasmos e piadas, que aos poucos foram minando a autoconfiança de Luci e transformando sua vida em um verdadeiro calvário. Para não levar novamente o problema ao seu gestor, Luci suportou toda a sorte de investidas do grupo por um ano. Mas não aguentou. Adoeceu severamente e o trauma foi de tal monta que, há dois anos, ela, embora altamente qualificada e competente, não consegue voltar ao mercado de trabalho.

- Assédio moral horizontal: ocorre quando a violência vem dos próprios colegas de trabalho. O assédio moral horizontal pode ser deflagrado por comportamentos discriminatórios e intolerantes (em virtude de religião, escolha afetiva, gênero, raça, posição social, compleição física, idade etc.), sarcasmos, difamação e outras formas de violência (que podem ser tanto física quanto verbal).

Exemplo

Weligton trabalhava como auxiliar em uma distribuidora de peças e sofria humilhações de colegas no ambiente de trabalho por causa da sua aparência. Portador de prognatismo mandibular, que é caracterizado pelo excesso de crescimento da arcada dentária inferior, ele era o alvo predileto das chacotas dos colegas.

Abalado em sua autoestima, Weligton processou a empresa, que, apesar de negar qualquer conduta imprópria, foi condenada pela conivência da administração imediata em relação às ofensas. Ficou caracterizado que a situação era típica de assédio moral horizontal, ou seja, a prática de ato ilícito de colegas capaz de afetar a imagem que a vítima tem de si. O juiz responsável pelo caso julgou que a empresa, que podia evitar essas agressões e não o fez, era inteiramente responsável pelos atos de seus empregados, visto que uma de suas obrigações é disciplinar as relações empregatícias.

Fonte: Adaptado de TST, 2017.

- Assédio moral misto: ocorre quando existe a presença do assédio tanto do superior hierárquico quanto dos pares. O assédio moral misto é favorecido pela incompetência gerencial, que tiranicamente elege níveis muito elevados de exigências, controles de comportamentos e desempenho rigorosos e excessivos e tem como valor a subserviência aos superiores hierárquicos. Esse tipo de assédio é, do ponto de vista do assediado, o mais grave, porque o indivíduo se percebe em situação de desamparo, solitário entre seus colegas de trabalho e sem ter com quem dividir suas dores e angústias (Fiorelli; Fiorelli; Malhadas Junior, 2015).

> **Exemplo**
>
> Uma vendedora de uma loja de calçados tem sido alvo constante de comentários desrespeitosos e depreciativos por parte das colegas a respeito de seu cabelo, seu modo de vestir e de sua aparência. Referem-se a ela, até mesmo na frente de clientes, como "cabelo de palha de aço" e "macaquinha". Em certa ocasião, quando estava no banheiro, duas colegas que não sabiam que ela estava lá entraram comentando: "Eu acho que na loja só deveria trabalhar mulher bonita, magra, alta, tipo a gente assim, padrão manequim e modelo. Isso atrai clientes", ao que a outra respondeu: "Pois é, eu concordo, mas não é o que acontece, a gente tem que aguentar até a 'cabelo de palha de aço'", que mais parece uma macaca de batom!". Aquelas palavras feriram profundamente a moça, que não conseguia parar de chorar. No dia seguinte, ainda muito magoada, foi procurar a supervisora e relatar o ocorrido e pedir alguma ajuda para lidar com a situação. Foi quando, em vez de receber empatia, apoio e solidariedade, ela ouviu "Você não acha que é muito velha pra ficar aí choramingando? Tem muito trabalho a fazer por aqui e quem não faz o seu trabalho e perde tempo com bobagens corre o risco de ser demitido!".

É importante destacarmos que as empresas são responsáveis pela integridade física e psicológica de seus colaboradores enquanto eles estão no ambiente de trabalho e, portanto, nos casos de assédios, respondem pelos atos do assediador, seja por omissão, tolerância ou estímulo.

3.2.4 Assédio moral disfarçado de estratégia motivacional ou cultura organizacional

Assim como cada um de nós tem uma personalidade, cada organização também tem uma identidade: a cultura organizacional, o padrão compartilhado de crenças, as expectativas e suposições aceitas e praticadas pelas pessoas que compõem a empresa (Bowditch; Buono, 1992). A cultura organizacional está presente na maneira como são percebidos e interpretados os artefatos da organização (vestuário, linguagem, rituais, comemorações, piadas), assim como as normas, os papéis e os valores.

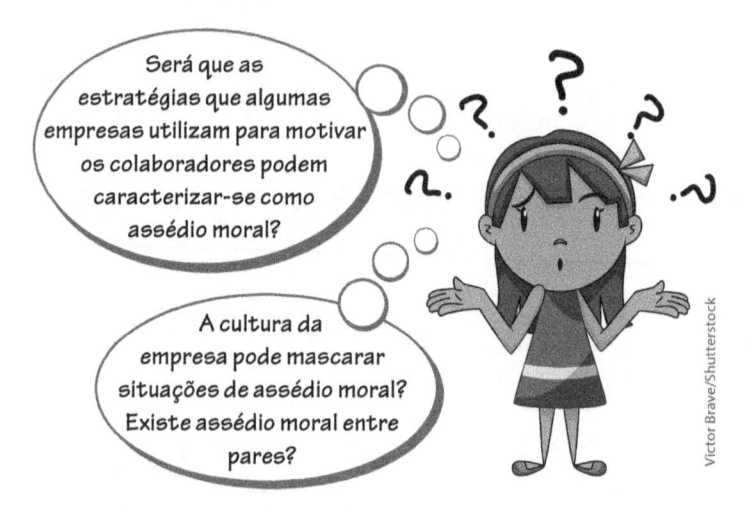

> Será que as estratégias que algumas empresas utilizam para motivar os colaboradores podem caracterizar-se como assédio moral?

> A cultura da empresa pode mascarar situações de assédio moral? Existe assédio moral entre pares?

Alguns gestores praticam ações "criativas" que se camuflam como pseudoelementos da cultura organizacional para "motivar" os colaboradores a atingir metas e resultados. Há que se ter cuidado, porque tais ações abrem espaço para o assédio moral.

É possível que alguns gestores adotem formas de buscar a lucratividade a qualquer custo e creiam que os fins justificam os meios, praticando ações que deturpam os valores e padrões éticos da empresa. Esse comportamento faz com que as práticas se distanciem dos discursos de respeito, dignidade e integridade do colaborador, e abuso de poder passa a fazer parte dos ditames da gestão, incorrendo em assédio moral corporativo.

O assédio moral corporativo ou institucional ocorre quando a empresa impõe práticas que implicam prejuízo à dignidade do colaborador, que, se, por algum motivo, não consegue cumprir metas, é submetido a humilhações disfarçadas de "brincadeiras". Embora as "criativas estratégias motivacionais" tenham uma intenção positiva, há que se ter em mente que as pessoas são diferentes e, portanto, interpretam as situações com diferentes filtros.

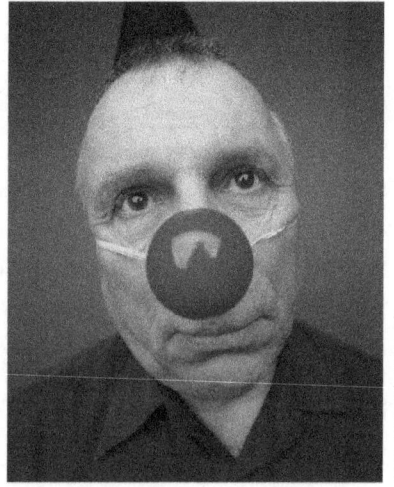

Por isso, é recomendável ter cautela ao adotar certas práticas, tais como: afixar cartazes com textos e desejos pejorativos; submeter o colaborador a ridicularizações, como uso de orelha de burro, nariz de palhaço, passar por corredor polonês, dançar diante do grupo ou sobre algum objeto, pisar em brasa, deitar em caixões; atribuir rótulos e títulos de "perdedor" ou "tartaruga" aos que não atingem os resultados esperados; fazer cerimônias com entrega de troféus para os "piores desempenhos", realizar revistas íntimas; fazer restrições ao uso do banheiro, entre outras.

Estudo de caso

[....] a maior rede de supermercados do mundo foi condenada a pagar uma indenização de cerca de 140.000 reais a um ex-diretor que disse ter sido coagido a rebolar e entoar o "grito de guerra" da empresa, na abertura e no final de reuniões. Ele diz que quem se negava era levado à frente de todos para rebolar sozinho.

[...]

[uma] loja de eletrodomésticos [, para "estimular seus vendedores"], pregava cartazes nas paredes da sala de reuniões com frases nada amigáveis, como "sou um rasgador de dinheiro", "sou bola murcha" e "não tenho amor aos meus filhos".

[uma distribuidora de bebidas] teve um recurso negado para anular a condenação por assédio moral a um ex-vendedor, que se sentiu lesado pela forma como a empresa "motivava" os funcionários. Segundo ele, quem não atingisse as metas de vendas era obrigado a deitar dentro de um caixão (que representava um profissional morto), era rotulado de incompetente e, às vezes, era representado por ratos e galinhas enforcados na sala de reuniões.

Fonte: Carvalho, 2011.

Práticas como essas podem ser caracterizadas como torturas psicológicas, uma vez que atentam contra a dignidade da pessoa, abalam a saúde psíquica e física, refletem de forma negativa no ambiente psicossocial da empresa e destroem a QVT. Dificilmente situações semelhantes a essas terão finais felizes: trabalhadores insatisfeitos e adoecidos entram na Justiça contra os empregadores, que são obrigados a pagar as indenizações e ainda têm a imagem comprometida perante os demais funcionários e a sociedade.

3.3 Assédio intelectual

O assédio intelectual é um tipo de violência que se caracteriza por atacar o assediado em sua competência, fazendo com que ele passe a se questionar e a duvidar de suas capacidades, destruindo gradativamente sua autoestima e autoimagem. É, portanto,

> a ação deliberada, intencional ou não, tácita ou explícita de um indivíduo ocupante de maior nível hierárquico em sabotar, isolar, não valorizar ou não considerar trabalhos executados, nem levar em conta o perfil profissional, bem como as habilidades, a dedicação, os bons serviços, os projetos e ideias de pessoal subordinado. (Broxado, 2011)

Exemplo

Isabella trabalhava com o desenvolvimento de novos produtos em uma organização de médio porte, situada na capital do estado. Após ter sido aceita como aluna de doutorado em uma instituição no exterior e ter empreendido um longo período de negociações com a empresa, obteve autorização para cursar o programa, mediante o compromisso de que permaneceria na organização por mais cinco anos após titulada. Isabella se sentia realizada, pois, além de cursar o doutorado, que era seu sonho, teria possibilidades de desenvolver novas pesquisas e produtos para a organização. Durante o período que passou fora do país, nem mesmo a saudade da família e as dificuldades financeiras afastaram-na do propósito de levar o curso até o final e cumprir o compromisso com a empresa. O tempo passou, e Isabella, com o doutorado concluído, voltou para o Brasil. Ela estava cheia de ideias e projetos. Contudo, a realidade que a esperava na organização era muito diferente da imaginada. Apesar do acordo firmado com a empresa e de estar apta a assumir postos mais elevados, sequer conseguiu retomar sua antiga função. Sob a alegação de excesso de pessoal, Isabella foi alocada para assessorar uma colega, que agora ocupava o lugar de sua antiga gestora, e que se sentiu ameaçada por sua presença. Com isso, passou a atribuir-lhe tarefas muito aquém de suas capacidades e competências, como fotocopiar documentos e fazer postagens de documentos nos correios. Os relatórios que Isabella elaborava, apontando as oportunidades de melhorias, eram desconsiderados pela gestora, que frequentemente "esquecia" de chamar Isabella para reuniões importantes. Destruída emocionalmente, em menos de seis meses ela engordou 30 quilos e foi diagnosticada com depressão severa, o que lhe custou o afastamento temporário do trabalho para tratamento.

Importante destacarmos que muitas pessoas sofrem esse tipo de assédio no trabalho e nem se dão conta. Entretanto, diariamente vão entristecendo e sendo atingidas em sua autoestima, fato que causa danos irreversíveis.

3.4 Assédio sexual

O assédio sexual é um problema grave que preocupa gestores de instituições privadas e públicas, uma vez que impacta o ambiente psicossocial da organização e na QVT.

Será que paqueras, galanteios, envio de flores e convites para sair podem ser considerados assédio sexual?

O ambiente de trabalho pode ser um campo aberto de paqueras, galanteios, elogios à beleza, olhares de admiração, encantamentos, encontros, que podem evoluir para relações afetivas estáveis e de longa duração. Tais situações não caracterizam assédio sexual, uma vez que existe a **concordância voluntária** dos envolvidos.

O assédio passou a ser considerado crime pelo Código Penal (CP – Lei n. 10.224, de 15 de maio de 2001 – Brasil, 2001), o qual estabelece que assédio sexual é:

> Art. 216-A. Constranger alguém com o intuito de obter vantagem ou favorecimento sexual, prevalecendo-se o agente de sua condição de superior hierárquico ou ascendência inerentes ao exercício de emprego, cargo ou função. Pena: detenção de 1 a 2 anos". (Brasil, 2001)

Diferentemente de alguns outros países, no Brasil, a apresentação de provas é dever da vítima e, ainda, diferentemente do assédio moral, para se caracterizar o assédio sexual, a conduta pode caracterizar uma única ocorrência.

O assediador, ao utilizar-se da posição hierárquica que ocupa, intimida o assediado a ceder às suas investidas. O assédio sexual apresenta as seguintes características:

- a conduta de impor constrangimento a alguém;
- o objetivo de obter vantagem ou favorecimentos de ordem sexual;
- condição clara para manter o emprego;
- influência em promoções na carreira;
- a prevalência da condição de superior hierárquico.

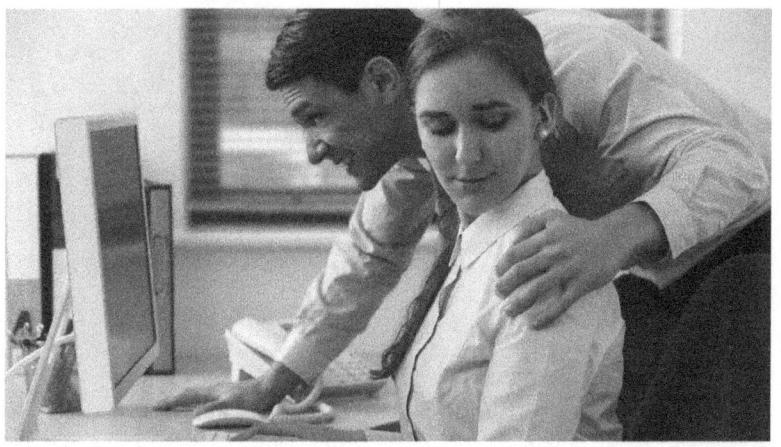

A cartilha denominada *Assédio Moral e Sexual*, elaborada pelo Senado Federal (2011, p. 18), aponta as seguintes práticas mais comuns de assédio sexual:

- insinuações, explícitas ou veladas;
- gestos ou palavras, escritas ou faladas;
- promessas de tratamento diferenciado;
- chantagem para permanência ou promoção no emprego;
- ameaças, veladas ou explícitas, de represálias, como a de perder o emprego;
- perturbação, ofensa;
- conversas indesejáveis sobre sexo;

- narração de piadas ou uso de expressões de conteúdo sexual;
- contato físico não desejado;
- solicitação de favores sexuais;
- convites impertinentes;
- pressão para participar de "encontros" e saídas;
- exibicionismo;
- criação de um ambiente pornográfico.

> **Exemplo**
>
> Maria Claudia S., 29 anos, trabalhava como tecnóloga da informação numa importante empresa de São Paulo quando passou a ser cantada pelo chefe. "Ele insistia em me dar carona, dizia que queria me levar a um *happy hour*. Nunca aceitei, mas um dia ele me fez trabalhar no turno da madrugada só para ficarmos a sós. Quando todo mundo foi embora, ele foi se aproximando, me abraçou pelas costas e tentou me beijar à força", relembra. "Eu me debati, chamei um táxi e fui embora na hora". No dia seguinte, contratei um advogado e pedi demissão da empresa, conta Maria Claudia que acaba de entrar com uma ação na Justiça contra o ex-chefe.

Fonte: Emrich, 2017.

O lado ainda mais sombrio do assédio sexual é que essa violência é alimentada pelo sigilo, que esconde a dimensão real do problema. Segundo estimativa da Organização Internacional do Trabalho (OIT, citada pelo Senado Federal, 2011, p. 17), "mais de 50% das trabalhadoras em todo o mundo já sofreram assédio sexual e somente 1% dos casos é denunciado".

3.5 Gestão da QVT e estratégias de prevenção de assédios

A postura da organização perante a violência dos assédios é decisiva. Seja nas intenções e ações para prevenir, evitar e punir, ou, então, na omissão, a empresa acaba por favorecer a prática de assédios, uma vez que o agressor se sente seguro e convicto de que nada lhe acontecerá. Por isso, é fundamental que as empresas intervenham nos múltiplos aspectos das relações de trabalho, como nas condições e organização do trabalho, na atuação dos gestores, nas competências comportamentais, na cultura e clima organizacional e no relacionamento interpessoal.

> E por onde a empresa pode começar a prevenção?

A gestão da QVT começa com a educação de todos os colaboradores da organização, por meio da disseminação, em todos os níveis organizacionais, de informações e esclarecimentos sobre o que é o assédio, os tipos de assédios, quais são suas respectivas consequências e qual é o posicionamento da empresa. É preciso atentar para iniciativas importantes:

- Adotar código de ética e conduta – um instrumento que orienta as ações dos colaboradores e explicita a postura social da organização para com os diferentes públicos com os quais interage.
- Promover sensibilização e disponibilizar informações sobre o tema por meio da realização de palestras com especialistas, como médicos, advogados, sociólogos, com o intuito esclarecer as implicações jurídicas, para a saúde, para as relações e para a QVT e seus impactos.
- Promover discussões e debates internos, que podem ser promovidos periodicamente em Semanas de Saúde e Segurança no Trabalho, para reforçar continuamente a cultura da manutenção de um ambiente saudável.
- Adotar políticas de gestão de pessoas destinadas à seleção de pessoas, ao treinamento e desenvolvimento, bem como à higiene, à saúde e à segurança no trabalho, à avaliação de desempenho, ao plano de carreira, à política de cargos e salários, à pesquisa de clima, entre outros.

- Desenvolver competências comportamentais dos gestores, que são os principais disseminadores dos valores da organização.
- Atuar sobre a organização do trabalho, identificando os processos e definindo claramente metas, papéis e responsabilidades.
- Criar e manter canais de comunicação para acolher informações e denúncias de colaboradores, familiares, clientes, fornecedores, terceirizados, sobre condutas que possam resultar em assédio.
- Cuidar para que as informações e denúncias sejam investigadas, tratadas e respondidas, de modo a honrar o código de ética e os valores da organização.
- Estabelecer e disseminar as ações disciplinares e o compromisso de criar e manter um ambiente livre de assédios.

> E se já acontecem assédios na empresa, o que fazer?

Caso já tenha sido identificada a ocorrência de assédio, o primeiro passo da empresa é apurar e investigar detalhadamente, verificando o que de fato ocorreu e levantando informações sobre pessoas e fatos envolvidos no assédio. Essas respostas, assim como o tratamento da situação, exigem ação rápida e posicionamento firme, pois disso irá depender o encaminhamento do caso e, inclusive, de situações futuras.

Uma vez constatado o assédio, a empresa deve tomar medidas que envolvam tanto o assediado quanto o assediador:

- Ao assediado, deve-se oferecer escuta e apoio, acolhimento e segurança, tratamento de saúde, bem como medidas de proteção, afastando-o do assediador.
- Ao assediador, deve-se assegurar a aplicação dos princípios naturais da justiça, a exemplo do conhecimento do teor da reclamação, do direito de defesa e da não discriminação, de modo a evitar que a pessoa fique rotulada por aquela ação.

Uma vez observados esses princípios, a organização deve aplicar as sanções e punições de acordo com os princípios éticos que regem as relações entre as pessoas ou conforme o estabelecido no código de ética e conduta, considerando a gravidade da ocorrência, de modo a impedir definitivamente a reincidência do comportamento de assédio.

Síntese

Neste capítulo, apresentamos as características do assédio e as maneiras pelas quais ele destrói o ambiente psicossocial da empresa e a qualidade de vida do assediado, resultando em prejuízos para a organização. Analisamos, ainda, os três tipos de assédio mais notados nas relações de trabalho:

1. O assédio moral, que é caracterizado por repetição sistemática, intencionalidade, direcionalidade e degradação deliberada do ambiente de trabalho do assediado.
2. O assédio intelectual, que é uma violência que incide na competência do assediado, destruindo sua autoestima e sua autoimagem.
3. O assédio sexual, que se caracteriza pelo constrangimento do assediado com o intuito de obter favorecimentos sexuais, prevalecendo-se o assediador da condição de superior hierárquico.

Além de analisarmos os tipos de assédio, estudamos as formas de ocorrência de assédio moral no trabalho e o assédio moral disfarçado de estratégia motivacional ou de cultura organizacional. Além disso, demonstramos que existem práticas de gestão, pressões por metas, conflitos e agressões pontuais que não se configuram como assédio moral, mas que podem incorrer em danos morais.

Finalmente, abordamos as estratégias de prevenção de assédios, com destaque para a importância de a organização adotar uma postura de intervenção nos múltiplos aspectos das relações de trabalho, na educação dos colaboradores, disseminando em todos os níveis organizacionais informações e esclarecimentos sobre o que é o assédio, sobre tipos de assédio, suas respectivas consequências e o posicionamento que a empresa deve assumir sobre o assunto.

Questões para revisão

1. Conforme vimos neste capítulo, o assédio moral ocorre por meio de comportamentos e palavras que podem prejudicar a dignidade ou a integridade física e psíquica de uma pessoa, bem como pôr em risco seu trabalho. Suas principais características são:

    a) Repetição sistemática, intencionalidade e degradação deliberada das condições de trabalho.
    b) Gestão por injúria e reduzido nível de competência emocional dos gestores.
    c) Conflitos funcionais advindos de diferentes mapas de realidade.
    d) Prazos exíguos para a realização das tarefas e pressões para atingir metas.
    e) Fragilidade emocional do assediado.

2. Analise a situação a seguir:

> Geralda, de 47 anos, é bancária há 22 anos. Nos últimos dois anos, passou a ser acometida de crises do pânico e nutrir constantes pensamentos suicidas. Foi diagnosticada com depressão e afastada do trabalho diversas vezes. Em uma das ocasiões, ao retornar às atividades, foi designada a trabalhos que competiam aos estagiários, reforçando ainda mais o quadro de desconforto e humilhação que sentia. Ela foi deliberadamente afastada de decisões relevantes das quais deveria participar e não mais recebia informações, tendo inclusive seu endereço *e-mail* excluído do *mailing list* das pessoas do seu departamento. O gestor afirmava estar fazendo-lhe um grande favor, porque, afinal, ele ainda a mantinha empregada. Geralda não suportou a situação e adoeceu severamente, o que a incapacitou de continuar trabalhando. Atualmente, está traumatizada e sem condições de voltar ao mercado de trabalho.

Geralda foi vítima de:

a) gestão por injúria.
b) metas irreais de desempenho.
c) assédio intelectual.
d) assédio sexual.
e) assédio moral disfarçado de cultura organizacional.

3. Nos dias atuais, o assédio sexual tem preocupado significativamente as organizações. Sobre esse tema, classifique as afirmativas a seguir como verdadeiras (V) ou falsas (F):

( ) O crime de assédio sexual também pode ocorrer fora do ambiente de trabalho, em situação na qual o assediador seja hierarquicamente superior à vítima e a ameace com prejuízos no âmbito do trabalho.
( ) Para que seja considerado crime de assédio sexual, o ato deve ser praticado no horário do expediente e quando um dos envolvidos é casado ou mantém união estável.
( ) Para que seja considerado crime de assédio sexual, o ato deve ser praticado nas instalações da empresa.
( ) É considerado crime de assédio sexual quando casais se estabelecem espontaneamente em organizações que não permitem relacionamentos entre funcionários.
( ) O assédio sexual consiste em constranger alguém com o intuito de obter vantagem ou favorecimento sexual, prevalecendo-se o agente de sua condição de superior hierárquico ou ascendência inerentes ao exercício de emprego, cargo ou função.

Assinale a alternativa que corresponde à sequência correta:

a) F, V, V, V, V.
b) F, V, V, F, V.
c) V, V, V, V, V.
d) V, F, F, F, V.
e) F, F, F, F, V.

4. Analise a seguinte situação:

> Marcia trabalha em uma loja de departamentos e é responsável pela seção de higiene e beleza. No último ano, assolada por uma série de problemas na vida pessoal, ela acabou por ganhar 20 quilos, o que era bastante evidenciado em função de sua baixa estatura. A perda do animal de estimação, o rompimento do noivado pela descoberta de uma traição e o diagnóstico de doença degenerativa em uma pessoa muito próxima levou-a a buscar refúgio na comida. Quanto mais ganhava peso, mais triste e aborrecida ela se sentia, o que fazia com que descontasse ainda mais suas frustrações em doces e toda a sorte de guloseimas. Passou a ser alvo de comentários desqualificantes por parte de colegas de trabalho: como alguém com aquela figura física podia representar justamente o departamento de higiene e beleza? Marcia, em reunião com seu gestor imediato, para quem relatou o caso que havia assumido proporções que ela não conseguia mais suportar, chegou até a chorar, pois já estava muito abalada emocionalmente. O chefe ouviu tudo e, em meio a sorrisinhos e até piadinhas, disse-lhe que talvez fosse hora de ela avaliar a situação e pedir para ser alocada em outro departamento.

É possível oferecer reforço positivo ao assédio na medida em que a organização nada faz para coibi-lo? Argumente.

5. Leia o texto a seguir.

> A humilhação constitui um risco invisível, porém concreto nas relações de trabalho e na saúde dos trabalhadores e trabalhadoras, revelando uma das formas mais poderosas de violência sutil nas relações organizacionais, sendo mais frequente com as mulheres e os adoecidos. Sua reposição se realiza "invisivelmente" nas práticas perversas e arrogantes das relações autoritárias na empresa e sociedade. A humilhação repetitiva e prolongada tornou-se prática costumeira no interior das empresas, onde predominam o menosprezo e a indiferença pelo sofrimento dos trabalhadores/as, que mesmo adoecidos/as, continuam trabalhando.

Fonte: Assédio Moral.Org, 2017.

Quais medidas a organização pode adotar para prevenir e coibir toda a ordem de assédio no trabalho?

Questões para reflexão

1. A discriminação e os preconceitos raciais, de gênero, de orientação sexual etc., ainda são uma realidade presente em ambientes organizacionais. De que maneira os preconceitos que os indivíduos carregam incidem na escolha da vítima?

2. Em momentos de crise, as pessoas desenvolvem uma crença de que precisam se manter em seus empregos a qualquer custo. Essas situações podem empoderar os assediadores, fortalecidos pela certeza de que o colaborador não vai denunciar o abuso em função de sua necessidade. O que fazer quando o assédio moral passa a ser aceito? Como se pode romper com esse padrão em que a perseguição e assédio do gestor para o colaborador é algo normal?

Para saber mais

Filme

ASSÉDIO sexual. Direção: Barry Levinson. EUA: Warner Bros, 1994. 127 min.

No emblemático filme *Assédio sexual*, o personagem Tom Sanders é um executivo que espera ser promovido, mas a ocupante do cargo é Meredith Johnson (Demi Moore), que cria várias estratégias para ter relações sexuais com ele e, diante da recusa, ameaça destruí-lo na empresa. O filme mostra que o assédio sexual ocorre em diversas situações e independe de gênero, conforme discutido neste capítulo.

Textos *on-line*

EMBRAER. **Código de ética e conduta**. 3. ed. Disponível em: <http://www.embraer.com/Documents/CodConduta.pdf>. Acesso em: 24 mar. 2017.

Conheça o Código de Ética da Embraer, que tem como base o Pacto Global da ONU, que advoga Dez Princípios Universais, derivados da Declaração Universal de Direitos Humanos, da Declaração da Organização Internacional do Trabalho sobre Princípios e Direitos Fundamentais no Trabalho e da Declaração do Rio sobre Meio Ambiente e Desenvolvimento e da Convenção das Nações Unidas Contra a Corrupção. O material fornece base e inspiração para a construção de códigos de ética empresariais.

STOUT, M. **Meu vizinho é um psicopata**. Rio de Janeiro: Sextante, 2010.

Que tal conhecer a palavra de especialistas sobre a psicopatia? Leia *Meu vizinho é um psicopata*, de Martha Stout. Lançado em 2005, nos Estados Unidos, a obra se tornou referência acerca do assunto e ganhou o prêmio *Books for a Better Life* por sua significativa contribuição à sociedade. A leitura contribui para discernir comportamentos que são meramente agressivos de comportamentos que expõem transtornos de personalidade antissocial, bem como defende a importância de serem identificados nos ambientes de trabalho.

4 Modelos e instrumentos para avaliação da qualidade de vida no trabalho

Conteúdos do capítulo:
- Bases para a construção dos indicadores de qualidade de vida no trabalho (QVT).
- Modelos de avaliação de QVT.
- Instrumentos genéricos.
- Instrumentos específicos.

Após o estudo deste capítulo, você será capaz de:
- reconhecer as bases para a construção de indicadores de QVT;
- dissertar sobre os modelos de avaliação da QVT;
- entender os instrumentos de avaliação;
- distinguir instrumentos genéricos e específicos para a avaliação da QVT.

Para podermos gerenciar a qualidade de vida no trabalho (QVT), é fundamental que ela seja continuamente avaliada e mensurada, pois, uma vez medida, ela pode ser melhorada e modificada para se adequar à realidade das empresas.

> Quais são as bases para a construção dos indicadores de QVT?

Para compreender os elementos que indicam a QVT, é importante abordarmos três grandes vertentes:

1. Índice de Desenvolvimento Humano (IDH)
2. Hierarquia das necessidades de Maslow
3. Teoria dos dois fatores de Hersberg

A necessidade dessa base de conhecimento se deve ao fato de que a QVT é construída por meio de elementos objetivos e subjetivos, que podem ser mais bem compreendidos uma vez que entendamos essas abordagens. Sendo assim, neste capítulo, vamos analisá-las uma a uma.

4.1 Índice de Desenvolvimento Humano (IDH)

De acordo com o Programa das Nações Unidas para o Desenvolvimento (Pnud, 2017), o Índice de Desenvolvimento Humano (IDH) é uma medida de progresso, ou, em outras palavras, é um índice que aponta para o desenvolvimento a e qualidade de vida de uma nação, mensurando esse fator de acordo com a saúde, a educação e a renda da população. Esses três parâmetros de medida são analisados da seguinte maneira:

- **Saúde**: é um fator que leva em conta a expectativa de vida da população do país.
- **Educação**: é medida, basicamente, considerando:
    - a média de anos de educação dos adultos, ou seja, "o número médio de anos de educação recebidos durante a vida por pessoas a partir de 25 anos" (Pnud, 2017).
    - a expectativa de anos de escolaridade para crianças na idade de iniciar a vida escolar, ou seja, "o número total de anos de escolaridade que uma criança, na idade de iniciar a vida escolar, pode esperar receber se os padrões prevalecentes de taxas de matrículas específicas por idade permanecerem os mesmos durante a vida dessa criança" (Pnud, 2017).
- **Renda**: é um fator medido levando em conta a Renda Nacional Bruta (RNB) *per capita*, geralmente expressa de acordo com o poder de paridade de compra (PPP) constante, que, por sua vez, é medido em dólar tendo 2005 como ano de referência.

> **Fique atento!**
> Você sabia que o IDH foi criado por um economista paquistanês, com a colaboração do indiano ganhador do Prêmio Nobel de Economia de 1998?
> **Mahbub ul Haq** exerceu o cargo de ministro das Finanças no Paquistão e foi também diretor do Banco Mundial. Ferrenho defensor de que o desenvolvimento das nações deveria melhorar as condições de vida das pessoas e não apenas aumentar a produção.

> **Amartya Sen** cresceu em uma Índia imersa na ruína econômica e social. Conviveu com a miséria extrema, com a sangrenta guerra separatista do Paquistão, o desmonte do Império Britânico e viu a fome matar pelo menos 3 milhões de pessoas em Bengala. Defendia fortemente que o desenvolvimento de um país está atrelado às oportunidades oferecidas à população, para que esta possa assim fazer suas escolhas e exercer a cidadania, o que, na visão do estudioso, não inclui apenas direitos sociais básicos, a exemplo de saúde e educação, mas também direito a liberdade, dignidade de habitação e cultura.

Fonte: Elaborado com base em Fapesp, 2001.

Antes da adoção do IDH, a abordagem utilizada para medir o desenvolvimento dos países levava em conta a perspectiva do crescimento econômico, que mensurava o bem-estar de uma sociedade com base apenas nos recursos ou na renda que ela podia gerar.

O IDH, então, quebrou o padrão dessa medida, passando a aferir o avanço da qualidade de vida de uma população para além dos indicadores econômicos, considerando indicadores sociais, culturais e políticos, que influenciam mais diretamente no bem-estar da população.

4.2 Hierarquia das necessidades, de Abraham Maslow

Entre as diversas abordagens sobre a motivação e a satisfação do indivíduo, destacaremos duas que apontam para aspectos basilares da satisfação e da QVT, apresentadas na teoria da hierarquia das necessidades, do clínico Abraham Maslow. Na seção subsequente, trataremos da teoria dos dois fatores, de Frederick Herzberg.

A hierarquia das necessidades, que analisaremos nesta seção, busca explicar o comportamento humano com base no conjunto de suas necessidades. Para isso, a teoria define *necessidade* como uma carência, uma privação que precisa ser satisfeita. Por sua vez, *motivação* é um termo definido como o estado interno que resulta de uma necessidade, ou seja, que ativa ou desperta um comportamento (Davidoff, 1983).

Em sua teoria, Maslow propôs que os seres humanos nascem com cinco sistemas de necessidades, que são dispostas em níveis. Observe a Figura 4.1.

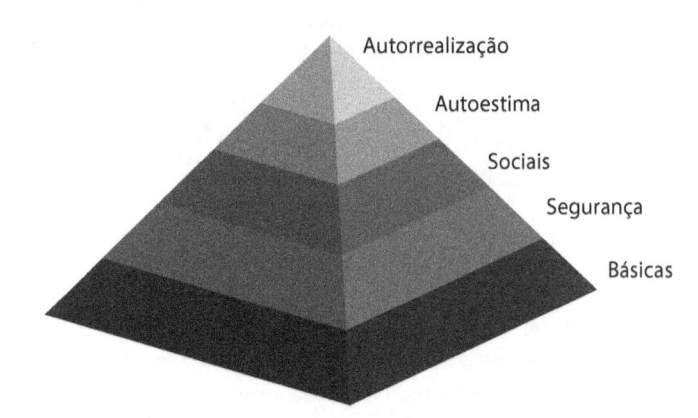

Figura 4.1 – **Hierarquia das necessidades**

(Pirâmide: Autorrealização, Autoestima, Sociais, Segurança, Básicas)

Fonte: Elaborado com base em Maslow, 1970.

- **Necessidades básicas ou fisiológicas** são as necessidades relacionadas à sobrevivência do indivíduo e aos processos de homeostase, que é o equilíbrio do organismo, como a alimentação, a água, o sono e a satisfação sexual.
- **Necessidades de segurança** são as relacionadas à proteção física e psicológica, que envolve estabilidade, defesa, abrigo, estrutura, leis e limites.
- **Necessidades sociais** são as necessidades de relacionamento, de pertencimento a um grupo no qual o indivíduo é bem-vindo e aceito, enfim, são as demandas referentes à afeição, ao sentimento de afiliação, ao amor e à amizade.
- **Necessidades de estima** são as necessidades de autoestima, autorrespeito, reconhecimento das outras pessoas, apreciação, importância, dignidade, *status* e prestígio.
- **Necessidade de autorrealização** são as necessidades relacionadas à plenitude, ao autodesenvolvimento e à realização pessoal,

à percepção que a pessoa tem de que se encontrou naquilo que ela é.

As necessidades seguem ciclos que podem resultar em **satisfação**, quando a necessidade é atendida, ou em **frustração**, quando a demanda não é contemplada.

O ciclo tem início com uma necessidade, uma privação, que impulsiona uma ação para eliminar o desconforto causado pela carência.

Quando alguma barreira impede a eliminação do desconforto, ocorre a frustração, liberada em forma de comportamentos agressivos, ansiedade, insônia, apatia e outros distúrbios emocionais e físicos.

A teoria de Maslow também esclarece que diversas privações acontecem ao mesmo tempo e que esse conjunto de necessidades influencia o comportamento do indivíduo. Tão logo um conjunto de necessidades é satisfeito, um novo conjunto o substitui. Assim, o que impulsiona um comportamento não são as necessidades satisfeitas, mas as insatisfeitas.

Preste atenção!

Abraham Maslow (1908-1970), psicólogo americano, era descendente de russos e judeus, viveu uma infância bastante infeliz e miserável. Era o irmão mais velho da família e a era esperado que ele ajudasse a cuidar de seus seis irmãos e irmãs mais novos. Cresceu dividindo seu tempo entre longas horas de estudo e ajudar seu pai prover a família. Os livros, então, tornaram-se seu refúgio. Estudou Direito no City College of New York (CCNY) e interessou-se pela psicologia, que cursou na Universidade de Wisconsin, onde fez mestrado e doutorado. Obteve notoriedade com a teoria da hierarquia das necessidades, amplamente conhecida e estudada.

Fonte: Elaborado com base em Abraham..., 2017.

Maslow jamais pretendeu que a hierarquia proposta por ele assumisse uma ordem rígida e imutável, dado que o indivíduo se sente motivado para satisfazer a necessidade – ou conjunto de necessidades – que lhe é preponderante naquele momento. Embora tenha sido alvo de diversas críticas, a teoria contribui significativamente para a construção dos programas de QVT, uma vez que lança luz em importantes aspectos presentes nas dimensões biológica, psicológica e social do ser humano e, portanto, leva a olhar dos estudiosos para os ambientes físico e psicossocial do trabalho, tendo em vista a satisfação das necessidades humanas.

4.3 Teoria dos dois fatores, de Frederick Herzberg

A teoria dos dois fatores, proposta por Frederich Herzberg, aponta para a existência de dois conjuntos diferentes de fatores de trabalho. O estudioso chamou o primeiro conjunto de *fatores motivacionais*, aqueles que motivam e satisfazem o indivíduo no trabalho. O segundo conjunto, ele denominou *fatores higiênicos*, que, por si mesmos, não promovem a satisfação, mas, quando ausentes no ambiente de trabalho, resultam em insatisfação. Observe, no Quadro 4.1, os componentes de cada conjunto de fatores.

Quadro 4.1 – **Teoria dos dois fatores**

Fatores motivacionais	Fatores higiênicos
◆ Desafio do trabalho em si	◆ Condições de trabalho
◆ Realização	◆ Políticas da organização
◆ Reconhecimento	◆ Qualidade da supervisão
◆ Responsabilidade/enriquecimento do cargo	◆ Relações interpessoais com os supervisores e colegas
◆ Progresso e desenvolvimento profissional	◆ Salário
	◆ *Status*
	◆ Segurança no trabalho e no emprego

Fonte: Elaborado com base em Herzberg, 1974.

Embora a teoria dos dois fatores seja alvo de críticas, dado que alguns colaboradores podem não demonstrar interesse pelos fatores motivacionais, é inegável a contribuição que o estudo de Herzberg traz aos programas de QVT, sobretudo no sentido de criar, identificar, avaliar, medir e adotar estratégias que preservem tanto os fatores motivacionais quanto os higiênicos.

> **Preste atenção!**
> **Frederick Irving Herzberg**, psicólogo americano, nasceu em Lynn, Massachusetts, em 18 de abril de 1923. Tornou-se um dos nomes mais influentes na gestão empresarial. Obteve notoriedade por introduzir o enriquecimento do trabalho e a teoria dos fatores de motivação (teoria dos dois fatores). No ano de 1968, publicou o artigo *One More Time: How Do You Motivate Employees?*, que vendeu 1,2 milhões de reimpressões até 1987, sendo artigo mais solicitado da Harvard Business Review.

Fonte: Frederick..., 2009.

Os aspectos apontados pelos pesquisadores Maslow e Herzberg em suas teorias, assim como o IDH, alicerçam a construção de indicadores que são significativos à avaliação da QVT.

4.4 Modelos de avaliação da QVT

Neste ponto do texto, analisaremos modelos elaborados e validados para a avaliação e a mensuração da QVT. Antes, contudo, é interessante definirmos o conceito de *modelo*. De acordo com Palandi et al. (2010, p. 37), a ciência

> constrói representações do mundo. Os elementos básicos dessas representações são os modelos. Um modelo é uma imagem mental simplificada e idealizada, que permite representar, com maior ou menor precisão, o comportamento de um sistema. O modelo incorpora apenas as características consideradas importantes para a descrição do sistema, selecionadas intuitivamente ou por conveniência matemática. De modo geral, o propósito de um modelo é simplificar certa realidade para que ela possa ser analisada. A construção de um modelo se dá no contexto de uma teoria, quando fatos estabelecidos pela observação e hipóteses sobre a estrutura do sistema e sobre o comportamento dos seus constituintes básicos são correlacionados por leis e princípios.

Entre os modelos existentes, selecionamos cinco que contemplam cenários diversos e que são profusamente destacados na literatura de QVT: o modelo de Walton, o modelo de Westley, o modelo de Hackman e Oldhan, o modelo de Belanger e o modelo biopsicossocial e organizacional (BPSO). Os modelos servem de referência e inspiração para a elaboração dos instrumentos que serão utilizados para coletar os dados e para, a partir daí, realizar o diagnóstico da qualidade de vida na organização.

4.4.1 Modelo de Walton

O modelo de Walton leva o nome de seu idealizador, o pesquisador Richard Walton, que, após empreender diversos experimentos, identificou que a geração e a manutenção da QVT perpassam pelo atendimento das necessidades e aspirações do ser humano e da responsabilidade social da empresa.

De acordo com esse modelo, a QVT está inserida em um contexto de conciliação e equilíbrio entre o trabalho e as outras esferas da vida. Conheça, no Quadro 4.2, as oito categorias conceituais contempladas pelo estudioso.

Quadro 4.2 – **Modelo de Walton**

Categorias	Indicadores de QVT
Compensação justa e adequada	Equidade externa
	Equidade interna
	Partilha de ganhos e produtividade
	Proporcionalidade entre salários
Condições de trabalho	Jornada de trabalho razoável
	Ambiente de trabalho seguro e saudável
	Ausência de insalubridade
Uso e desenvolvimento de capacidades	Autonomia
	Autocontrole relativo
	Qualidades múltiplas
	Informações sobre o processo total de trabalho
Oportunidade de crescimento e segurança	Possibilidade de carreira
	Crescimento pessoal
	Perspectiva de avanço salarial
	Segurança de emprego

(continua)

(Quadro 4.2 – conclusão)

Categorias	Indicadores de QVT
Integração social na organização	Ausência de preconceitos
	Igualdade
	Mobilidade
	Relacionamento
	Senso comunitário
Constitucionalismo	Direitos de proteção do trabalhador
	Privacidade pessoal
	Liberdade de expressão
	Tratamento imparcial
	Direitos trabalhistas
O trabalho e o espaço total da vida	Papel balanceado no trabalho
	Estabilidade de horários
	Poucas mudanças geográficas
	Tempo para lazer e para família
Relevância social da vida no trabalho	Imagem da empresa
	Responsabilidade social da empresa
	Responsabilidade pelos produtos
	Práticas de emprego

Fonte: Elaborado com base em Walton, 1973.

Timossi et al. (2009) destacam a investigação de pesquisadores brasileiros Fernandes (1996) e Detoni (2001), que adaptaram os itens propostos por Walton para a realidade brasileira, conforme podemos ver no Quadro 4.3.

Quadro 4.3 – **Critérios e subcritérios da QVT**

Critérios	Fernandes (1996)	Detoni (2001)
Compensação justa e adequada	Equidade interna e externa	Equilíbrio salarial
	Proporcionalidade entre salários	
	Justiça na compensação	Remuneração justa
	Partilha dos ganhos de produtividade	Participação em resultados
		Benefícios extras

(continua)

(Quadro 4.3 – continuação)

Critérios	Fernandes (1996)	Detoni (2001)
Condições de trabalho	Jornada de trabalho razoável	Jornada semanal
		Carga de trabalho
		Fadiga
	Ambiente físico seguro e saudável	Equipamentos de EPI e EPC
	Ausência de insalubridade	Salubridade
		Tecnologia do processo
Uso e desenvolvimento de capacidades	Autonomia	Autonomia
	Qualidades múltiplas	Polivalência
	Informação sobre o processo total do trabalho	Avaliação do desempenho
		Responsabilidade conferida
	Autocontrole relativo	Importância da tarefa
Oportunidade de crescimento e segurança	Possibilidade de carreira	Treinamentos
	Crescimento pessoal	Incentivo aos estudos
	Perspectivas de avanço salarial	Crescimento profissional
	Segurança de emprego	Demissões
Integração social na organização	Ausência de preconceitos	Discriminação
	Igualdade	Valorização das ideias
	Mobilidade	
	Relacionamento	Relacionamento interpessoal
	Senso comunitário	Compromisso da equipe
Constitucionalismo	Direitos de proteção do trabalhador	Direitos do trabalhador
	Liberdade de expressão	Liberdade de expressão
	Direitos trabalhistas	Discussão e normas
	Tratamento imparcial	Respeito à individualidade
	Privacidade pessoal	
O trabalho e o espaço total da vida	Papel balanceado no trabalho	Influência sobre a rotina Familiar
	Poucas mudanças geográficas	
	Tempo para lazer da família	Possibilidade de lazer
	Estabilidade de horários	Horário de trabalho e descanso

(continua)

MODELOS E INSTRUMENTOS PARA AVALIAÇÃO DA QUALIDADE DE VIDA NO TRABALHO

(Quadro 4.3 – conclusão)

Critérios	Fernandes (1996)	Detoni (2001)
Relevância social do trabalho na vida	Imagem da empresa	Imagem institucional
		Orgulho do trabalho
	Responsabilidade social da empresa	Integração comunitária
	Responsabilidade pelos produtos	Qualidade dos produtos/ serviços
	Práticas de emprego	Política de recursos humanos

Fonte: Adaptado de Timossi et al., 2009, p. 398.

4.4.2 Modelo de Westley

O Modelo de Westley, que também leva o nome de seu idealizador, publicado nos Estados Unidos em 1979, postula que os problemas vivenciados pelos indivíduos no trabalho são classificados em quatro categorias: econômica; política; psicológica e sociológica, como podemos analisar no Quadro 4.4.

Quadro 4.4 – **Indicadores de QVT**

Econômico	Político	Psicológico	Sociológico
• Equidade salarial	• Segurança no emprego	• Realização potencial	• Participação nas decisões
• Remuneração adequada	• Atuação sindical	• Nível de desafio	• Autonomia
• Benefícios	• *Feedback*	• Desenvolvimento pessoal	• Relacionamento interpessoal
• Local de trabalho	• Liberdade de expressão	• Desenvolvimento profissional	• Grau de responsabilidade
• Carga horária	• Valorização do cargo	• Criatividade	• Valor pessoal
• Ambiente externo	• Relacionamento com a chefia	• Autoavaliação	
		• Variedade de tarefa e Identidade de tarefa	

Fonte: Adaptado de Rushel, 1993, citado por Fernandes, 1996, p. 53.

4.4.3 Modelo de Hackman e Oldham

O modelo concebido por Hackman e Oldham (1974) propõe mensurar o nível de motivação gerado pelo trabalho, por meio de um escore chamado *potencial motivador do trabalho*, que é parte integrante do instrumento *Job Diagnostic Survey* (pesquisa de diagnóstico do trabalho).

O modelo, sintetizado na Figura 4.2, identifica três fatores correlacionados à necessidade de crescimento individual:

1. **Dimensões essenciais do trabalho**: são as peculiaridades do trabalho que podem ser avaliadas e modificadas, como a organização do trabalho, a identidade, a variedade e a significância da tarefa, a autonomia do indivíduo para a execução de atividades e o *feedback*; essas dimensões influenciam diretamente os estados psicológicos críticos.
2. **Estados psicológicos críticos**: são processos individuais e, portanto, subjetivos, impactados pelos elementos que influenciam na motivação no trabalho, como conhecimento e resultados do trabalho, responsabilidade percebida pelos resultados do trabalho e significância percebida do trabalho.
3. **Resultados pessoais e do trabalho**: são fatores representados pela motivação interna ao trabalho, pela satisfação geral com o trabalho, pela satisfação com a produtividade e por fatores como absenteísmo e rotatividade.

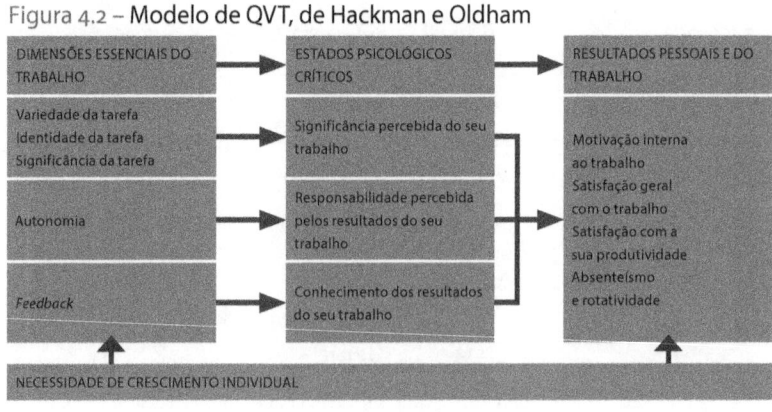

Figura 4.2 – **Modelo de QVT, de Hackman e Oldham**

DIMENSÕES ESSENCIAIS DO TRABALHO	ESTADOS PSICOLÓGICOS CRÍTICOS	RESULTADOS PESSOAIS E DO TRABALHO
Variedade da tarefa Identidade da tarefa Significância da tarefa	Significância percebida do seu trabalho	Motivação interna ao trabalho Satisfação geral com o trabalho Satisfação com a sua produtividade Absenteísmo e rotatividade
Autonomia	Responsabilidade percebida pelos resultados do seu trabalho	
Feedback	Conhecimento dos resultados do seu trabalho	

NECESSIDADE DE CRESCIMENTO INDIVIDUAL

Fonte: Adaptado de Hackman; Oldham, 1974, p. 7, tradução nossa.

4.4.4 Modelo de Belanger

O modelo de Belanger propõe analisar a QVT à luz de quatro categorias: o trabalho em si, o crescimento pessoal e profissional, o significado das tarefas e as funções e estruturas abertas. O Quadro 4.5 apresenta os indicadores utilizados para avaliar cada uma dessas categorias.

Quadro 4.5 – **Modelo de Belanger**

Categorias	Indicadores
Trabalho em si	• Criatividade • Variabilidade • Autonomia • Envolvimento • *Feedback*
Crescimento pessoal e profissional	• Treinamento • Oportunidades de crescimento • Relacionamento no trabalho • Papéis organizacionais
Tarefas com significado	• Tarefas completas • Responsabilidade aumentada • Recompensas financeiras • Recompensas não financeiras • Enriquecimento do cargo
Funções e estruturas abertas	• Clima e criatividade • Transferência de objetivo

Fonte: Adaptado de Belanger, 1973, citado por Fernandes, 1996, p. 73.

Esse modelo contempla aspectos bastante contemporâneos no que se refere à gestão de pessoas nas organizações, a exemplo de criatividade e *feedback*.

4.4.5 Modelo biopsicossocial e organizacional

O modelo biopsicossocial e organizacional (BPSO-96) foi desenvolvido por Limongi-França (1996), alicerçado no enfoque biopsicossocial, e que inclui a dimensão organizacional, investigando a QVT por meio de quatro dimensões: biológica; psicológica; social e organizacional.

A contribuição do modelo BPSO-96 refere-se especialmente à inclusão da dimensão organizacional. De acordo com Limongi-França (2004), cada dimensão se propõe à investigação de alguns aspectos específicos:

- **Biológica**: representa a presença de condições de atendimento às necessidades físicas do colaborador, de promoção da saúde e da segurança no trabalho e do controle dos riscos ambientais (biológicos, físicos, químicos ou ergonômicos).
- **Psicológica**: investiga a presença de elementos que promovem e asseguram um ambiente de trabalho com tolerância às diferenças, livre de assédio, e que propicie o fortalecimento da autoestima e o desenvolvimento de competências pessoais e profissionais dos colaboradores.
- **Social**: investiga a oferta de benefícios sociais (obrigatórios por lei; espontâneos e flexíveis) e oportunidades de lazer, esporte e cultura aos colaboradores, de forma extensiva aos familiares.
- **Organizacional**: investiga aspectos voltados à percepção que o colaborador tem da empresa, da qualidade de produtos e serviços, do relacionamento da organização com os colaboradores e com toda a sociedade.

No Quadro 4.6, poderemos analisar os indicadores para cada camada e os setores envolvidos da organização.

Quadro 4.6 – **Indicadores BPSO-96**

Dimensão	Indicadores BPSO-96	Setores envolvidos
Biológica	<ul><li>Mapa de riscos</li><li>Sipat</li><li>Refeições</li><li>Serviço médico interno contratado</li><li>Melhorias ergonômicas</li><li>Programas de sensibilização para saúde</li><li>Treinamentos específicos.</li></ul>	<ul><li>Higiene, segurança e saúde do trabalho</li><li>Ambulatório</li><li>Nutrição</li><li>Recursos de pessoas</li></ul>

(continua)

(Quadro 4.6 – conclusão)

Dimensão	Indicadores BPSO-96	Setores envolvidos
Psicológica	<ul><li>Processo de seleção</li><li>Processo de avaliação de desempenho</li><li>Carreira</li><li>Suporte psicológico</li><li>Convênio psicológico</li><li>Remuneração</li><li>Treinamentos comportamentais</li><li>Programas participativos</li></ul>	<ul><li>Recrutamento e seleção</li><li>Treinamento de pessoal</li><li>Cargos e salários</li><li>Gestão de pessoas</li></ul>
Social	<ul><li>Direitos legais</li><li>Atividades associativas e esportivas</li><li>Eventos de turismo e cultura</li><li>Trabalho voluntário</li><li>Treinamentos de reciclagem</li><li>Atendimento à família</li></ul>	<ul><li>Serviço social</li><li>Grêmio esportivo</li><li>Fundações específicas</li><li>Gestão de pessoas e/ou recursos humanos</li></ul>
Organizacional	<ul><li>Comitês executivos e decisórios</li><li>Comunicação interna</li><li>*Endomarketing*</li></ul>	<ul><li>Imagem externa</li><li>Diretorias executivas</li><li>*Marketing*</li><li>Gestão de pessoas e/ou recursos humanos</li></ul>

Fonte: Elaborado com base em Limongi-França, 2004.

A inclusão da dimensão organizacional diz respeito às políticas de gestão de pessoas, à valorização, à capacitação e ao fortalecimento do *endomarketing*, contribuindo para satisfação e para o comprometimento do colaborador com o trabalho.

4.5 Instrumentos para medição e avaliação da QVT

Usualmente, a QVT é medida por meio de instrumentos que, por sua vez, são constituídos de ferramentas utilizadas para coletar os dados desejados. Compostos por elementos denominados *item*, *escala* e *domínios* ou *dimensões*, os instrumentos podem contemplar uma única questão global ou múltiplas questões. Observe, no Quadro 4.7, cada um dos elementos que compõem um instrumento.

Quadro 4.7 – **Elementos que compõem os instrumentos**

Elemento	O que é?	Exemplo
Item	Cada uma das partes ou unidades de algo. Uma pergunta única.	Você pratica exercícios físicos?
Escala	É uma linha graduada que expressa as opções de resposta à questão.	( ) 4 vezes por semana ou mais ( ) 3 vezes por semana ( ) 2 vezes por semana ( ) 1 vez por semana ( ) não pratico
Domínio ou dimensão	É um foco específico de atenção. Pode ser composto pela resposta a uma única pergunta ou a um conjunto de perguntas, que investiga determinada área.	Atividade física.

A seguir, convidamos você a conhecer os principais instrumentos utilizados para medir a QVT.

4.5.1 Instrumentos genéricos

Os instrumentos genéricos mensuram a qualidade de vida de maneira geral, porque se referem a uma combinação de diversos aspectos da qualidade de vida. Analisaremos um a um a seguir.

4.5.1.1 *World Health Organization Quality of Life Assessment* (WHOQOL-100)

O *World Health Organization Quality of Life Assessment* (WHOQOL-100) é o índice desenvolvido pela Organização Mundial da Saúde (OMS) que, por meio de 100 questões, avalia a percepção do indivíduo em relação a diferentes domínios da sua vida. É um instrumento multicêntrico que considera os aspectos da subjetividade, multidimensionalidade e presença de dimensões positivas e negativas. Veja, no Quadro 4.8, os seis domínios do instrumento WHOQOL.

Quadro 4.8 – Domínios e facetas do WHOQOL-100[1]

Domínio I – físico
Dor e desconforto
Energia e fadiga
Sono e repouso
Domínio II – psicológico
Sentimentos positivos
Pensar, aprender, memória e concentração
Autoestima
Imagem corporal e aparência
Sentimentos negativos
Domínio III – nível de independência
Mobilidade
Atividades da vida cotidiana
Dependência de medicação ou de tratamentos
Capacidade de trabalho
Domínio IV – relações sociais
Relações pessoais
Suporte (apoio) social
Atividade sexual
Domínio V – ambiente
Segurança física e proteção
Ambiente no lar
Recursos financeiros
Cuidados de saúde e sociais: disponibilidade e qualidade
Oportunidade de adquirir novas informações e habilidades
Participação em/oportunidades de: lazer e recreação
Ambiente físico: poluição, ruído, trânsito, clima
Domínio VI – Aspectos espirituais/religião/crenças pessoais
Espiritualidade, religião, crenças pessoais

Nota: [1] Caso você queira conhecer o instrumento completo, bem como o manual do usuário, acesse o *link*: <http://www.who.int/mental_health/media/en/620.pdf>.

Fonte: Adaptado de WHOQOL, 1998.

4.5.1.2 Perfil do estilo de vida individual

O instrumento de perfil do estilo de vida individual (Pevi) foi desenvolvido por Nahas, Barros e Francalacci (2000), para avaliar o estilo de vida de indivíduos por meio dos seguintes domínios: nutrição, atividade física, comportamento preventivo, relacionamento social e controle do *stress*.

O Pevi é medido por meio de um questionário composto de 15 itens, com perguntas fechadas, por meio de uma escala que varia de 0 a 3, que são assinalados de acordo com o seguinte critério (Nahas, 2013, p. 32, grifos nossos):

[0] <u>absolutamente não</u> faz parte do seu estilo de vida

[1] <u>às vezes</u> corresponde ao seu comportamento

[2] <u>quase sempre</u> verdadeiro no seu comportamento

[3] a afirmação é <u>sempre verdadeira</u> no seu dia a dia; faz parte do seu estilo de vida

Analise, no Quadro 4.9, o questionário completo.

Quadro 4.9 – **Questionário Pevi**

PERFIL DO ESTILO DE VIDA	
O ESTILO DE VIDA corresponde ao conjunto de ações habituais que refletem as atitudes, valores e oportunidades das pessoas. Estas ações têm grande influência na saúde geral e qualidade de vida de todos os indivíduos. Os itens abaixo representam características do estilo de vida relacionadas ao bem-estar individual. Manifeste-se sobre cada afirmação considerando a escala. (0) Absolutamente não faz parte do seu estilo de vida (1) Às vezes corresponde ao seu comportamento (2) Quase sempre verdadeiro no seu comportamento (3) A afirmação é sempre verdadeira no seu dia a dia; faz parte do seu estilo de vida.	
Componente: Alimentação	
a. Sua alimentação diária inclui pelo menos 5 porções de frutas e hortaliças	[ ]
b. Você evita ingerir alimentos gordurosos (carnes gordas, frituras) e doces.	[ ]
c. Você faz 4 a 5 refeições variadas ao dia, incluindo um bom café da manhã.	[ ]

(continua)

(Quadro 4.9 – conclusão)

Componente: Atividade Física	
d. Seu lazer inclui a prática de atividades físicas (exercícios, esportes ou dança).	[ ]
e. Ao menos duas vezes por semana você realiza exercícios que envolvam força e alongamento muscular.	[ ]
f. Você caminha ou pedala como meio de deslocamento e, preferencialmente, usa as escadas ao invés do elevador.	[ ]
Componente: Comportamento Preventivo	
g. Você conhece sua pressão arterial, seus níveis de colesterol e procura controlá-los.	[ ]
h. Você se abstém de fumar e ingere álcool com moderação (ou não bebe).	[ ]
i. Você respeita as normas de trânsito (como pedestre, ciclista ou motorista); usa sempre o cinto de segurança e, se dirige, nunca ingere álcool.	[ ]
Componente: Relacionamentos	
j. Você procura cultivar amigos e está satisfeito com seus relacionamentos.	[ ]
k. Seu lazer inclui encontros com amigos, atividades em grupo, participação em associações ou entidades sociais.	[ ]
l. Você procura ser ativo em sua comunidade, sentindo-se útil no seu ambiente social.	[ ]
Componente: Controle do Estresse	
m. Você reserva tempo (ao menos 5 minutos) todos os dias para relaxar.	[ ]
n. Você mantém uma discussão sem alterar-se, mesmo quando contrariado.	[ ]
o. Você equilibra o tempo dedicado ao trabalho com o tempo dedicado ao lazer.	[ ]

Fonte: Adaptado de Nahas, 2013, p. 32.

Após preenchido o questionário, as respostas de cada item são lançadas no pentáculo do bem-estar (PBE), que é uma ferramenta para demonstrar graficamente os resultados obtidos, facilitando a visualização dos seguimentos abordados (Nahas, 2013). Confira o pentáculo na Figura 4.3.

Figura 4.3 – **Pentáculo do bem-estar**

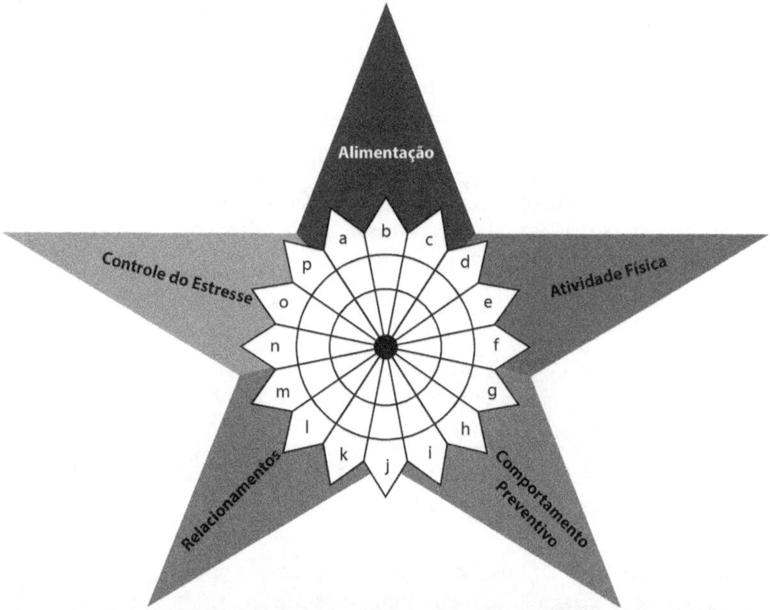

Alimentação
Controle do Estresse
Atividade Física
Relacionamentos
Comportamento Preventivo

a) Ingestão de pelo menos 5 porções de frutas e verduras diariamente.
b) Evita ingestão de alimentos gordurosos.
c) Faz 4 ou 5 refeições variadas ao dia incluindo café da manhã completo.

d) Realiza ao menos 30 minutos de atividades físicas (moderadas/intensas) de forma contínua ou acumulada, 5 ou mais vezes na semana.
e) Ao menos 2 vezes na semana realiza exercícios que envolvam força e alongamento muscular.
f) No dia a dia caminha ou pedala como forma de transporte e, preferencialmente utiliza escada ao invés de elevador.

g) Tem conhecimento da pressão arterial e dos níveis de colesterol e procura controlá-los.
h) Não fuma e ingere álcool com moderação.
i) Sempre utiliza cinto de segurança, respeita as normas de trânsito, nunca ingerindo álcool se vai dirigir.

k) Procura cultivar amigos e está satisfeito com seus relacionamentos.
l) No lazer inclui reuniões com amigos, atividades esportivas em grupo, participação em associações.
m) Procura ser ativo na comunidade, sentindo-se útil no ambiente social.

n) Reserva ao menos 5 minutos diariamente para relaxar.
o) Mantém uma discussão sem se alterar mesmo quando contrariado.
p) Equilibra o tempo dedicado ao trabalho com o tempo dedicado ao lazer.

Fonte: Adaptado de Nahas, 2013, p. 33.

Recomenda-se o preenchimento com o uso de cores diferentes, de modo a identificar rapidamente qual é o item mais presente em seu estilo de vida e quais são as áreas de carência, que necessitam de atenção.

4.5.1.3 Índice de qualidade de vida, de Ferrans e Powers (IQV)

O índice de qualidade de vida (IQV), desenvolvido por Carol Ferrans e Marjorie Powers em 1984, avalia a satisfação e a percepção individual por meio de 4 domínios e 33 itens: saúde e funcionamento (13 itens); socioeconômico (8 itens); psicológico/espiritual (7 itens) e família (5 itens). O instrumento conta com uma versão traduzida e validada para a língua portuguesa por Kimura e Silva (2009), e contém duas partes:

1. **Avaliação da satisfação**: a escala varia de **muito insatisfeito** (1) a **muito satisfeito** (6)
2. **Avaliação da importância**: a escala varia de **nenhuma importância** (1) a **muito importante** (6)

No Quadro 4.10, apresentamos os itens e domínios utilizados pelo instrumento.

Quadro 4.10 – **Itens e domínios do IQV**[1]

SAÚDE E FUNCIONAMENTO (13 itens)	SOCIOECONÔMICO (8 itens*)	PSICOLÓGICO/ ESPIRITUAL (7 itens)	FAMÍLIA (5 itens)
1. saúde	13. amigos	27. paz de espírito	8. saúde da família
2. assistência à saúde	15. suporte das pessoas	28. fé em Deus	9. filhos
3. dor	19. vizinhança	29. objetivos pessoais	10. felicidade da família
4. energia (fadiga)	20. lugar de moradia	30. felicidade	12. cônjuge
5. independência física	21/22. trabalho/não ter trabalho	31. satisfação com a vida	14. suporte familiar
6. controle sobre a própria vida	23. escolaridade	32. aparência pessoal	
7. vida longa	24. necessidades financeiras	33. consigo próprio (*self*)	
11. vida sexual			
16. responsabilidades familiares	* itens 21 e 22 são mutuamente excludentes		
17. ser útil às pessoas			
18. preocupações			
25. atividades de lazer			
26. possibilidade de futuro feliz			

Fonte: Adaptado de Kimura; Silva, 2009, grifo do original.

---

[1] Cabe esclarecer que o IQV pode ser utilizado mediante solicitação e autorização adquiridas no seguinte *link*: <http://qli.org.uic.edu/>.

De acordo com os autores, "Este esquema de pontuação baseia-se na premissa de que pessoas satisfeitas com áreas que consideram importantes desfrutam de melhor qualidade de vida do que pessoas insatisfeitas com áreas que consideram importantes" (Kimura; Silva, 2009).

Cabe ressaltarmos que se trata de um instrumento de fácil aplicação e entendimento por parte dos respondentes, independentemente da idade ou grau de escolaridade.

4.5.1.4 Instrumento Medical Outcome Study

O Medical Outcome Study (MOS SF-36) é um questionário[2] composto por 36 itens, distribuídos em 8 domínios. Essa é a versão reduzida (*Short Form*), que foi traduzida para a língua portuguesa e adaptada no ano de 1999 às condições socioeconômicas e culturais de nossa população. Os domínios avaliados por esse instrumento são:

- capacidade funcional;
- aspectos físicos;
- dor;
- estado geral da saúde;
- vitalidade;
- aspectos sociais;
- aspectos emocionais;
- saúde mental;
- captura a percepção que o indivíduo faz a respeito de seu estado de saúde.

---

2   O questionário pode ser encontrado no seguinte *link*: <https://toneurologiaufpr.files.wordpress.com/2013/03/questionc3a1rio-de-qualidade-de-vida-sf-36.pdf>.

Veja, no Quadro 4.11, os domínios do MOS SF-36, com os itens e as respectivas escalas de medida.

Quadro 4.11 – Versão brasileira do questionário de qualidade de vida SF-36

Itens
1 – Em geral você diria que sua saúde é:

Excelente	Muito boa	Boa	Ruim	Muito ruim
1	2	3	4	5

3 – Os seguintes itens são sobre atividades que você poderia fazer atualmente durante um dia comum. Devido à sua saúde, você teria dificuldade para fazer estas atividades? Neste caso, quando?

Atividades	Sim, dificulta muito	Sim, dificulta um pouco	Não, não dificulta de modo algum
a) Atividade rigorosas, que exigem muito esforço, tais como correr, levantar objetos pesados, participar em esportes árduos.	1	2	3
b) Atividades moderadas, tais como mover uma mesa, passar aspirador de pó, jogar bola, varrer a casa.	1	2	3
c) Levantar ou carregar mantimentos	1	2	3
d) Subir vários lances de escada	1	2	3
e) Subir um lance de escada	1	2	3
f) Curvar-se, ajoelhar-se ou dobrar-se	1	2	3
g) Andar mais de 1 quilômetro	1	2	3
h) Andar vários quarteirões	1	2	3
i) Andar um quarteirão	1	2	3
j) Tomar banho ou vestir-se	1	2	3

4 – Durante as últimas 4 semanas, você teve algum dos seguintes problemas com seu trabalho ou com alguma atividade regular, como consequência de sua saúde física?

	Sim	Não
a) Você diminui a quantidade de tempo que se dedicava ao seu trabalho ou a outras atividades?	1	2
b) Realizou menos tarefas do que você gostaria?	1	2
c) Esteve limitado no seu tipo de trabalho ou a outras atividades.	1	2
d) Teve dificuldade de fazer seu trabalho ou outras atividades (p. ex. necessitou de um esforço extra).	1	2

(continua)

(Quadro 4.11 – continuação)

Itens

5 – Durante as últimas 4 semanas, você teve algum dos seguintes problemas com seu trabalho ou outra atividade regular diária, como consequência de algum problema emocional (como se sentir deprimido ou ansioso)?

	Sim	Não
a) Você diminui a quantidade de tempo que se dedicava ao seu trabalho ou a outras atividades?	1	2
b) Realizou menos tarefas do que você gostaria?	1	2
c) Não realizou ou fez qualquer das atividades com tanto cuidado como geralmente faz.	1	2

6 – Durante as últimas 4 semanas, de que maneira sua saúde física ou problemas emocionais interferiram nas suas atividades sociais normais, em relação à família, amigos ou em grupo?

De forma nenhuma	Ligeiramente	Moderadamente	Bastante	Extremamente
1	2	3	4	5

7 – Quanta dor no corpo você teve durante as últimas 4 semanas?

Nenhuma	Muito leve	Leve	Moderada	Grave	Muito grave
1	2	3	4	5	6

8 – Durante as últimas 4 semanas, quanto a dor interferiu com seu trabalho normal (incluindo o trabalho dentro de casa)?

De maneira alguma	Um pouco	Moderadamente	Bastante	Extremamente
1	2	3	4	5

9 – Estas questões são sobre como você se sente e como tudo tem acontecido com você durante as últimas 4 semanas. Para cada questão, por favor, marque uma resposta que mais se aproxime com a maneira como você se sente, em relação às últimas 4 semanas.

	Todo tempo	A maior parte do tempo	Uma boa parte do tempo	Alguma parte do tempo	Uma pequena parte do tempo	Nunca
a) Quanto tempo você tem se sentindo cheio de vigor, de vontade, de força?	1	2	3	4	5	6
e) Quanto tempo você tem se sentido com muita energia?	1	2	3	4	5	6
g) Quanto tempo você tem se sentido esgotado?	1	2	3	4	5	6
i) Quanto tempo você tem se sentido cansado?	1	2	3	4	5	6

(continua)

(Quadro 4.11 – conclusão)

Itens					
10 – Durante as últimas 4 semanas, quanto de seu tempo a sua saúde física ou problemas emocionais interferiram com as suas atividades sociais (como visitar amigos, parentes etc)?					
Todo tempo	A maior parte do tempo	Alguma parte do tempo	Uma pequena parte do tempo	Nenhuma parte do tempo	
1	2	3	4	5	
11- O quanto verdadeiro ou falso é cada uma das afirmações para você?					
	Definitivamente verdadeiro	A maioria das vezes verdadeiro	Não sei	A maioria das vezes falso	Definitivamente falso
a) Eu costumo adoecer um pouco mais facilmente que as outras pessoas	1	2	3	4	5
b) Eu sou tão saudável quanto qualquer pessoa que eu conheço	1	2	3	4	5
c) Eu acho que a minha saúde vai piorar	1	2	3	4	5
d) Minha saúde é excelente	1	2	3	4	5

Fonte: Adaptado de UFPR, 2013.

Cabe destacarmos que o item 2 do instrumento não pertence a nenhum domínio, entretanto permite avaliar o estado geral de saúde do indivíduo e comparar com medições anteriores.

Quadro 4.12 – Item 2 do questionário de qualidade de vida SF-36

2. Comparada a um ano atrás, como você classificaria sua idade em geral, agora?				
Muito melhor	Um pouco melhor	Quase a mesma	Um pouco pior	Muito pior
1	2	3	4	5

Fonte: Adaptado de UFPR, 2013.

No questionário, as questões são transformadas em domínios e, para cada domínio, existe um cálculo diferente que varia de 0 (zero) a 100 (cem), no qual o 0 corresponde ao pior estado geral de saúde e o 100 corresponde ao melhor estado de saúde.

4.5.2 Instrumentos específicos

Os instrumentos específicos mensuram com profundidade um aspecto singular da qualidade de vida. Embora existam diversos instrumentos específicos para a medição da QVT, selecionamos os mais recorrentes na literatura da área.

4.5.2.1 Qualidade de vida profissional 35

O instrumento denominado *qualidade de vida profissional 35* (QVP-35) foi construído por Cabezas-Peña (1999), com versão brasileira validada por Guimarães et al. (2004), sendo composto por 8 dimensões e 35 itens, a saber:

- Desconforto relacionado ao trabalho: 5 itens (1-2-3-4-5)
- Apoio organizacional: 10 itens (6-7-8-9-10-11-12-13-14-15)
- Carga de trabalho: 5 itens (16-17-18-19-20)
- Recursos relacionados ao trabalho: 4 itens (21-22-23-24)
- Apoio social: 3 itens (25-25-27)
- Motivação intrínseca: 4 itens (28-29-30-31)
- Capacitação para realização do trabalho: 3 itens (32-33-34)
- Percepção sobre a qualidade de vida geral no trabalho: 1 item (35)

Os itens são medidos em uma escala crescente de 1 a 10, na qual 1 é "nada" e 10 é "muito", tendo por critério norteador das respostas a ocorrência relacionada ao trabalho nos últimos seis meses, conforme você poderá verificar no Quadro 4.13.

Quadro 4.13 – **Questionário de QVP-35**

QUESTIONÁRIO DE QUALIDADE DE VIDA PROFISSIONAL (QVP-35)	
Assinale com um X o valor de 1 (nada) a 10 (muito) que melhor indique a ocorrência relacionada à sua vida no trabalho nos últimos 6 meses	
1. Interrupções incômodas	1 2 3 4 5 6 7 8 9 10
2. Consequências negativas para a saúde	1 2 3 4 5 6 7 8 9 10
3. Falta de tempo para a vida pessoal	1 2 3 4 5 6 7 8 9 10
4. Desconforto físico no trabalho	1 2 3 4 5 6 7 8 9 10
5. Conflitos com outras pessoas	1 2 3 4 5 6 7 8 9 10
6. Trabalho diversificado	1 2 3 4 5 6 7 8 9 10

(continua)

(Quadro 4.13 – conclusão)

7.	Possibilidade de expressar o que penso e preciso	1 2 3 4 5 6 7 8 9 10
8.	Apoio de meus superiores	1 2 3 4 5 6 7 8 9 10
9.	Possibilidade de que minhas propostas sejam ouvidas e aplicadas	1 2 3 4 5 6 7 8 9 10
10.	Satisfação com o salário	1 2 3 4 5 6 7 8 9 10
11.	Possibilidade de ser criativo(a)	1 2 3 4 5 6 7 8 9 10
12.	A empresa se preocupa em melhoras minha qualidade de vida	1 2 3 4 5 6 7 8 9 10
13.	Reconhecimento de meu esforço	1 2 3 4 5 6 7 8 9 10
14.	Recebo informações sobre os resultados do meu trabalho	1 2 3 4 5 6 7 8 9 10
15.	Possibilidade de promoção	1 2 3 4 5 6 7 8 9 10
16.	Quantidade de trabalho	1 2 3 4 5 6 7 8 9 10
17.	Estresse (esforço emocional)	1 2 3 4 5 6 7 8 9 10
18.	Rapidez e "afobação"	1 2 3 4 5 6 7 8 9 10
19.	Pressão recebida para realizar meu trabalho	1 2 3 4 5 6 7 8 9 10
20.	Pressão recebida para manter a qualidade do trabalho	1 2 3 4 5 6 7 8 9 10
21.	Meu trabalho é importante para a vida de outras pessoas	1 2 3 4 5 6 7 8 9 10
22.	Carga de responsabilidade	1 2 3 4 5 6 7 8 9 10
23.	O que tenho que fazer fica claro	1 2 3 4 5 6 7 8 9 10
24.	Autonomia ou liberdade de decisão	1 2 3 4 5 6 7 8 9 10
25.	Apoio de minha família	1 2 3 4 5 6 7 8 9 10
26.	Apoio de meus colegas	1 2 3 4 5 6 7 8 9 10
27.	Apoio de meus subordinados (só para coordenadores)	1 2 3 4 5 6 7 8 9 10
28.	Vontade de ser criativo (a)	1 2 3 4 5 6 7 8 9 10
29.	Orgulho do trabalho	1 2 3 4 5 6 7 8 9 10
30.	Motivação (vontade de melhorar no trabalho)	1 2 3 4 5 6 7 8 9 10
31.	Satisfação com o trabalho	1 2 3 4 5 6 7 8 9 10
32.	Estou capacitado(a) para realizar meu trabalho	1 2 3 4 5 6 7 8 9 10
33.	Exige-se capacitação para realizar meu trabalho	1 2 3 4 5 6 7 8 9 10
34.	Desligo-me ao final da jornada de trabalho	1 2 3 4 5 6 7 8 9 10
35.	Percepção sobre a Qualidade de Vida no Trabalho	1 2 3 4 5 6 7 8 9 10

Fonte: Adaptado de Guimarães et al., 2004, citados por Oliveira, 2013, p. 108.

Depois de aplicado o questionário, são gerados relatórios que permitem a avaliação dos resultados, considerando as respostas positivas e negativas, de forma a identificar as áreas que demandam intervenções.

4.5.2.2 Inventário de sintomas de *stress* para adultos, de Lipp (ISSL)

O inventário de sintomas de *stress* para adultos (ISSL) foi padronizado pela pesquisadora brasileira Marilda Lipp, do laboratório de estudos psico-fisiológicos do estresse, de Campinas. Para elaborar esse instrumento, a pesquisadora tomou como base o modelo trifásico do estresse, denominado *síndrome geral de adaptação*, desenvolvido por Selye, que contempla as fases de alarme, resistência e exaustão. É indicado para auxiliar na identificação de quadros característicos do estresse, possibilitando o diagnóstico do estresse em adultos, bem como a fase em que a pessoa se encontra (Lipp, 2000).

A aplicação do ISSL leva aproximadamente 10 minutos e pode ser realizada individualmente ou em grupos de até 20 pessoas. O instrumento é formado por três quadros referentes às fases do estresse:

1. O primeiro quadro é composto de 15 itens e se refere aos sintomas físicos ou psicológicos que a pessoa tenha experimentado nas últimas 24 horas.
2. O segundo quadro, composto de 10 sintomas físicos e 5 psicológicos, está relacionado aos sintomas experimentados na última semana.
3. E o terceiro quadro, composto de 12 sintomas físicos e 11 psicológicos, refere-se a sintomas experimentados no último mês. Alguns dos sintomas que aparecem no quadro 1 voltam a aparecer no quadro 3, mas com intensidade diferente.

No total, o ISSL apresenta 37 itens de natureza somática e 19 de caráter psicológico, sendo os sintomas muitas vezes repetidos, diferindo somente em sua intensidade e seriedade (Lipp, 2000).

Quadro 4.14 – **Inventário ISSL**

QUADRO 1
A) Marque com **F1** os sintomas que tem experimentado nas últimas 24 horas
Mãos (pés) frios
Boca seca
Nó no estômago
Aumento de sudorese
Tensão muscular
Aperto da mandíbula/ranger de dentes
Diarreia passageira
Insônia
Taquicardia
Hiperventilação
Hipertensão arterial
Mudança de apetite
Some 1 ponto para cada F1 que assinalou: Total F1
B) Marque com **P1** os sintomas que tem experimentado nas últimas 24 horas
Aumento súbito de motivação
Entusiasmo súbito
Vontade súbita de iniciar novos projetos
Some 1 ponto para cada P1 que assinalou: Total P1
QUADRO 2
A) Marque com **F2** os sintomas que tem experimentado na última semana
Problemas com a memória
Mal-estar generalizado sem causa específica
Formigamento das extremidades
Sensação de desgaste físico constante
Mudança de apetite
Aparecimento de problemas dermatológicos
Hipertensão arterial
Cansaço constante
Aparecimento de úlcera
Tontura/sensação de estar flutuando
Some 1 ponto para cada F2 que assinalou: Total F2

(continua)

(Quadro 4.14 – continuação)

B) Marque com **P2** os sintomas que tem experimentado na última semana
Sensibilidade emotiva excessiva
Dúvida quanto a si próprio
Pensar constantemente em um só assunto
Irritabilidade excessiva
Diminuição da libido
Some 1 ponto para cada P2 que assinalou: Total P2
QUADRO 3
A) Marque com **F3** os sintomas que tem experimentado no último mês
Diarreia frequente
Dificuldades sexuais
Insônia
Náuseas
Tiques
Hipertensão arterial continuada
Problemas dermatológicos prolongados
Mudança extrema de apetite
Excesso de gases
Tontura frequente
Úlcera
Infarto
Some 1 ponto para cada F3 que assinalou: Total F3
B) Marque com **P3** os sintomas que tem experimentado no último mês
Impossibilidade de trabalhar
Pesadelos
Sensação de incompetência em todas as áreas
Vontade de fugir de tudo
Apatia, depressão ou raiva prolongada
Cansaço excessivo
Pensar/falar constantemente em um só assunto
Irritabilidade sem causa aparente
Angústia/ansiedade diária

(Quadro 4.14 – conclusão)

Hipersensibilidade emotiva
Perda do senso de humor
Some 1 ponto para cada P3 que assinalou: Total P3
Fonte: Elaborado com base em Lipp, 2000, citada por Orlandino, 2008, p. 55-59.

O resultado é obtido com base na soma dos itens, conforme podemos analisar no Quadro 4.15.

Quadro 4.15 – **Avaliação**

Avaliação	Sintomas físicos	Sintomas psicológicos
A)	F1 ( )	P1 ( )
B)	F2 ( )	P2 ( )
C)	F3 ( )	P3 ( )
TOTAL	F ( )	P ( )
LINHA A – Sintomas F (físicos) e P (psicológicos) da fase do alerta		
LINHA B – Sintomas F (físicos) e P (psicológicos) da fase de resistência		
LINHA C – Sintomas F (físicos) e P (psicológicos) da fase de quase exaustão		

Fonte: Elaborado com base em Lipp, 2000, citada por Orlandino, 2008.

Com base nas informações obtidas pela aplicação do instrumento, são gerados relatórios que possibilitam a identificação dos pontos críticos e a elaboração de ações para tratar o estresse na organização. Cabe ressaltarmos que o teste completo só pode ser aplicado por psicólogos credenciados.

4.5.2.3 Potencial motivador do trabalho

O instrumento chamado *potencial motivador do trabalho*, fundamentado no modelo de Hackman e Oldhan, é composto por 15 itens, divididos em duas seções, que avaliam cinco dimensões:

> **Variedade da tarefa**: o quanto um emprego requer variedade atividades na execução do trabalho, utilização de diferentes habilidades e talentos do trabalhador;

Identidade da tarefa: o quanto é exigido que os trabalhadores realizem atividades completas, isto é, atividades que possuem um início e um fim lógico;

Significância da tarefa: o quanto o resultado de um emprego impacta na vida ou no trabalho de outras pessoas, tanto na própria organização ou externamente a esta;

Autonomia: o quanto um trabalho fornece liberdade, independência e privacidade, de forma que o trabalhador possa programar o seu trabalho e determinar os procedimentos que serão empregados para realizá-lo;

Feedback: grau com o qual a execução das atividades laborais proporcionam ao trabalhador a retroação de informações precisas e claras sobre o seu desempenho no trabalho. (Pedroso et al., 2010, p. 677)

O instrumento é divido em duas seções. Veja, no Quadro 4.16, as dimensões presentes na seção 1, sendo uma para cada dimensão:

Quadro 4.16 – **Instrumento motivador do trabalho – Seção 1**

SEÇÃO 1
Q1) Qual é o nível de autonomia existente no seu trabalho? Isso é, até que ponto lhe é permitido decidir a maneira de realizar suas tarefas?
Q2) O quanto você desenvolve em seu trabalho atividades do início ao fim? Isso é, uma atividade que possui início e fim óbvio? Ou é apenas uma etapa de uma atividade, finalizada por outras pessoas ou máquinas?
Q3) Qual o nível de variedade presente no seu trabalho? Isso é, até que ponto o trabalho lhe exige realizar tarefas diferentes, que requerem habilidades distintas?
Q4) De um modo geral, o quão significante ou importante é o seu trabalho? Isso é, o resultado do seu trabalho influencia na vida ou no bem-estar de outras pessoas?
Q5) O quanto você recebe informações sobre o seu desempenho no trabalho? Isso é, você tem conhecimento se o seu trabalho tem sido bem executado através de algum *"feedback"* que colegas de trabalho ou supervisores fornecem?

Fonte: Hackman; Oldham, 1974, adaptado por Pedroso et al., 2010, p. 679.

A seção 2 apresenta afirmações que avaliam as cinco dimensões, conforme Quadro 4.17.

Quadro 4.17 – **Instrumento motivador do trabalho – Seção 2**

SEÇÃO 2
Q6) Meu trabalho exige que eu utilize diversas habilidades complexas ou de alto-nível [sic].
Q7) *Meu trabalho é organizado de forma a não me possibilitar a realização de atividades completas, do início ao fim.*
Q8) O simples fato de realizar o trabalho me proporciona muitas chances para compreender o quão bem eu o venho fazendo.
Q9) *O trabalho é bastante extenso e repetitivo.*
Q10) A qualidade com a qual realizo o meu trabalho pode afetar muitas pessoas.
Q11) *Em meu trabalho não tenho nenhuma oportunidade de tomar iniciativas ou decisões.*
Q12) Em meu trabalho tenho a oportunidade de terminar as atividades que iniciei.
Q13) *Meu trabalho fornece poucas informações sobre o desempenho com o qual eu o realizo.*
Q14) Em meu trabalho possuo independência e liberdade para realizá-lo da forma que eu preferir.
Q15) *Meu trabalho em si não é muito importante ou significante para a empresa de forma global.*

Fonte: Hackman; Oldham, 1974, adaptado por Pedroso et al., 2010, p. 680, grifo do original.

No boxe a seguir, apresentamos o instrumento para a coleta de dados, ainda com base em Pedroso et al. (2010).

SEÇÃO 1

Nesta seção, você deve descrever o seu trabalho da forma mais objetiva possível. Não a utilize para expressar o quanto você gosta ou não gosta do seu emprego. Procure descrever seu trabalho da forma mais precisa e objetiva que você conseguir.

Circule o número que corresponde à opção que melhor descreve o seu trabalho:

1. Qual é o nível de autonomia existente em seu trabalho? Isto é, até que ponto lhe é permitido decidir a maneira de realizar suas tarefas?

   1 ----------- 2 ----------- 3 ----------- 4 ----------- 5 ----------- 6 ----------- 7

   Muito pouca autonomia: meu trabalho não me permite decidir como e quando realizar as tarefas.

   Autonomia moderada: muitos aspectos são padronizados e não estão sob meu controle, mas eu posso tomar algumas decisões.

   Muita autonomia: meu trabalho me permite total responsabilidade para decidir como e quando fazê-lo.

2. Você desenvolve em seu trabalho atividades do início ao fim? Ou apenas uma das etapas, de uma atividade finalizada por outras pessoas ou máquinas?

   1 ----------- 2 ----------- 3 ----------- 4 ----------- 5 ----------- 6 ----------- 7

   Meu trabalho é somente uma pequena parte do trabalho global: o resultado das minhas atividades não pode ser visto no serviço ou produto final.

   Meu trabalho é uma parcela moderada do trabalho global: minha contribuição pode ser vista no resultado final.

   Meu trabalho envolve terminar todas as atividades que iniciei: os resultados das minhas atividades são facilmente vistos no serviço ou produto final.

3. Qual o nível de variedade presente em seu trabalho? Isto é, até que ponto o trabalho lhe exige realizar tarefas diferentes, que requerem habilidades distintas?

   1 ----------- 2 ----------- 3 ----------- 4 ----------- 5 ----------- 6 ----------- 7

   Muito pouca variedade: o trabalho requer que eu faça as mesmas atividades rotineiras inúmeras vezes.

   Variedade moderada.

   Muita variedade: o trabalho requer que eu faça muitas atividades diferentes, usando várias habilidades e talentos distintos.

4. De um modo geral, o quão significativo ou importante é o seu trabalho? Isto é, o resultado do seu trabalho influencia na vida ou no bem-estar de outras pessoas?

   1 ----------- 2 ----------- 3 ----------- 4 ----------- 5 ----------- 6 ----------- 7

   Não muito significativo: os resultados de meu trabalho não aparentam influenciar outras pessoas.

   Moderadamente significativo.

   Altamente significativo: os resultados de meu trabalho podem influenciar outras pessoas de diversas maneiras.

5. Você recebe informações sobre o seu desempenho no trabalho, através de colegas ou supervisores?

   1 ----------- 2 ----------- 3 ----------- 4 ----------- 5 ----------- 6 ----------- 7

   Muito pouco: o trabalho é organizado de forma que eu jamais descubro o meu desempenho.

   Moderadamente: algumas vezes recebo *feedback*, outras vezes não.

   Muito: o trabalho é organizado de forma que constantemente eu obtenho *feedback* sobre o meu desempenho.

SEÇÃO 2

Nesta seção, você deve indicar como você se sente em relação ao seu trabalho. Cada uma das afirmações a seguir diz respeito a alguma característica do seu trabalho. Você deve indicar seu sentimento pessoal sobre os aspectos do seu trabalho, assinalando o quanto você concorda com cada uma das afirmações.

Circule o número que corresponde à quão correta, com relação à descrição do seu trabalho, você considera cada uma das afirmações:

6. Meu trabalho exige que eu utilize diversas habilidades complexas ou de alto-nível.

   1 ----------- 2 ----------- 3 ----------- 4 ----------- 5 ----------- 6 ----------- 7

   Muito   Geralmente Ligeiramente Indeciso Ligeiramente Geralmente Muito correta
   incorreta incorreta   incorreta   correta   correta

7. Meu trabalho é organizado de forma a não me possibilitar a realização de atividades completas, do início ao fim.

   1 ----------- 2 ----------- 3 ----------- 4 ----------- 5 ----------- 6 ----------- 7

   Muito   Geralmente Ligeiramente Indeciso Ligeiramente Geralmente Muito correta
   incorreta incorreta   incorreta   correta   correta

8. O trabalho que executo oportuniza-me avaliar meu desempenho.

   1 ----------- 2 ----------- 3 ----------- 4 ----------- 5 ----------- 6 ----------- 7

   Muito   Geralmente Ligeiramente Indeciso Ligeiramente Geralmente Muito correta
   incorreta incorreta   incorreta   correta   correta

9. O trabalho é bastante extenso e repetitivo.

   1 ----------- 2 ----------- 3 ----------- 4 ----------- 5 ----------- 6 ----------- 7

   Muito   Geralmente Ligeiramente Indeciso Ligeiramente Geralmente Muito correta
   incorreta incorreta   incorreta   correta   correta

10. A qualidade com que realizo o meu trabalho pode afetar muitas pessoas.

    1 ----------- 2 ----------- 3 ----------- 4 ----------- 5 ----------- 6 ----------- 7

    Muito   Geralmente Ligeiramente Indeciso Ligeiramente Geralmente Muito correta
    incorreta incorreta   incorreta   correta   correta

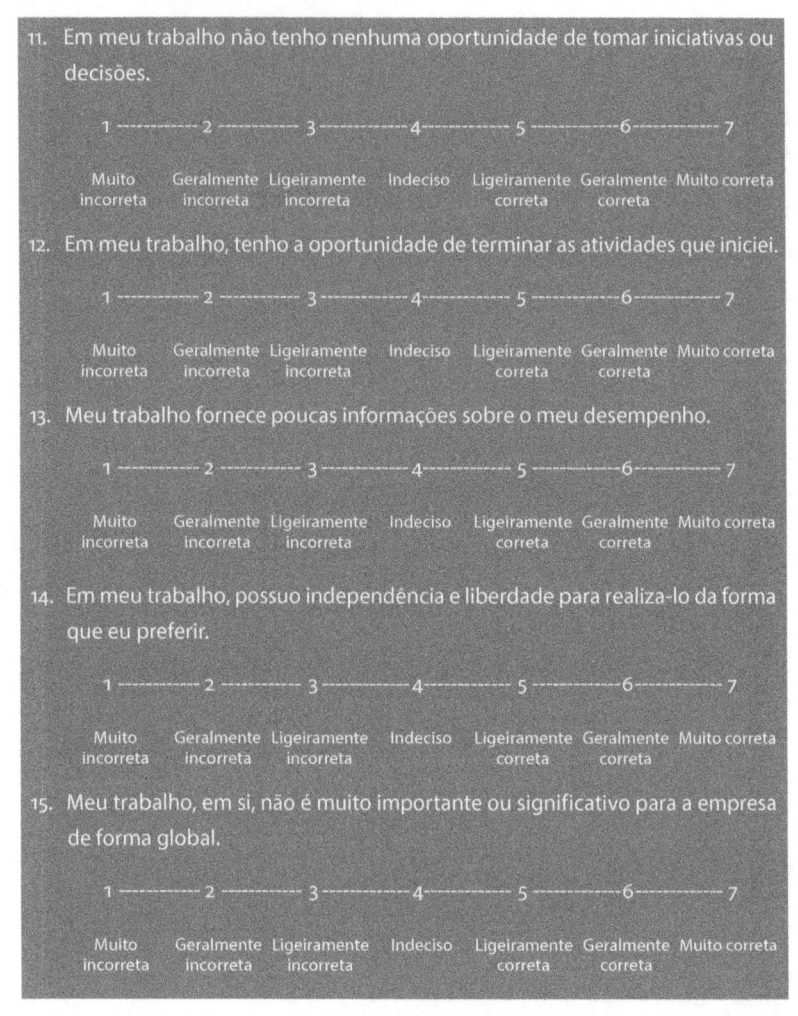

11. Em meu trabalho não tenho nenhuma oportunidade de tomar iniciativas ou decisões.

    1 ----------- 2 ----------- 3 ----------- 4 ----------- 5 ----------- 6 ----------- 7

    Muito incorreta | Geralmente incorreta | Ligeiramente incorreta | Indeciso | Ligeiramente correta | Geralmente correta | Muito correta

12. Em meu trabalho, tenho a oportunidade de terminar as atividades que iniciei.

    1 ----------- 2 ----------- 3 ----------- 4 ----------- 5 ----------- 6 ----------- 7

    Muito incorreta | Geralmente incorreta | Ligeiramente incorreta | Indeciso | Ligeiramente correta | Geralmente correta | Muito correta

13. Meu trabalho fornece poucas informações sobre o meu desempenho.

    1 ----------- 2 ----------- 3 ----------- 4 ----------- 5 ----------- 6 ----------- 7

    Muito incorreta | Geralmente incorreta | Ligeiramente incorreta | Indeciso | Ligeiramente correta | Geralmente correta | Muito correta

14. Em meu trabalho, possuo independência e liberdade para realiza-lo da forma que eu preferir.

    1 ----------- 2 ----------- 3 ----------- 4 ----------- 5 ----------- 6 ----------- 7

    Muito incorreta | Geralmente incorreta | Ligeiramente incorreta | Indeciso | Ligeiramente correta | Geralmente correta | Muito correta

15. Meu trabalho, em si, não é muito importante ou significativo para a empresa de forma global.

    1 ----------- 2 ----------- 3 ----------- 4 ----------- 5 ----------- 6 ----------- 7

    Muito incorreta | Geralmente incorreta | Ligeiramente incorreta | Indeciso | Ligeiramente correta | Geralmente correta | Muito correta

Fonte: Pedroso et al., 2010, p. 693-697, grifos do original.

De acordo com Pedroso et al. (2010, p. 680) as questões que compõem cada dimensão são:

- Variedade da tarefa: Q3, Q6 e Q9.
- Identidade da tarefa: Q2, Q7 e Q12;
- Significância da tarefa: Q4, Q10 e Q15;

- Autonomia: Q1, Q11 e Q14.
- *Feedback*: Q5, Q8 e Q13.

Após o questionário ser aplicado, são gerados relatórios que permitem avaliar os resultados de cada dimensão e apontar para as ações necessárias em QVT.

4.5.2.4 Índice de capacidade para o trabalho (ICT)

O índice de capacidade para o trabalho (ICT) é um instrumento que avalia a percepção que o trabalhador tem acerca de suas condições para executar o trabalho no momento presente ou em um futuro próximo, em função das exigências das tarefas, de seu estado de saúde e de suas capacidades física e mental.

Esse instrumento foi desenvolvido no contexto de envelhecimento da população mundial, na perspectiva de promover melhorias na qualidade do trabalho, na qualidade de vida e bem-estar das pessoas.

O questionário ICT foi elaborado pelo Instituto de Saúde Ocupacional da Finlândia, traduzido para o português e testado por um grupo multidisciplinar de pesquisadores (Fischer, 2005). É realizado por meio de questionário que investiga sete dimensões:

1. capacidade para o trabalho comparada com a melhor de toda a vida;
2. capacidade para o trabalho em relação a exigências físicas;
3. número de doenças atuais diagnosticadas pelo médico;
4. perda estimada para o trabalho por causa de doenças;
5. faltas ao trabalho por doenças nos últimos 12 meses;
6. prognóstico próprio da capacidade para o trabalho daqui a 2 anos;
7. recursos mentais.

A coleta dos dados é realizada a partir da aplicação do questionário, apresentada no boxe a seguir.

1. **CAPACIDADE DE TRABALHO ATUAL COMPARADA COM O SEU MELHOR**
   Assuma que a sua melhor capacidade para o trabalho tem um valor de 10 pontos. Que pontuação dá à sua capacidade para o trabalho atual?

1	2	3	4	5	6	7	8	9	10

   Incapacidade total   Capacidade máxima

2. **CAPACIDADE DE TRABALHO EM RELAÇÃO ÀS EXIGÊNCIAS DA ATIVIDADE**
   Como avalia a sua atual capacidade para o trabalho relativamente às exigências físicas?
   Muito boa 5
   Boa 4
   Moderada 3
   Fraca 2
   Muito fraca 1

   Como avalia a sua atual capacidade para o trabalho relativamente às exigências mentais?
   Muito boa 5
   Boa 4
   Moderada 3
   Fraca 2
   Muito fraca 1

3. **DOENÇAS ATUAIS**
   Na lista seguinte assinale as suas doenças ou lesões. Indique também se foram **diagnosticadas ou tratadas** por um médico.
   Para cada doença, em caso afirmativo pode assinalar 2 ou 1, ou na ausência de doença, não assinale nenhuma alternativa.

	Sim	
	Opinião própria (2)	Diagnóstico médico (1)
Lesão resultante de acidente		
01 Coluna/costas	2	1
02 Membro superior/mão	2	1
03 Membro inferior/pé	2	1
04 Outras partes do corpo	2	1
Zona e tipo de lesão? _____		

Lesão Músculo-Esquelética

05 Perturbação na parte superior das costas/pescoço, com dor frequente	2	1
06 Perturbação na parte inferior das costas/coluna lombar, com dor frequente	2	1
07 Ciática, dor das costas para a perna	2	1
08 Perturbação dos membros superiores ou inferiores (mãos/pés), com dor frequente	2	1
09 Reumatismo, dor nas articulações	2	1
10 Outra perturbação músculo-esquelética Qual? _____	2	1

Doença no Aparelho Circulatório

11 Hipertensão (tensão arterial alta)	2	1
12 Doença coronária, fadiga, dor no peito (angina de peito)	2	1
13 Trombose coronária, enfarte do miocárdio	2	1
14 Insuficiência cardíaca	2	1
15 Outra doença cardiovascular Qual? _____	2	1

Doença Respiratória

16 Infecções repetidas nas vias respiratórias (amigdalite, sinusite aguda, bronquite aguda)	2	1
17 Bronquite crônica	2	1
18 Sinusite/rinite crônica	2	1
19 Asma	2	1
20 Enfisema pulmonar	2	1
21 Tuberculose pulmonar	2	1
22 Outra doença respiratória Qual? _____	2	1

Perturbação Mental

23 Problema de saúde mental grave (por exemplo, depressão grave)	2	1
24 Perturbação mental ligeira (por ex: depressão ligeira, nervosismo, ansiedade, problemas de sono)	2	1

Doença Neurológica e Sensorial

25	Doença ou lesão auditiva	2	1
26	Doença ou lesão dos olhos (não considere a miopia, astigmatismo)	2	1
27	Doença do sistema nervoso (por exemplo, AVC ou trombose, nevralgia, enxaquecas, epilepsia)	2	1
28	Outra doença do sistema nervoso ou dos órgãos dos sentidos Qual?_____	2	1

Doença Digestiva

29	Litíase (pedra) ou doença da vesícula	2	1
30	Doença do fígado ou pâncreas	2	1
31	Úlcera gástrica ou duodenal	2	1
32	Desconforto/irritação gástrica ou duodenal	2	1
33	Irritação do cólon ou colite	2	1
34	Outra doença digestiva Qual?_____	2	1

Doença Uro-Genital

35	Infecção urinária	2	1
37	Doença do aparelho reprodutor (por ex: infecção da próstata nos homens e dos ovários ou útero nas mulheres)	2	1
37	Doença do aparelho reprodutor (por ex: infecção da próstata nos homens e dos ovários ou útero nas mulheres)	2	1
38	Outra doença uro-genital Qual?_____	2	1

Doença Dermatológica

39	Alergia/eczema	2	1
40	Outro tipo de irritação da pele Qual?_____	2	1
41	Outro tipo de doença da pele Qual?_____	2	1

Tumor

42 Tumor benigno	2	1
43 Tumor maligno (cancro) Em que zona do corpo?	2	1

Doença Endócrina e Metabólica

44 Obesidade	2	1
45 Diabetes	2	1
46 Bócio ou outra doença da tireoide	2	1
47 Outra doença hormonal ou metabólica Qual?____	2	1

Doença no Sangue

48 Anemia	2	1
49 Outra doença no sangue Qual?____	2	1

Deficiência Congênita

50 Deficiência congênita Qual?____	2	1

Outro Problema ou Doença

51 Outro problema ou doença Qual?____	2	1

4. **ESTIMATIVA OU GRAU DE INCAPACIDADE PARA O TRABALHO DEVIDO A DOENÇA(S)**
Considera a sua doença ou lesão uma limitação para o seu trabalho atual?
(Assinale uma ou mais alternativas)

Não tenho limitações/não tenho nenhuma doença	6
Sou capaz de realizar o meu trabalho, mas provoca-me alguns sintomas	5
Algumas vezes tenho que abrandar o ritmo do meu trabalho ou alterar o modo de trabalhar	4
Frequentemente tenho que abrandar o ritmo do meu trabalho ou alterar o modo de trabalhar	3
Devido à minha doença, sinto-me capaz de trabalhar apenas em tempo parcial	2
Na minha opinião, estou completamente incapaz para trabalhar	1

5. ABSENTEÍSMO DURANTE O ÚLTIMO ANO
Quantos dias completos faltou ao trabalho devido a problemas de saúde (doença ou exames) durante o último ano (12 meses)?

Nenhum dia	5
No máximo 9 dias	4
10-24 dias	3
25-99 dias	2
100-365 dias	1

6. PROGNÓSTICO DA CAPACIDADE DE TRABALHO PARA DAQUI A DOIS ANOS
Considerando o seu presente estado de saúde, será capaz de realizar a sua atividade de trabalho atual daqui a dois anos?

Improvável	1
Talvez	4
Quase certeza	7

7. RECURSOS PSICOLÓGICOS
Nos últimos tempos, tem conseguido apreciar as suas atividades habituais do dia a dia?

Sempre	4
Frequentemente	3
Algumas vezes	2
Raramente	1
Nunca	0

Nos últimos tempos, tem-se sentido ativo(a)?

Sempre	4
Frequentemente	3
Algumas vezes	2
Raramente	1
Nunca	0

Nos últimos tempos, tem-se sentido otimista em relação ao futuro?

Sempre	4
Frequentemente	3
Algumas vezes	2
Raramente	1
Nunca	0

Fonte: Costa, 2009, p. 9-11, grifos do original.

A análise possibilitada pelo ICT permite detectar alterações, predizer a incidência de incapacidade precoce e orientar ações preventivas para a manutenção da saúde e do bem-estar do trabalhador.

4.5.2.5 Questionário internacional de atividade física (Ipaq)

O Questionário Internacional de Atividade Física (Ipaq) foi originalmente desenvolvido pela OMS, em 1998, com a finalidade de estimar o nível de prática habitual de atividade física de populações de diferentes países, e é dividido em cinco sessões:

1. atividade física no trabalho;
2. atividade física como meio de transporte;
3. atividade física em casa: trabalho, tarefas domésticas e cuidados com a família;
4. atividade física de recreação, esporte, exercício e lazer;
5. tempo gasto sentado.

No boxe a seguir, apresentamos o questionário para coleta das informações sobre atividade física.

QUESTIONÁRIO INTERNACIONAL DE ATIVIDADE FÍSICA – VERSÃO CURTA

Nome: _____

Data: ____ / ____ / ____   **Idade :** _____   **Sexo: F ( )   M ( )**

Nós estamos interessados em saber que tipos de atividade física as pessoas fazem como parte do seu dia a dia. Este projeto faz parte de um grande estudo que está sendo feito em diferentes países ao redor do mundo. Suas respostas nos ajudarão a entender que tão ativos nós somos em relação à pessoas de outros países. As perguntas estão relacionadas ao tempo que você gasta fazendo atividade física na **ÚLTIMA** semana. As perguntas incluem as atividades que você faz no trabalho, para ir de um lugar a outro, por lazer, por esporte, por exercício ou como parte das suas atividades em casa ou no jardim. Suas respostas são MUITO importantes. Por favor responda cada questão mesmo que considere que não seja ativo. Obrigado pela sua participação!

> Para responder as questões lembre que:
> - atividades físicas VIGOROSAS são aquelas que precisam de um grande esforço físico e que fazem respirar MUITO mais forte que o normal.
> - atividades físicas MODERADAS são aquelas que precisam de algum esforço físico e que fazem respirar UM POUCO mais forte que o normal.

Para responder as perguntas pense somente nas atividades que você realiza por **pelo menos 10 minutos contínuos** de cada vez.

1a Em quantos dias da última semana você **CAMINHOU** por pelo menos 10 minutos contínuos em casa ou no trabalho, como forma de transporte para ir de um lugar para outro, por lazer, por prazer ou como forma de exercício?
Dias _____ por **SEMANA**   ( ) Nenhum

1b Nos dias em que você caminhou por pelo menos 10 minutos contínuos quanto tempo no total você gastou caminhando **por dia**?
Horas: _____ Minutos: _____

2a Em quantos dias da última semana, você realizou atividades **MODERADAS** por pelo menos 10 minutos contínuos, como por exemplo pedalar leve na bicicleta, nadar, dançar, fazer ginástica aeróbica leve, jogar vôlei recreativo, carregar pesos leves, fazer serviços domésticos na casa, no quintal ou no jardim como varrer, aspirar, cuidar do jardim, ou qualquer atividade que fez aumentar **moderadamente** sua respiração ou batimentos do coração (**POR FAVOR NÃO INCLUA CAMINHADA**)
Dias _____ por **SEMANA**   ( ) Nenhum

2b Nos dias em que você fez essas atividades moderadas por pelo menos 10 minutos contínuos, quanto tempo no total você gastou fazendo essas atividades por dia?
Horas: _____ Minutos: _____

3a Em quantos dias da última semana, você realizou atividades **VIGOROSAS** por pelo menos 10 minutos contínuos, como por exemplo correr, fazer ginástica aeróbica, jogar futebol, pedalar rápido na bicicleta, jogar basquete, fazer serviços domésticos pesados em casa, no quintal ou cavoucar no jardim, carregar pesos elevados ou qualquer atividade que fez aumentar **MUITO** sua respiração ou batimentos do coração.
Dias _____ por **SEMANA**   ( ) Nenhum

3b Nos dias em que você fez essas atividades vigorosas por pelo menos 10 minutos contínuos quanto tempo no total você gastou fazendo essas atividades por dia?
Horas: _____ Minutos: _____

> Estas últimas questões são sobre o tempo que você permanece sentado todo dia, no trabalho, na escola ou faculdade, em casa e durante seu tempo livre. Isto inclui o tempo sentado estudando, sentado enquanto descansa, fazendo lição de casa visitando um amigo, lendo, sentado ou deitado assistindo TV. Não inclua o tempo gasto sentando durante o transporte em ônibus, trem, metrô ou carro.
>
> **4a** Quanto tempo no total você gasta sentado durante um **dia de semana**?
> Horas: _____ Minutos: _____
>
> **4b** Quanto tempo no total você gasta sentado durante em um **dia de final de semana**?
> Horas: _____ Minutos: _____

Fonte: Ipaq, 2016, p. 1-2, grifos do original.

Com base na aplicação do questionário, os resultados obtidos possibilitam a realização do diagnóstico de atividade física dos colaboradores e orienta a definição de estratégias de QVT.

4.5.2.6 *Fagerström Test for Nicotine Dependence* (FTND)

O *Fagerström Test for Nicotine Dependence* (FTND) é um teste amplamente reconhecido e utilizado para detectar nicotina, ou seja, ele avalia nos indivíduos a dependência e a tolerância a essa substância. Por ter alto nível de confiabilidade, é muito usado clinicamente (Carmo; Pueyo, 2002). No boxe a seguir, você poderá analisar o teste.

> **Teste de Fagerström**
>
> 1. Quanto tempo depois de acordar, você fuma seu primeiro cigarro?
>   (3) Nos primeiros 5 minutos   (1) de 31 a 60 minutos
>   (2) de 6 a 30 minutos   (0) mais de 60 minutos
>
> 2. Você acha difícil fumar em lugares proibidos?
>   (1) Sim   (0) Não
>
> 3. Qual o cigarro do dia que traz mais satisfação
>   (1) o 1º da manhã   (0) os outros
>
> 4. Quantos cigarros você fuma por dia?
>   (0) Menos de 10   (2) 21-30
>   (1) 11-20   (3) mais de 31

> 5. Você fuma mais frequentemente pela manhã?
>   (1) Sim   (0) Não
>
> 6. Você fuma mesmo doente, quando precisa ficar acamado a maior parte do tempo?
>   (1) Sim   (0) Não
>
> Total: 0-2 = muito baixa;
>   3-4 = baixa;
>   5 = média;
>   6-7 = elevada;
>   8-10 = muito elevada.

Fonte: Adaptado de Reichert et al., 2008, p. 848.

Os resultados são obtidos com base na somatória dos pontos e indicam o grau de dependência do fumante, possibilitando atuar na conscientização e disponibilização de ações de QVT.

4.5.2.7 *Work Productivity and Activity Impairment-General Health* (WPAI-GH)

O *Work Productivity and Activity Impairment-General Health* (WPAI-GH) é um instrumento que mensura a perda de produtividade devido a problemas de saúde, tendo por base os seguintes escores, de acordo com Ciconelli et al. (1999):

a) absenteísmo: percentual de tempo de trabalho perdido por razões de saúde;
b) presenteísmo: percentual de prejuízo no trabalho por razões de saúde;
c) presenteísmo e absenteísmo: percentual geral de perda de produtividade por razões de saúde;
d) percentual de prejuízo nas atividades diárias fora do trabalho por razões de saúde.

No boxe a seguir, apresentamos a versão brasileira do questionário WPAI-GH:

WPAI (PRODUTIVIDADE E CAPACIDADE DIMINUÍDA NO TRABALHO)
QUESTIONÁRIO DE SAÚDE GERAL

As questões a seguir perguntam a respeito do efeito dos seus problemas de saúde na sua capacidade de trabalhar e realizar atividades regularmente. Por problemas de saúde estamos nos referindo a qualquer problema físico ou emocional ou sintoma.

1. Você está atualmente empregado (trabalho remunerado)?
   (Marque Sim ou Não, se for Não, pule para a questão 6)
   ( ) Sim   ( ) Não

As próximas questões se referem aos últimos sete dias, não incluindo o dia de hoje

2. Durante os últimos sete dias, quantas horas você deixou   Horas
   de trabalhar por causa dos seus problemas de saúde?
   Inclua as horas não trabalhadas quando você esteve doente, chegou atrasado, saiu mais cedo etc., por causa de sua saúde ou problemas digestivos. Não inclua o tempo que você perdeu para participar deste estudo.

   _____

3. Durante os últimos sete dias, quantas horas você deixou de trabalhar por causa de qualquer outra razão, como férias, feriados, tempo livre para participar deste estudo?

   _____

4. Durante os últimos sete dias, quantas horas você trabalhou? Se "0", escreva "0" e pule para a questão 6.

   _____

5. Durante os últimos sete dias, quanto os seus problemas de saúde afetaram a sua produtividade enquanto você estava trabalhando? Pense nos dias que você esteve limitado na quantidade ou tipo de trabalho que você poderia fazer, dias em que você fez menos do que você gostaria, ou dias em que você foi menos cuidadoso do que o normal no seu trabalho. *Se os problemas de saúde afetaram seu trabalho só um pouco, escolha um número baixo. Escolha um número alto se os problemas de saúde afetaram demais o seu trabalho.*

Problemas de saúde não afetaram meu trabalho	0 1 2 3 4 5 6 7 8 9 10 Circule um número	Problemas de saúde me impediram completamente de trabalhar

6. Durante os últimos sete dias, quanto seus problemas de saúde afetaram a sua capacidade de fazer suas atividades regulares diárias, (outras além do trabalho no seu emprego)? Por atividades regulares, queremos dizer atividades comuns que você faz em casa, fazer compras, cuidar das crianças, ginástica, estudo etc. *Pense nas vezes que você esteve limitado na quantidade ou tipo de atividades que você pode fazer e nas vezes que você fez menos do que gostaria. Se os problemas de saúde afetaram suas atividades só um pouco, escolha um número baixo. Escolha um número alto se os problemas de saúde afetaram demais suas atividades.*

Problemas de saúde não afetaram meu trabalho	0 1 2 3 4 5 6 7 8 9 10 Circule um número	Problemas de saúde me impediram completamente de trabalhar

Fonte: Ciconelli et al., citados por Cabeceira, 2015, p. 77, grifos do original.

Com aplicação do instrumento, a organização pode realizar o diagnóstico e atuar para a melhoria da produtividade com a elaboração de ações de QVT.

Fique atento!

Quando o funcionário está fisicamente presente no local do trabalho, mas sem a concentração necessária para o exercício de suas atividades laborais, essa presença é denominada de *presenteísmo*.

Modelos e instrumentos para avaliação da qualidade de vida no trabalho

> O termo ainda não é tão conhecido quanto *absenteísmo*, que é a ausência do colaborador ao trabalho, mas, na prática, ocorre com muita frequência entre os colaboradores. O presenteísmo ocorre em todos os níveis hierárquicos e causa grande influência na produtividade, pois, quando o colaborador falta ao trabalho, o gestor identifica facilmente essa ausência e encontra mecanismos, seja alocando outro colaborador, seja criando um plano para minimizar os efeitos da referida falta do colaborador. No entanto, quando o colaborador está presente em seu posto de trabalho, a situação se torna mais delicada.
>
> O presenteísmo pode ter efeito gerado por diversas causas, tais como o estresse, a ansiedade e outros fatores físicos ou emocionais, podendo ocasionar doenças infecciosas como gripe e sinusite, ou desvios psicoemocionais como depressão, problemas domésticos, mau relacionamento com os chefes e desmotivação.
>
> É importante que o gestor identifique o presenteísmo, uma vez que ele representa uma condição que promove perdas mútuas: para o colaborador, no sentido de ser negligenciada a sua qualidade de vida e, para a organização, a perda significativa de produtividade.

Agora que você conheceu alguns dentre os inúmeros instrumentos para avaliar a QVT, chegou a hora de aprender sobre a implementação dos programas de bem-estar e qualidade de vida no trabalho. Nesse sentido, vale ressaltarmos que conhecer e aplicar instrumentos para avaliação das diversas facetas que impactam a qualidade de vida no trabalho permite elaborar ações fundamentadas na realidade da organização, garantindo eficiência e eficácia destas.

Síntese

Neste capítulo, estudamos as bases para a construção dos indicadores de qualidade de vida no trabalho, que incluem o Índice de Desenvolvimento Humano (IDH), a hierarquia das necessidades de Maslow e a teoria dos dois fatores, de Hersberg, que permitem entender os elementos basilares tanto da qualidade de vida, em geral, quanto da qualidade de vida no trabalho.

Analisamos os modelos de Walton, Westley, Hackman e Oldhan, Belanger e o BPSO-96, que auxiliam na compreensão e construção do conjunto de indicadores a serem adotados para a gestão da qualidade de vida nas organizações.

Por fim, distinguimos os instrumentos genéricos e específicos para a avaliação da qualidade de vida e da QVT, que possibilitam o diagnóstico desse fator e alicerçam as decisões sobre as ações e intervenções que a organização deve tomar no sentido de promover o bem-estar dos colaboradores.

Questões para revisão

1. Como você pôde analisar neste capítulo, existem muitos modelos para a avaliação da QVT. No entanto, um desses modelos investiga a QVT com base nos seguintes domínios: compensação justa e adequada; condições de trabalho; uso e desenvolvimento de capacidades; oportunidade de crescimento e segurança; integração social na organização; constitucionalismo; o trabalho e o espaço total da vida e a relevância social da vida no trabalho. Que modelo é esse?

   a) Modelo de Westley.
   b) Modelo de Belanger.
   c) Modelo de Hackman e Oldham.
   d) Modelo de Walton.
   e) Modelo BPSO-96.

2. Conforme analisamos neste capítulo, a qualidade de vida pode ser aferida por meio de diversos instrumentos – lembrando que, como definição, *instrumento* é uma ferramenta utilizada para coletar os dados desejados. Os instrumentos são divididos em genéricos (que medem a qualidade de vida de maneira geral) e específicos (que focam um aspecto em particular). A seguir, apresentamos alguns dos instrumentos estudados no capítulo. Encontre a alternativa que corresponde à descrição de cada instrumento.

   1) WHOQOL-100
   2) Perfil do estilo de vida individual (Pevi)
   3) Qualidade de vida profissional 35 (QVP-35)
   4) Inventário de sintomas de *stress*
   5) *Work Productivity and Activity Impairment-General Health* (WPAI-GH)

( ) Índice desenvolvido pela Organização Mundial da Saúde que avalia a percepção do indivíduo em relação a diferentes domínios da vida, tendo em vista a subjetividade, a multidimensionalidade e a presença de dimensões positivas e negativas.
( ) Instrumento que mensura a perda de produtividade devido a problemas de saúde, tendo por base os seguintes escores: absenteísmo; presenteísmo; presenteísmo e absenteísmo; e percentual de prejuízo nas atividades diárias fora do trabalho por razões de saúde.
( ) Instrumento que avalia a QVT com base em oito dimensões: desconforto relacionado ao trabalho; apoio organizacional; carga de trabalho; recursos relacionados ao trabalho; apoio social; motivação intrínseca; capacitação para a realização do trabalho; e percepção geral do trabalhador sobre QVT.
( ) Avalia o estilo de vida de indivíduos considerando nutrição, atividade física, comportamento preventivo, relacionamento social e controle do estresse.
( ) O instrumento ISSL toma como base o modelo desenvolvido por Hans Selye denominado *síndrome geral de adaptação*.

Assinale a alternativa que corresponde à sequência correta:

a) 5, 1, 3, 2, 4.
b) 1, 4, 3, 5, 2.
c) 4, 5, 1, 3, 2.
d) 3, 2, 5, 4, 1.
e) 1, 5, 3, 2, 4.

3. O departamento de gestão de pessoas da empresa X de transportes, que emprega 45 motoristas, tem constatado repetidas ausências dos funcionários, significativo aumento de atestados médicos, elevação no número de multas por infração de trânsito e também o aumento de 15% em acidentes. Tendo em vista esse quadro, a empresa considerou que é hora de investigar mais a fundo a situação, pois, embora seus motoristas sejam experientes e de confiança, notadamente algo que requer imediata atenção está

acontecendo. A gestora decidiu aplicar um instrumento para oferecer informações sobre o grau de estresse dos motoristas. Sabendo disso, ela agirá corretamente se aplicar qual dos instrumentos a seguir?

a) Work Productivity and Activity Impairment-General Health (WPAI-GH).
b) Fagerström Test for Nicotine Dependence (FTND).
c) Questionário internacional de atividade física (Ipaq).
d) Índice de capacidade para o trabalho (ICT).
e) Inventário ISSL, de Lipp.

4. Em uma Semana Interna de Prevenção de Acidentes no Trabalho (Sipat) realizada em uma indústria têxtil que emprega 120 costureiras, foi trazido à tona o tema "Bem-estar e qualidade de vida". Ao final da preleção, o palestrante convidou todas as colaboradoras a responder o pentáculo do bem-estar, instrumento genérico que avalia o estilo de vida de indivíduos por meio dos domínios: nutrição, atividade física, comportamento preventivo, relacionamento social e controle do estresse. Além do papel didático do instrumento na Sipat, no qual cada colaboradora poderia avaliar hábitos e identificar quais eram saudáveis e quais demandavam mudanças, a gestora de Recursos Humanos da empresa recolheu todos os formulários e os tabulou, transformando dados em informações que permitiram identificar que 75% das colaboradoras estavam sedentárias.

Tendo em vista os resultados obtidos, se você estivesse à frente dessa organização, qual medida proporia para melhorar a qualidade de vida e o bem-estar das colaboradoras?

5. Leia o texto a seguir.

> Em uma pesquisa feita pela Isma com mil profissionais, com idades entre 25 a 60 anos, detectou que o [presenteísmo] está diretamente ligado ao excesso de estresse negativo no trabalho [apresentando-se] com sintomas físicos, emocionais e comportamentais.

> [...] 89% dos entrevistados associavam o problema a dores musculares e dor de cabeça, 86% estavam ansiosos e 81% angustiados. Segundo Ana Maria, o problema aparece muito em razão do não reconhecimento e das críticas recebidas pelos profissionais, que interiorizam as agressões veladas que recebem das chefias e começam a fazer as tarefas de qualquer jeito. Se comparados com um profissional saudável, o presenteísta trabalha cinco horas a menos por semana.
> – Essa pessoa procrastina, não entrega no horário solicitado, perde a autoconfiança e começa a cometer erros que não cometia porque age mecanicamente – explica a psicóloga.

Fonte: Entenda..., 2016.

Com base no texto lido, como o gestor pode identificar e prevenir o presenteísmo?

Questões para reflexão

1. Ao longo deste capítulo, você conheceu modelos e metodologias para gerir a QVT. De que maneira você pode utilizar esse aprendizado para ser um agente de mudança da qualidade de vida em seu trabalho?

2. Sabemos que o presenteísmo acontece quando o colaborador está presente no local de trabalho; porém, a sua produção é muito abaixo de sua capacidade. A prevenção do presenteísmo é responsabilidade tanto do trabalhador quanto da empresa. O que você considera que pode ser feito, não só para tratar, mas para prevenir o presenteísmo?

Para saber mais

Filme

AS FÉRIAS da minha vida. Direção: Wayne Wang. EUA: 2006. 112 min.

O filme promove reflexões sobre a sua responsabilidade de promover mudanças em benefício de sua qualidade de vida, evidenciando a responsabilidade individual, assim como não esperar que algo grave acometa a pessoa para que ela possa realmente pensar em qualidade de vida.

> **Livro**
>
> FERNANDES, E. C. **Qualidade de vida no trabalho**: como medir para melhorar. Salvador: Casa da Qualidade, 1996.
>
> A obra apresenta uma contribuição oportuna para as empresas avaliarem a QVT. "Não trata apenas de uma fundamentação do tema e 'do que fazer', mas, principalmente, do 'como fazer'". A autora alerta para a distribuição indiscriminada de questionários ou da instalação caixas de sugestões para alavancar informações. Embora possam auxiliar até certo ponto, esses mecanismos não constituem um instrumental científico que sirva à coleta de dados confiáveis. Daí a importância da utilização de uma metodologia científica, amparada em um modelo analítico de investigação que, embora elaborado com base na literatura que trata dos conceitos e fatores de QVT, seja adaptado a uma determinada realidade empresarial (Fernandes, 1996, p. 15).

5 Implantação e gestão de programas de qualidade de vida no trabalho

Conteúdos do capítulo:
- Etapas da implantação de programas de qualidade de vida no trabalho (QVT).
- Preparação da organização.
- Pesquisa de viabilidade.
- Sensibilização da alta gestão.
- Ecolha do gestor do programa.
- Suporte dos demais gestores.
- Formação do comitê de implantação de programas de QVT.
- Ciclo PDCA: planejamento, execução, avaliação e melhoria contínua dos programas.

Após o estudo deste capítulo, você será capaz de:
- distinguir as etapas da implantação de programas de QVT;
- aplicar as etapas da implantação de programas de QVT;
- estruturar, propor e conduzir programas de QVT;
- avaliar os resultados e identificar oportunidades de melhoria em programas de QVT.

Um programa de QVT é um conjunto de ações que têm por objetivo, além de melhorar as condições de trabalho e a satisfação do colaborador para com a organização, melhorar a vida desse colaborador em geral, bem como a sua relação com a empresa. O ganho, nesse sentido, é mútuo.

Uma vez que os programas de QVT são ferramentas poderosas, é preciso estabelecer maneiras pelas quais as empresas podem implantá-los. O primeiro passo é preparar a organização, para então atuar sobre o planejamento, a execução, a avaliação e a análise de melhorias desses programas. Neste capítulo, abordaremos cada uma dessas etapas detalhadamente.

5.1 Preparação da organização

A etapa de preparação da organização é marcada por ações que têm por objetivo criar um ambiente propício para colocar em prática uma ação ou programa de QVT. Para isso, a operacionalização dessa etapa implica necessariamente criar as condições para a aplicação de ações ou programas de QVT na organização. As ações da empresa nessa implantação devem contemplar:

- a sensibilização da alta gestão;
- a realização de estudos de viabilidade para a aplicação de ações ou programas de QVT;
- a pesquisa para avaliar o estágio de prontidão a mudanças por parte do público-alvo da ação ou programa;
- a escolha do profissional que atuará como gestor ou coordenador do programa;
- a obtenção da adesão à ideia e do suporte dos demais gestores das diferentes áreas da organização;
- a eleição do grupo de colaboradores que integrarão o comitê, cujo êxito dependerá das etapas que apresentamos nos tópicos a seguir.

5.1.1 Pesquisa de viabilidade

A pesquisa de viabilidade é uma investigação que tem por propósito levantar informações acerca:

- do interesse e dos ganhos da organização na implantação de ações e programas que estimulem a saúde, o bem-estar e a qualidade de vida dos colaboradores;
- do nível de suporte e apoio que a organização está apta a oferecer;
- da disponibilidade da organização para realizar os investimentos necessários e o acesso aos recursos disponíveis, entre outros aspectos que se configurem como relevantes;
- dos fatores críticos de sucesso para a realização dos programas.

A pesquisa de viabilidade é o primeiro passo a ser dado no processo de implantação de ações ou programas de QVT, pois servirá para definir as estratégias para todos os próximos passos a serem dados.

> **Fique atento!**
> Os fatores críticos de sucesso são elementos-chave que assinalam o sucesso ou o fracasso de um objetivo, meta ou plano. Quando são adequadamente planejados e devidamente executados e monitorados, asseguram o êxito da aplicação dos programas em questão. Em contrapartida, quando negligenciados, impedem a organização de atingir seus propósitos. Por isso, devem ser cuidadosamente considerados na definição das estratégias a serem adotadas pelas organizações.

Mas como realizar uma pesquisa de viabilidade? Como toda pesquisa, é importante que se desenhe as perguntas eficazes para o que se deseja descobrir. As perguntas a seguir, propostas por Ogata e Simurro (2009, p. 128), contribuem para a realização da pesquisa de viabilidade:

- A empresa está preparada para desenvolver o programa?
- Que modelo de programa é esperado?
- Quais as metas e motivos para considerar o desenvolvimento do programa?
- Qual a expectativa de tempo esperado para que o custo efetivo do investimento no programa ofereça de retorno financeiro?
- Quais são os resultados esperados pela organização e em quanto tempo?

- Quais os níveis de apoio dentro da organização?
- Que tipo de suporte deve-se conseguir para o programa?
- Quais são as necessidades e os interesses dos funcionários nos diferentes níveis hierárquicos?
- A organização terá acesso aos recursos necessários para o desenvolvimento do programa?
- Quais os fatores chave que devem ser considerados durante o desenho do programa?

As respostas a essas perguntas irão mostrar o estado atual da empresa em termos de apoio da alta gestão, em termos de recursos financeiros, materiais e humanos, bem como o grau de sensibilidade da empresa para a mudança, as necessidades mais urgentes dos colaboradores, o alinhamento de tais necessidades com a estratégia da organização, entre outros fatores. Com base nessas respostas, a empresa poderá definir os próximos passos a serem tomados, o que possibilitará desenhar as estratégias para a criação e manutenção das ações de QVT.

5.1.2 Sensibilização da alta gestão

Sensibilizar significa "tornar-se receptivo a emoções", "ligar-se por ato solidário". *Alta gestão*, por sua vez, é um termo que se refere aos gestores que ocupam elevados cargos na organização. Nesse sentido, *sensibilizar a*

alta gestão significa angariar parceria e apoio dos gestores para a criação dos programas de QVT, para a realização das ações e para a continuidade desses programas.

A sensibilização é uma etapa que envolve o levantamento de dados e argumentos sobre a necessidade e os benefícios que o programa trará para os envolvidos. As organizações priorizam os resultados do negócio e, por isso, uma ação ou um programa de QVT adquirem credibilidade e se mantêm ativos à medida que agregam para que os objetivos da organização sejam alcançados.

A **avaliação de ganhos e perdas** contribui para que a organização desenhe cenários futuros e avalie o reflexo das mudanças ou da ausência delas em diversos aspectos, e esse exercício é fundamental para despertar e fortalecer o desejo de mudança, pois, por meio da avaliação de ganhos e perdas, é possível identificar os possíveis benefícios da QVT e também identificar as possíveis perdas ao negligenciar esse fator. Para avaliar ganhos e perdas, o exercício é transitar pelas perguntas disponíveis no Quadro 5.1.

Quadro 5.1 – **Ganhos e perdas**

GANHOS	PERDAS
• O que uma organização pode ganhar em qualidade de ambiente de trabalho ao cuidar da QVT?	• O que uma organização pode perder em ambiente de trabalho ao negligenciar a QVT?
• O que uma organização pode ganhar em produtividade de ambiente de trabalho ao cuidar da QVT?	• O que uma organização pode perder em produtividade ao negligenciar a QVT?
• O que uma organização pode ganhar em competitividade de ambiente de trabalho ao cuidar da QVT?	• O que uma organização pode perder em competitividade ao negligenciar a QVT?
• O que uma organização pode ganhar em imagem de ambiente de trabalho ao cuidar da QVT?	• O que uma organização pode perder em imagem ao negligenciar a QVT?
• O que uma organização pode ganhar em sustentabilidade de ambiente de trabalho ao cuidar da QVT?	• O que uma organização pode perder em sustentabilidade ao negligenciar a QVT?

Quanto mais aprimorada for a investigação, mais ela abrirá espaços para que os gestores da organização se atentem à importância da mudança. A análise de ganhos e perdas contribui para a análise estratégica da organização, pois, ao compreender as possibilidades de ganhos e perdas a curto, médio e longo prazos, a organização construirá a imagem de seu futuro e delineará as estratégias para a ativação das ações e programas de QVT.

5.1.3 Gestor do programa

Para que possa ser devidamente planejado, executado, acompanhado e monitorado, é imprescindível que o programa de QVT disponha de um profissional designado para assumir a função de gestor/coordenador.

A organização pode nomear um profissional do seu quadro funcional e atribuir-lhe carga horária para dedicação ao projeto (que vai depender do público-alvo e da complexidade da organização) ou optar por contratar um profissional externo, como um consultor, com a vantagem de que ele pode trazer experiências de outras organizações que podem contribuir significativamente na escolha do modelo adequado para o propósito a ser atingido. Sem contar que é muito importante que os colaboradores saibam a quem especificamente recorrer para obter informações e tirar dúvidas no que tange à qualidade de vida.

Além disso, é importante que o gestor/coordenador seja um profissional capacitado para desenvolver e gerir todas as etapas do projeto ou programa de QVT. Recomenda-se que o profissional designado para essa função tenha conhecimentos e habilidades em saúde, bem-estar e qualidade de vida, cultura organizacional, bem como noções de pesquisa e avaliação de resultados, comunicação e *marketing*, negociação, gestão de pessoas, elaboração de orçamentos, gerenciamento de projetos, entre outras competências (Ogata; Simurro, 2009).

É papel do gestor do programa emprenhar-se e oferecer o suporte necessário para estimular, promover e possibilitar a participação dos funcionários nos programas. Para isso, é desejável que o profissional designado seja alguém sensível às necessidades das pessoas, aberto a novas ideias, orientado para objetivos, comunicativo, organizado, persuasivo, criativo, proativo e, sobretudo, comprometido (Ogata; Simurro, 2009).

5.1.4 Suporte dos demais gestores

Existe uma frase popular que diz que "uma andorinha não faz o verão". Essa analogia pode ser perfeitamente utilizada para enfatizar a importância do apoio de todos na organização. A determinação de uma pessoa pode influenciar o pensamento e o comportamento de muitas outras e, igualmente, o impacto e a abrangência dos programas de QVT estão diretamente relacionados à adesão e ao apoio dos gestores das áreas.

Podemos dizer, então, que o suporte dos gestores da organização é considerado um fator crítico de sucesso em todas as etapas do processo, a começar pelo planejamento. Quando a ideia de implementar ações ou programas de QVT é assumida pelos gestores, o processo ganha força e sustentação. Observe o estudo de caso a seguir, sobre um gestor de RH e a tática utilizada por ele para a adesão dos demais gestores a um projeto de QVT.

Estudo de caso

> Humberto é gestor de RH de uma empresa cujo quadro funcional é composto por 600 funcionários. Há tempos, ele vem empreendendo estudos que apontam para a necessidade de adotar ações que promovam o bem-estar e a qualidade de vida dos colaboradores. Contudo, sabia que teria um desafio muito importante a vencer: "vender" a ideia aos diretores. E isso só seria possível se estivesse bem fundamentado com evidências dos benefícios, pois apelos emocionais a respeito do quão importante é a qualidade de vida talvez não fossem suficientes para convencer um grupo de profissionais cujos olhos estão voltados a números e a resultados. No dia marcado para a reunião da apresentação do projeto, Humberto estrategicamente apresentou pesquisas que demostravam o impacto dos programas de QVT nos custos diretos e indiretos da organização; informou sobre os bons resultados, tanto na imagem quanto na retenção da força de trabalho e produtividade de organizações do mesmo segmento que adotavam programas voltados ao bem-estar e à promoção da saúde; apresentou os resultados de uma pesquisa que havia realizado com os colaboradores da empresa, que apontava para a necessidade de adoção de programas que estimulassem hábitos saudáveis, assim como o grau de interesse dos colaboradores em aderir tais programas. O resultado da reunião deixou Humberto bastante satisfeito, especialmente por que Júlio Cesar, considerado o gestor mais linha dura, foi o primeiro a levantar que havia de fato a necessidade de aumentar o moral e a satisfação dos trabalhadores para com o trabalho e com a organização e também de melhorar a produtividade.

O caminho para sensibilizar gestores sobre a importância da adoção dos programas de QVT e angariar apoio nesse sentido é aquele trilhado com base em argumentos alicerçados e pesquisas, bem como em fatos e evidências. Esse caminho permite estabelecer uma linha de comunicação com base em interesses e ganhos mútuos (colaboradores e organização) e no comprometimento dos gestores das diversas áreas.

5.1.5 Formação do comitê

Além do apoio dos gestores, é fundamental estimular a participação ativa de todos os colaboradores, sobretudo daqueles que exercem influência junto aos colegas de trabalho. Daí a importância da formação do comitê que, de acordo com Lacombe (2011, p. 68), é o

> órgão constituído de funcionários alocados em diferentes áreas ou unidades operacionais da organização para formar um grupo com a finalidade de estudar assuntos, situações, problemas ou circunstâncias não situados dentro do âmbito e das responsabilidades dessas unidades, mas de interesse comum a elas.

A participação dos colaboradores oriundos das diversas áreas da empresa é de vital importância para a definição e para a manutenção das ações ou programas de QVT. O **engajamento do grupo é um fator crítico de sucesso** e, por isso, é fundamental que esse comitê seja composto por um grupo de pessoas que goze de respeito e possa exercer a representatividade de seus pares na organização.

Além disso, é especialmente importante que o comitê seja representativo, ou seja, composto por colaboradores de áreas estratégicas da organização. Por isso, é recomendável que essa equipe possa contar com representante da alta direção, que possam somar *expertises* e influências junto aos demais colaboradores.

É importante ressaltar que o comitê de qualidade de vida, segundo Ogata e Simurro (2009), responderá pelas seguintes atribuições:

- Contribuir para o planejamento, para a implementação e para a avaliação do programa de bem-estar e qualidade de vida.
- Fornecer assistência para a coordenação e articular a integração das áreas da empresa na participação do programa.
- Estimular a participação dos colaboradores.
- Buscar *feedback* sobre a percepção e o grau de satisfação dos participantes do programa.
- Contribuir para correções das ações, caso isso seja necessário.
- Pensar nas estratégias de apresentação e "venda" do programa aos participantes.
- Acompanhar a execução do programa e identificar a existência de grupos que possam estar se sentindo excluídos das ações.

- Identificar oportunidades de melhorias para os programas a serem ofertados em outros ciclos.

Quando olhamos para as atribuições do comitê, percebemos rapidamente o papel-chave que ele exerce, tanto no sentido da definição e escolha das ações quanto no importante processo de execução dessas iniciativas, obtendo *feedbacks* que permitirão ações corretivas e melhoria contínua. Essa equipe também incentiva a adesão, o engajamento e a participação dos colaboradores nos programas, tendo em vista a relevância de criar e manter viva a cultura e prática da qualidade de vida na organização.

5.2 Planejamento do programa

Muito bem, tendo em vista o que estudamos até aqui, concluímos a etapa da preparação da organização da implantação de programas de QVT. Agora, para tratar das etapas que compõem o desenvolvimento desses programas, trazemos o ciclo PDCA, desenvolvido na década de 1930, nos Estados Unidos, e popularizado por Deming (1990). Na Figura 5.1, representamos as etapas do ciclo de forma dinâmica.

Fique atento!

PDCA refere-se às iniciais das palavras da língua inglesa *Plan* (planejar), *Do* (fazer), *Check* (verificar) e *Action* (agir).

Figura 5.1 – **Ciclo PDCA**

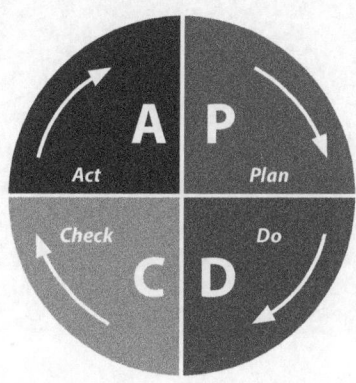

O PDCA envolve conceitos básicos da administração e é apresentado em forma de um ciclo contínuo, estruturado de modo claro e de fácil compreensão e gerenciamento. É uma sequência de passos aplicados para a gestão de processos e, portanto, uma ferramenta que auxilia na elaboração, na implementação, na avaliação e na melhoria contínua dos programas de QVT nas organizações.

- **Planejar (*Plan*)**: Refere-se ao "o que" e "como" fazer. Nessa etapa, é feito o alinhamento da missão, visão e valores para a QVT e mobilizadas as equipes de liderança, implantados comissões ou comitês, no sentido de desenvolver uma agenda e metodologia para a implantação da QVT. Em conjunto, são identificadas as principais áreas ou problemas a serem enfocados, definidos objetivos e metas e estabelecidos os planos de ação.
- **Fazer (*Do*)**: refere-se à etapa da execução propriamente dita. É o momento de executar o que foi definido e acordado no planejamento, cabendo a cada área ou função a responsabilidade pela condução das ações relativas à execução do programa, bem como os registros das atividades, de modo a permitir o acompanhamento. Nessa fase, a comunicação é muito importante, pois é o que permite criar visão compartilhada, alinhamento de propósito, sensibilização para os ganhos de realizar mudanças em prol do bem-estar e da saúde ou também pelas perdas de continuar com a adoção de hábitos nada saudáveis. Por isso, nessa etapa, também estão contempladas ações como a formação de multiplicadores, divulgação de informações, eventos de sensibilização (seminários, palestras, conversas com especialistas), pesquisa para identificar a sensibilidade à mudanças, treinamentos, atividades das mais diversas naturezas de modo a implantar os programas de QVT.
- **Verificar (*Check*)**: refere-se ao monitoramento e avaliação constante dos resultados obtidos com a execução das atividades, sejam elas isoladas ou programas que contemplam conjunto de ações voltadas ao bem-estar do colaborador. A avaliação dos processos e dos resultados é realizada por meio de indicadores que são confrontados com o que havia sido planejado, com os objetivos, com as especificações e o estado desejado. A avaliação (que é o olhar crítico e apreciativo sobre a pratica) nos diversos níveis (reação, aprendizado, comportamento e de retorno para a organização) permite consolidar as informações e elaborar relatórios específicos que nortearam a análise e apontarão as oportunidades de intervenções e ações corretivas.

- **Agir/Redirecionar (Act):** refere-se ao encaminhamento das providências estipuladas nas avaliações e relatórios sobre os processos. Ao avaliar o resultado das ações e programas, o gestor identifica novas necessidades ou oportunidades, podendo então traçar novos planos ou planos de ações corretivas, visando sempre ao aprimoramento dos processos de gestão da QVT, à satisfação e à saúde do trabalhador nas esferas física, psicológica e social e organizacional.

Figura 5.2 – Ciclo PDCA: *Plan*

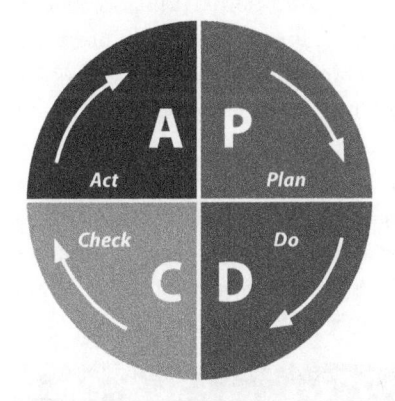

- Avaliação diagnóstica
- Definição de metas e objetivos
- Definição de público-alvo
- Pesquisa de estágio de prontidão para mudanças
- Escolha das áreas e ações
- Análise dos recursos
- Elaboração do sumário executivo

Para introduzir o tema, apresentamos a parábola a seguir que contribuirá para o entendimento e a relevância da etapa destinada ao planejamento das ações e programas de saúde, bem-estar e qualidade de vida no trabalho.

Afiando o machado...

Um jovem lenhador propôs a um velho lenhador uma disputa para ver quem cortaria toras de árvores mais rápido. Crente de sua força e agilidade, tinha certeza da vitória, apesar de possuir um machado que não estava bem amolado. Quando os dois começaram o desafio, o lenhador jovem olhava o lenhador mais velho ocasionalmente. Para seu espanto, o idoso trabalhador permanecia sentado. Ao fim da competição, foi grande a surpresa do jovem lenhador, pois seu concorrente havia terminado sua parte do desafio antes. Consternado, o jovem perguntou como aquilo se deu, já que, no decorrer da prova, o velho lenhador parecia estar totalmente parado. O idoso respondeu que, na realidade, ele estava afiando seu machado, para facilitar sua tarefa, enquanto o jovem se entregava ao corte dos troncos com uma ferramenta inadequada, empregando força desnecessária com pouco resultado prático.

Assim como o lenhador que investiu parte do tempo "afiando o machado", o planejamento é o investimento do tempo imprescindível para conhecer as necessidades e potencialidades da organização, bem como para identificar as áreas e dimensões que receberão atenção e definir cuidadosamente as ações.

5.2.1 Avaliação diagnóstica

As ações e programas de QVT têm por ponto de partida a **avaliação diagnóstica**, que é uma avaliação inicial e formal elaborada por meio de **investigação** acerca da saúde, do estilo de vida, dos interesses e da expectativas dos colaboradores, e que revela o cenário atual da organização e das pessoas que nela atuam.

A avaliação diagnostica é, então, a **ação-chave** para identificar as **reais necessidades** dos colaboradores e da empresa, o que nos dá a **clareza dos objetivos** para, a partir daí, desenharmos e adotarmos programas que de fato trarão melhorias em termos da saúde, satisfação e bem-estar do trabalhador em consonância aos ganhos para a organização.

> **Exemplo**
>
> A empresa Alfa realizou uma pesquisa para conhecer os hábitos dos colaboradores em relação à saúde e detectou um percentual elevado de funcionários sedentários (que haviam ganhado peso no último ano) e fumantes, além de identificar outros graves fatores de risco à saúde, a exemplo dos hábitos alimentares. O diagnóstico realizado permitiu que a empresa estabelecesse como objetivo do programa de qualidade de vida a redução dos fatores de risco à saúde para a manutenção da produtividade dos funcionários. Tendo em vista tal propósito, a empresa desenhou e implantou programas que estimularam a mudança do estilo de vida, a exemplo de campanhas para a prática de atividades físicas regulares, de um curso de alimentação funcional, da promoção de aulas de ginástica laboral e do apoio aos colaboradores que desejassem parar de fumar. A empresa também fechou contrato com um fornecedor que, todos os dias, deixava um *kit* com três frutas da estação para cada colaborador, acreditando assim estimular o hábito de dieta saudável. Como resultado, em um ano 40% das queixas no serviço médico foram reduzidas e houve registro de queda no absenteísmo e no *turnover*, mudanças que tiveram como consequência uma sensível elevação da produtividade. Os funcionários declaram-se muito satisfeitos com a atenção e os constantes investimentos da organização em prol da saúde dentro e fora do ambiente de trabalho.

A avaliação diagnóstica é composta por três fases:

1. Coleta de dados da organização e dos colaboradores.
2. Avaliação, que contempla a realização dos relatórios de *feedback* (individual e gerencial).
3. Apresentação dos resultados: à direção da organização e aos colaboradores.

No Quadro 5.2, mostramos especificações a respeito da coleta de dados da empresa e dos colaboradores.

Quadro 5.2 – **Avaliação diagnóstica**

Indicadores e necessidades	Especificações
Empresa	
Indicadores de saúde	• perfil demográfico • dados de utilização do sistema de saúde • diagnóstico mais frequente do ambulatório médico • Informações levantadas junto ao setor de saúde ocupacional • dados da área de segurança
Indicadores econômicos	• *turnover* • absenteísmo • presenteísmo • medidas de produtividade • custos de assistência médica
Necessidades	• reduzir absenteísmo, *turnover*, acidentes, custos com assistência médica • melhorar a saúde e o desempenho dos colaboradores, bem como a satisfação deles em relação ao trabalho
Colaboradores	
Estado de saúde	• pressão arterial • peso corporal • circunferência abdominal
Fatores de risco	• tabagismo • sedentarismo • obesidade • estresse • padrão alimentar

(continua)

(Quadro 5.2 – conclusão)

Exames laboratoriais	• glicose • colesterol
Percepção dos participantes	• autoavaliação que o colaborador responde sobre como percebe o estado de saúde
Necessidades e interesses	• interesses, necessidades e expectativas dos colaboradores
Prontidão para mudanças	• identificar o estágio de prontidão para mudanças (pré-contemplação; contemplação; preparação; ação; manutenção; finalização e recaída)

Fonte: Elaborado com base em Ogata; Simurro, 2009.

A avaliação diagnóstica permite identificar:

- **o público-alvo**, ou seja, o grupo de colaboradores aos quais as ações ou programas se destinam;
- as áreas ou **dimensões críticas** da saúde e bem-estar, as quais receberão a atenção do programa;
- a **escolha das ações** a serem ofertadas.

Além disso, essa análise é um instrumento que, por levantar dados da saúde e do estilo de vida do colaborador, deve ser realizado de forma ética, de maneira que a privacidade e a confidencialidade sejam mantidas. A postura ética favorece a adesão e a confiabilidade no processo.

Fique atento!

É muito importante que a avaliação diagnóstica seja cuidadosamente planejada. Conheça as perguntas que contribuem para nortear o planejamento dessa relevante ação:

- Quem fará a avaliação diagnóstica?
- O que será avaliado?
- Como serão coletados os dados?
- Qual será o período da avaliação?
- Qual será o orçamento disponível?
- Como faremos para assegurar a confidencialidade?

A avaliação diagnóstica permitirá a elaboração de relatórios individuais e gerenciais, conforme apresentamos no Quadro 5.3.

Quadro 5.3 – Relatórios da avaliação diagnóstica

Relatório	Informações
Individual	Perfil de saúde e estilo de vida
	Áreas críticas presentes e pontos fortes
	Recomendações para melhorias da qualidade de vida e bem-estar
Gerencial	Áreas críticas presentes
	Principais fatores de riscos à saúde
	Grupos por estado de saúde, prontidão para mudança e interesses
	Prioridades a serem atendidas
	Sugestões para o desenvolvimento de ações específicas

Fonte: Elaborado com base em Ogata; Simurro, 2009.

Os relatórios oferecem informações que permitem reconhecer a necessidade dos programas de qualidade de vida. Por meio da avaliação diagnóstica, a empresa identifica as necessidades com base nas quais serão eleitas as ações a serem adotadas na organização.

Além disso, é importante mencionarmos que algumas avaliações diagnósticas podem ser conduzidas pela área de gestão de pessoas, dependendo das *expertises* dos profissionais que compõem a área. Caso a empresa não tenha profissional habilitado para conduzir a avaliação e análise, será necessária a contratação de terceiros de modo garantir a confiabilidade do diagnóstico.

5.2.2 Definição de metas e objetivos

Uma vez conhecido o cenário atual dos membros da organização em termos de saúde, estilo de vida e condições de trabalho, é hora de criar a visão do que a organização pretende alcançar. O planejamento do programa envolve definir objetivos e resultados, estratégias e os recursos necessários para a aplicação e manutenção dos programas.

A definição de metas e objetivos pode ser norteada por uma variação da ferramenta da qualidade denominada *5 Ws* (*What, Why, When, where* e *who*) e os *3 Hs* (*How, How much* e *How measure*).Trata-se de um modelo que permite a definição, a clareza e o acompanhamento das ações, propósitos envolvidos e suas respectivas responsabilidades, prazos, investimentos e evidências de realização, perfazendo o que compreendemos por gestão, que envolve as grandes ações de planejar, organizar, dirigir e controlar. A ferramenta consiste em responder a oito perguntas: O quê?; Por quê?; Quando?; Onde?; Quem?; Como?; Quanto custa? e Como mensurar? (Lotz; Gramms, 2014).

Observe, no Quadro 5.4, a variação da matriz aplicada ao planejamento de programas de QVT.

Quadro 5.4 – **Orientações para elaborar a planilha 5W3H**

Perguntas	Orientações
O que será feito?	Elencar as ações a serem realizadas, por meio de linguagem positiva (aquilo que se deseja em vez daquilo que se deseja evitar).
Por que será feito?	Levantar as razões e o propósito de cada ação que conferem relevância e geram convencimento interno que promove o comprometimento dos envolvidos na ação ou programa de QVT.
Quando será feito?	Data ou horizonte de tempo – estabelece o início e o prazo limite para a realização de determinada ação ou programa de QVT.
Onde será feito?	Locais onde serão realizadas as ações ou programas de QVT.
Para quem será ofertado?	Identificar o público-alvo, ou seja, a quem se destina aquela ação ou programa de QVT.
Como será feito?	Definir as estratégias, clarificar os caminhos que serão percorridos para colocar as ações ou programas em prática.
Quanto?	Calcular o valor do investimento e identificar recursos a serem mobilizados para a consecução das ações ou programas de QVT (financeiros, materiais).
Por quem será feito?	Identificar os responsáveis, ou seja, quem irá realizar a ação ou quem mais será envolvido ou comunicado no transcurso de execução das ações ou programas de QVT.
De que maneira saberemos que atingimos os resultados desejados?	Estabelecer os indicadores ou a avaliação para verificar se a ação foi concluída e levantar evidências da concretização do resultado estabelecido para a ação.

A planilha criada com base nos dados mostrados no Quadro 5.4 permite a visualização rápida e simples de todas as ações a serem realizadas do início ao fim da empreitada. É importante que seja construída com vocabulário simples, em linguagem positiva (aquilo que se deseja obter em vez daquilo que se deseja evitar) (Lotz; Gramms, 2014).

Exemplo

Maria de Lourdes, gestora da área de pessoas de uma organização com 180 colaboradores, ao analisar os resultados do pentáculo do bem-estar, instrumento genérico de avaliação de qualidade de vida que havia sido recentemente aplicado aos colaboradores, ficou alarmada com os resultados, sobretudo em relação aos hábitos alimentares e ao sedentarismo dos funcionários. A preocupação de Maria de Lourdes aumentou com a análise dos resultados do inventário, que evidenciava que 45% do pessoal apresentava quadro de obesidade e pressão alta, informação que, quando cruzada com o número de atestados médicos, fazia todo sentido para a gestora. Os cálculos apontaram também para a redução de produtividade, o que fez a profissional ter a certeza de que, se deixasse a situação continuar como estava, haveria redução dos níveis de bem-estar e saúde dos colaboradores, gerando absenteísmo e presenteísmo, impactando ainda mais na redução da produtividade. Pensando em interferir e gerar estímulos que sensibilizassem e apoiassem os colaboradores para a mudança de estilo de vida e adoção de novos hábitos, a gestora formou um comitê para tratar do assunto e compartilhou a intenção da empresa de que o quadro não se agravasse. Foi então que um membro do comitê perguntou: "Se não queremos que o quadro se agrave, o que queremos ver acontecer aqui na empresa?". "Queremos reduzir esse percentual de pessoas sedentárias", respondeu a gestora. "Para qual percentual especificamente?", perguntou o interlocutor à gestora. "Penso que poderíamos trabalhar com a meta de reduzir em 30% o peso total dos colaboradores que apresentam obesidade e elevar em 40% o número de pessoas que praticam atividade física, até o final deste ano", respondeu Maria de Lourdes. "Existe alguma área da empresa que pode ser impactada negativamente com essa meta? Será que teremos redução de produtividade, absenteísmos, *turnover*?". "Acredito que não", respondeu a gestora "ao contrário, vislumbro influências altamente positivas para o bem-estar do colaborador, para a produtividade e também para a imagem da organização, pois, de fato, estamos preocupados em estimular a adoção de hábitos saudáveis que promovam o bem-estar e a saúde".

A história apresentada é um apenas um fragmento de uma reunião orientada para a definição dos objetivos. Um objetivo é uma declaração de resultado: oferece direção, canaliza energia e, quanto mais adequadamente formulado, mais chances há de se alcançá-lo. Quando devidamente clarificados e alinhados, os objetivos contribuem para o sucesso dos programas de QVT.

Quais são os critérios para a formulação de objetivos?

Quadro 5.5 – **Critérios de formulação de objetivos**

Critérios	Características
Formulados em termos positivos	Toda meta ou objetivo deve ser expresso de maneira positiva, ou seja, deve transmitir o que se deseja e não aquilo que se quer evitar.
Descrição baseada em dados sensoriais	Buscar uma evidência uma prova irrefutável de que aquela meta/objetivo foi alcançado.
Específicos	Os objetivos devem ser claros, específicos e exatos para que todos conheçam exatamente qual é o propósito e possam assim canalizar energias e trabalhar em prol do atingimento do resultado.
Realizáveis	O objetivo ou meta quando realista tende a atuar como fator motivador, impulsionador para o alcance do resultado.
Datados	Apresentar tempo definido para ser implementada a ação.
Ecológicos	O objetivo ecológico é aquele que não apresenta nenhum "efeito colateral", seja para a organização, seja para o colaborador em termos de vida pessoal, familiar, profissional, emocional, entre outros.

Fonte: Elaborado com base em Lotz; Gramms, 2012.

Uma vez definidos os objetivos e as metas e criada a visão do estado desejado, ou seja, o cenário que a empresa deseja, é hora de identificar o público-alvo, o estágio de prontidão para mudanças e os recursos necessários para viabilizar a implantação das ações e programas.

5.2.3 Público-alvo

Público-alvo é a parte da população (da empresa) a quem se destina a ação ou programa de qualidade de vida (Lacombe, 2011). Dessa forma, para defini-lo, é interessante elaborar questões como:

- O programa de bem-estar e qualidade de vida será ofertado a todos os colaboradores ou a grupos específicos que apresentem maior grau de fatores de riscos a saúde?
- Será extensivo aos familiares?
- A quem se destinam tais ações ou programas?

O conhecimento acerca do público-alvo do programa de saúde, bem-estar e qualidade de vida, tais como sexo, idade, escolaridade, renda, hábitos e estilo de vida contribuem para a escolha das ações com maior probabilidade de interesse e aceitação. Também auxiliam na definição das comunicações, de estratégias de abordagem, dos períodos para a realização das ações, da logística, do montante do investimento, de duração do programa, entre outras decisões.

5.2.4 Estágio de prontidão para mudanças

Apesar de ser constante o interesse de muitas empresas para melhorar a saúde, o bem-estar e a qualidade de vida do colaborador, essas melhorias muitas vezes implicam **alterações** que, por sua vez, resultam em **mudanças de hábitos** que, muitas vezes, já estão com raízes tão profundas que acabam servindo de área de conforto para o profissional. Por isso, é importante notar que as melhorias em prol da saúde, do bem-estar e da QVT estão atreladas a **mudanças comportamentais** por parte do funcionário.

Como saber se os colaboradores estão abertos à mudanças?

Para identificar se os colaboradores estão de fato dispostos a adotar diferentes comportamentos em prol de sua saúde e do bem-estar, é importante conhecer o estágio de prontidão para mudanças, um modelo desenvolvido por Prochaska e Clemente (1982) com o objetivo de identificar como as pessoas mudam, bem como sua prontidão para mudar.

O modelo proposto pelos autores está alicerçado na premissa de que a mudança de comportamento é um processo no qual o indivíduo tem níveis de motivação que influenciam e determinam sua prontidão para empreender a mudança, conforme apresentado no Quadro 5.6.

Quadro 5.6 – Estágios de prontidão a mudanças

Estágios	Características
Pré-contemplação	O indivíduo não apresenta intenção de mudar em um futuro próximo ou sequer percebe a necessidade ou a importância que tal mudança poderia promover benefícios em prol de outras áreas da própria vida.
Contemplação	O indivíduo passa a ter consciência do problema. É o estágio no qual aceitou e reconheceu a existência de uma questão relevante a ser enfrentada e passa a cogitar a possibilidade de mudar, mas ainda não tomou nenhuma iniciativa para tal.
Preparação	O indivíduo se compromete com a mudança, seja por meio de intenção ou implementação de pequenas alterações de hábitos, mas que em geral não chegam a ser duradouras.
Ação	O indivíduo escolhe uma estratégia para a realização da mudança e toma uma atitude no sentido de realizá-la. Nesse estágio, como existe a mudança de comportamento (ação), o indivíduo passa a ter resultados diferentes (evidências).
Manutenção	O indivíduo tem por foco a manutenção das ações da etapa anterior, a prevenção à recaída e a consolidação dos ganhos obtidos durante a ação.
Término	O indivíduo finalmente obteve a mudança do hábito, substituindo os comportamentos nocivos por novos comportamentos saudáveis, o que evidencia que a mudança se consolidou.

Fonte: Adaptado de Prochaska; Clemente, 1982, p. 161-173, tradução nossa.

Por que é importante atentar para o estágio de prontidão a mudanças antes de implementar um programa de qualidade de vida na organização? O conhecimento acerca do estágio de prontidão para mudanças é fundamental, pois ele oferece o cenário no qual as estratégias serão desenhadas. Por exemplo: caso a pesquisa aponte que os colaboradores não identificam a necessidade de trabalhar em prol de um hábito positivo, é hora de elaborar estratégias que permitam sensibilizar e conscientizá-los para a importância da mudança no sentido de instigá-la, de torná-la ato da vontade do profissional.

Agora, imagine que a pesquisa aponta um "sinal verde" e que os colaboradores já tem procurado adotar hábitos saudáveis, ou seja, de alguma forma estão no estágio da ação: o papel da empresa será traçar estratégias que fortaleçam, incentivem e apoiem o processo de mudança ou de reconhecimento de méritos pelos resultados obtidos no processo.

5.2.5 Definição das áreas e das ações do programa

A decisão de eleger as dimensões ou áreas que serão foco das ações e programas de QVT está alicerçada nos resultados da avaliação diagnóstica. É imprescindível considerar fortemente os interesses, as necessidades e as expectativas dos colaboradores, tendo em vista as possibilidades da organização em termos de estrutura, recursos e capacidade.

> **Exemplo**
>
> A empresa na qual Jane é gestora estratégica de RH realizou uma avaliação diagnóstica para levantar informações sobre o estado de saúde, os hábitos, o estilo de vida e os fatores de riscos à saúde dos 80 funcionários da unidade. O resultado revelou que 70% dos colaboradores não praticam atividades físicas regularmente, 60% apresentam quadro preocupante de sobrepeso e 75% declararam-se estressados. Diante de tais resultados, o comitê de QVT optou por eleger a área da atividade física como prioridade para iniciar as atividades do programa, ofertando aulas de dança duas vezes por semana no horário do almoço e aulas de alongamento duas vezes por semana após o expediente. A equipe lançou a campanha para a criação de times de futebol e estimularam a participação de funcionários em maratonas, concedendo a inscrição. Por meio de tais ações, a empresa incentivou a prática de atividades físicas regulares que comprovadamente atuam na redução do peso e na redução do estresse.

O exemplo ilustra ações que impactam as diversas dimensões da saúde física, mental e social dos indivíduos. Se tomarmos por base um dos modelos de avaliação da QVT, o BPSO (biopsicossocial e organizacional), teremos as seguintes dimensões a serem atendidas:

- **Dimensão biológica**: semanas Internas de Prevenção de Acidentes de Trabalho (SIPATs); controle de riscos ambientais e ergonômicos; oferta de ginástica laboral; qualidade nutricional das refeições oferecidas pela organização; qualidade de atendimento no ambulatório, campanhas em prol de prática de atividades físicas; entre outros benefícios.

* **Dimensão psicológica:** credibilidade em processos de recrutamento, seleção e movimentação interna; avaliação de desempenho adequada e eficaz; *feedback* apreciativo; apoio psicológico; clima de cooperação e respeito; satisfação com o salário; oportunidade de ascensão e desenvolvimento de carreira; relação saudável entre o trabalho e as demais áreas da vida, entre outros aspectos.
* **Dimensão social:** convênios com supermercados, farmácias, salões de beleza e academias; oportunidades de entretenimento, tais como quadra de futebol, área de lazer, excursões; benefícios extensivos a filhos e familiares como creche, escola; oferta de seguros de previdência privada; financiamento para cursos internos (treinamentos, desenvolvimentos) e externos (formação universitária, cursos de idiomas, cursos técnicos e profissionalizantes); ações de responsabilidade social e filantrópicas, entre outras iniciativas.
* **Dimensão organizacional:** atenção ao ambiente físico e psicológico do trabalho; políticas de desenvolvimento de pessoas; políticas de responsabilidade social; plano de cargos e salários; comunicação; definição e gestão de processos, treinamento dos gestores em competências comportamentais e de liderança; programas de benefícios; entre outros aspectos.

Alguns programas atendem a uma dimensão específica, mas o que ocorre é que um programa focado na oferta da dimensão biológica pode certamente trazer benefícios às dimensões psicológicas e sociais.

5.2.6 Análise dos recursos

Essa etapa compreende a verificação dos recursos necessários para o programa, sejam esses financeiros, de pessoal, de estrutura, entre outros, bem como as estratégias para mobilizá-los. Tais recursos oferecem a estrutura e asseguram a saúde e a continuidade das ações.

> **Fique atento!**
> **Você sabia que a etapa da análise de recursos deve ser realizada com muita cautela e precisão? Por quê?**
> Quando os recursos não são adequadamente dimensionados na etapa do planejamento, corre-se o risco de cancelamento das ações ao longo do caminho, gerando prejuízos a todos os envolvidos, tais como quebra das expectativas geradas nos colaboradores, descrença, desesperança, afastamento, desconfiança e frustração, problemas que contaminam o clima organizacional, impactando o moral do grupo, entre outras consequências.

Geralmente, os recursos habituais são os financeiros, de pessoal e de instalações. Os **recursos financeiros** são estimados tendo em vista o investimento a ser realizado no projeto. É fundamental que a empresa conheça o valor a ser investido para que se comprometa a assumir os encargos para a implantação das ações e programas.

O levantamento da **necessidade de pessoal** contribui para:

- identificar o número de pessoas envolvidas;
- avaliar a *expertise* e a especialização necessária para oferecer suporte aos programas ou se será necessário contratar profissionais especialistas;
- estipular o número de pessoas para compor o comitê;
- escolher o coordenador do programa;
- determinar o tempo de dedicação ao programa do gestor e do comitê;
- verificar as condições técnicas da empresa para realizar a avaliação diagnóstica ou se será necessária a contratação de especialistas para tal.

No planejamento das ações e dos programas, também é vital levantar as **necessidades de instalações**, o espaço físico e sua adequação, as atividades que serão propostas, os tipos de investimento que serão necessários para criar ou adaptar os espaços físicos (como o caso da construção de uma academia, de espaços de descanso, entre outros).

Uma vez vencidas todas as etapas que compõem a aprovação e o planejamento do programa, o próximo passo é pensar na "venda", ou seja, na forma de comunicar as ações e sensibilizar os participantes para angariar seu interesse e adesão. É, portanto, o momento de pensar na comunicação do programa, nos estímulos para gerar interesse e curiosidade e em toda a estratégia de sensibilização a ser adotada.

5.2.7 Sumário executivo

Sumário executivo é uma seção de um plano que apresenta uma síntese do que será desenvolvido na sequência, com o objetivo de fornecer um *overview*, ou seja, uma visão geral do projeto.

Os itens que compõem o sumário executivo estão detalhadamente descritos no Quadro 5.7.

Quadro 5.7 – **Itens do sumário executivo**

Itens	Descrição
Introdução	• Breve contextualização do tema
	• Alinhamento do programa à missão, à visão e aos valores da organização
	• Apresentação do programa, da relevância e dos ganhos para a organização
	• Vantagens econômicas para a organização
	• Principais custos atuais da empresa em relação à saúde, ao absenteísmo, entre outros problemas
	• Resultados das pesquisas realizadas junto aos colaboradores

(continua)

(Quadro 5.7 – conclusão)

Itens	Descrição
Proposta do programa	◆ Metas e objetivos ◆ Viabilidade ◆ Impacto do programa na organização ◆ Resultados esperados
Programa	◆ Apresentação e breve descrição das ações escolhidas
Investimento previsto	◆ Recursos financeiros, materiais e de pessoal necessários ◆ Justificativa para o investimento
Proposta de cronograma	◆ Definição e distribuição das atividades ao longo do período
Plano de avaliação	◆ Período de levantamento dos dados ◆ Período de avaliação da atividade ◆ Aspectos a serem avaliados ◆ Prazo para emissão e envio dos relatórios
Anexos	Documentos que contribuem para a elaboração da proposta (modelo de pesquisa para levantamento de necessidades e interesses, lista de comentários dos colaboradores sobre a pesquisa, entre outros).

Fonte: Elaborado com base em Ogata; Simurro, 2009.

Agora que você conhece os elementos que compõem o sumário executivo, finalizamos a etapa destinada ao planejamento das ações e programas de QVT. É o momento de empreendermos a jornada pela etapa da execução do programa.

5.3 Execução do programa

Nessa etapa, o programa é lançado, competindo ao comitê e ao coordenador do programa acompanhar as ações, oferecer orientações e manter os participantes engajados.

É o momento de executar o que foi definido e acordado no planejamento, cabendo a cada área ou função a responsabilidade pela condução das ações relativas à execução do programa, bem como os registros das atividades, de modo a permitir o acompanhamento. Nessa fase, a comunicação é muito importante, pois é ela que permite criar uma visão compartilhada, um alinhamento de propósito e uma divulgação de informações, eventos de sensibilização (seminários, palestras, conversas com especialistas), entre outros.

Figura 5.3 – Ciclo PDCA: *Do*

- Comunicação do programa
- Execução das ações
- Acompanhamento do programa

5.3.1 Comunicação do programa

A comunicação do programa é o recurso por meio do qual a organização irá "vender a ideia" e fará com que os colaboradores conheçam as ações e optem por assimilá-las é ponto crucial para o sucesso do programa.

É por meio dela que a organização sensibiliza, conscientiza, estimula e apoia os colaboradores na adesão das ações ou no engajamento e comprometimento dos programas de bem-estar e QVT.

Nesse sentido, a comunicação é fundamental para a motivação e a integração, pois é por meio dela que a organização desperta ou aumenta o grau de conscientização para questões relativas à saúde, ao bem-estar e à qualidade de vida; sensibiliza e, sobretudo, exerce influência na adoção de hábitos saudáveis; transmite, relembra conhecimentos e reforça comportamentos; apoia as mudanças no estilo de vida e integra as pessoas como protagonistas no processo de mudança (Ogata; Simurro, 2009).

> **Fique atento!**
>
> O nome atribuído ao programa e sua respectiva identidade visual são importantes para gerar a curiosidade e interesse dos colaboradores e reforçar o registro da ideia. Muitas empresas realizam concursos internos para a escolha do nome e da identidade visual do programa, e essa ação funciona como "aquecimento" para que os colaboradores conheçam o programa e dele participem.

A comunicação dos programas pode ser feita de diversas formas e meios, tais como:

- dramatizações breves;
- anúncios em quadro de avisos;
- mensagens nos contracheques;
- mensagens de texto via aplicativos;
- vídeos;
- *folders* impressos e eletrônicos;
- *banners* físicos e virtuais;
- divulgação na intranet;
- informativos periódicos;
- avisos em reuniões;
- faixas e cartazes;
- divulgação nas mídias sociais (Facebook©, Instagram, Twitter, Youtube©, entre outros).

No entanto, há que se evitar longas e entediantes preleções e palestras sobre o programa, bem como mensagens ameaçadoras, textos ambíguos e confusos e manuais extensos, que, ao invés de cumprir o propósito de estimular a participação, podem acabar por gerar barreiras e resistências por parte dos colaboradores. O importante é que a organização use a criatividade para atingir o público-alvo.

5.4 Verificação do programa

A etapa da verificação do programa de saúde, bem-estar e qualidade de vida é especialmente importante, pois oferece à equipe responsável pelo programa informações para a elaboração de relatórios e apresenta o registro dos pontos fortes e as oportunidades de melhorias para os projetos a serem propostos.

Figura 5.4 – **Ciclo PDCA:** *Check*

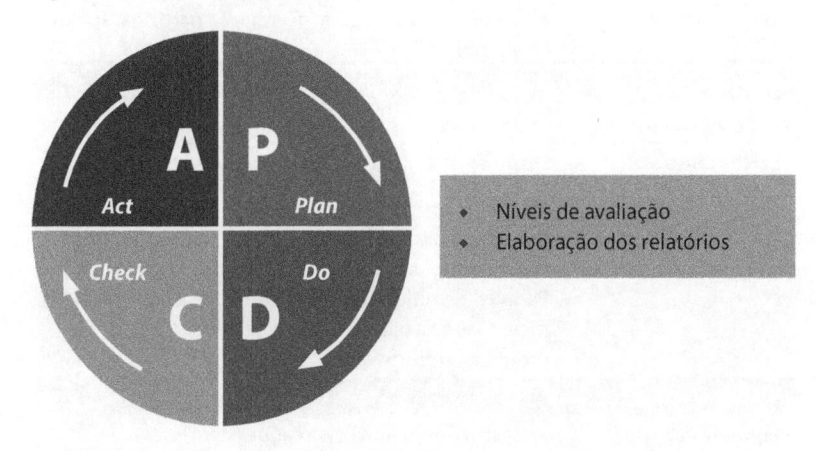

- Níveis de avaliação
- Elaboração dos relatórios

Essa etapa é composta pela verificação dos níveis de avaliação, elaboração dos relatórios e identificação das oportunidades de melhoria, conforme detalhamos a seguir.

5.4.1 Níveis de avaliação

A avaliação de resultados do programa de QVT é realizada em momentos distintos da oferta do programa, dependendo do que se pretende medir. Por isso, apresentamos o modelo de avaliação desenvolvido por Kirkpatrick (1975) e adaptado ao propósito de conhecer níveis diferentes de resultados. Esses níveis de resultados envolvem desde a apreciação dos colaboradores, ou seja, o quanto gostaram ou não gostaram da ação ou do programa; o impacto na mudança de comportamento, ou seja, o quanto aquele conhecimento promoveu a adoção de comportamentos e hábitos diferentes dos anteriores e o retorno do investimento para a organização.

Quadro 5.8 – **Níveis de avaliação**

PARTICIPAÇÃO	
O que é avaliado?	A participação, a frequência e público-alvo ao qual pertencem os participantes
Instrumento	Contagem do número de participantes
Período de coleta	Ao término de cada ação
Relevância da aplicabilidade	Permite conhecer o grau de adesão das ações e elaborar estratégias para incentivar a participação dos colaboradores
REAÇÃO	
O que é avaliado?	A satisfação dos participantes
Instrumento	Pesquisa de satisfação por meio de questionário
Período de coleta	Ao término de cada ação
Relevância da aplicabilidade	Rápido e muito fácil de obter Não oneroso para recolher ou analisar Permite identificar os pontos de necessidade de melhorias e auxilia na tomada de decisão para programas futuros
COMPORTAMENTO	
O que é avaliado?	Impactos nos objetivos de saúde A mudança no perfil de saúde (pressão arterial; peso corporal; circunferência abdominal; glicose; colesterol) e estilo de vida (tabagismo; sedentarismo; obesidade; estresse; padrão alimentar)

(continua)

(Quadro 5.8 – conclusão)

Instrumento	Observação e entrevistas com colaboradores e gestores ao longo do tempo para avaliar a mudança, sua relevância e sustentabilidade
Período de coleta	Após período de observação, a ser definido pelo comitê, considerando o tipo de programa
Relevância da aplicabilidade	Permite observar a relevância das ações na mudança de hábitos dos participantes
RESULTADOS	
O que é avaliado?	O impacto nos resultados da organização (a efetividade do programa)
Instrumento	Relatórios de indicadores de resultados, pesquisa de clima
Período de coleta	Ao final do ciclo do programa
Relevância da aplicabilidade	Observada por meio das variações positivas dos indicadores (*turnover*; absenteísmo; presenteísmo; medidas de produtividade; custos de assistência médica; pesquisa de clima, imagem)

Fonte: Elaborado com base em Boog; Boog, 2006, e Ogata; Simurro, 2009.

Ao adotar esses níveis de avaliação, é possível realizar o acompanhamento da eficiência das ações e da eficácia dos resultados do programa.

5.4.2 Elaboração dos relatórios

A elaboração e a divulgação dos relatórios são realizadas com o objetivo apresentar os resultados obtidos por meio das ações ofertadas. Esses relatórios contêm evidências das atividades, como:

- número de atividades (planejadas e realizadas);
- avaliações de reação e de satisfação (participantes, envolvidos, equipe de QVT);
- avaliação de resultados (metas atingidas);
- ilustrações (fotografias);
- depoimentos.

Os relatórios são fundamentais para subsidiar a análise de possíveis ações corretivas e identificar oportunidades de melhorias.

5.5 Identificação de oportunidades de melhorias

Com base nos resultados da participação dos colaboradores no programa, da resposta em relação à aceitação das ações e do quanto elas contribuíram para a mudança de comportamento e os impactos nos resultados da organização, é possível identificar as oportunidades de melhoria.

Figura 5.5 – **Ciclo PDCA:** *Act*

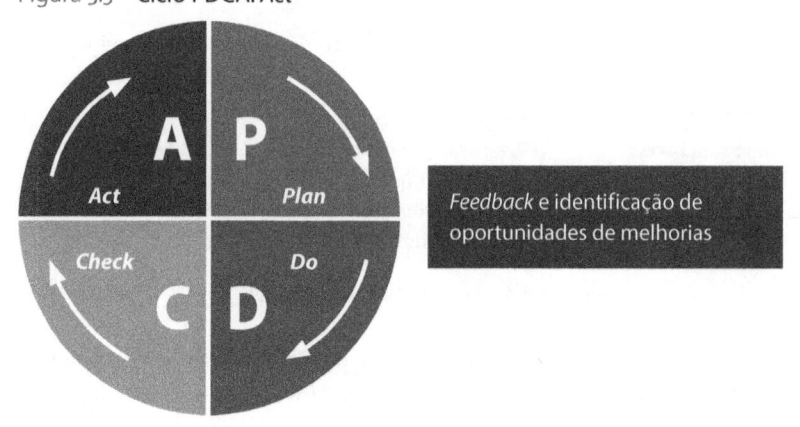

Feedback e identificação de oportunidades de melhorias

A chave para promover a melhoria contínua das ações de QVT está na criação e na internalização da cultura da aprendizagem, construídas com base nos resultados obtidos para avaliar, compreender e identificar o que deve ser modificado, tendo em vista o alcance dos objetivos e os propósitos desejados. Com isso, é possível obter contínuos saltos de qualidade na oferta das ações e programas de QVT e, portanto, na gestão da qualidade de vida no trabalho (GQVT).

> **Fique atento!**
>
> Você sabia que a cultura da aprendizagem e a prática de olhar apreciativamente para os resultados obtidos é a chave para os saltos de melhoria?
>
> Para entender como desenvolver a prática do olhar apreciativo, vale compreender o significado da palavra *apreciar*: "v.1 Valorar, o ato de reconhecer o melhor nas pessoas ou no mundo a nossa volta, afirmando as forças, sucessos e potenciais passados e presentes, perceber essas coisas que dão vida (saúde, vitalidade, excelência) aos sistemas vivos. Sinônimos: valor, estima, honra" (Cooperrider; Whitney; Stavros, 2008, p. 17).

> Sob a perspectiva apreciativa, não existe fracasso, o que existem são resultados. Assim, se o resultado obtido se distancia do desejado, a questão é: **O que se pode aprender com isso?** E, a partir daí, olha-se para o futuro com a pergunta: **O que podemos fazer de diferente da próxima vez?**
> A primeira pergunta promove a reflexão sobre os aprendizados viabilizados pelos resultados obtidos. A segunda pergunta, por sua vez, esclarece o que especificamente precisa ser feito; em outras palavras, pede ações.
> Essas perguntas são impulsionadoras de ações para o autodesenvolvimento do colaborador, do grupo de trabalho, da equipe responsável pela QVT e da organização.
> Ao adotar o olhar apreciativo e a cultura da aprendizagem, quebra-se o paradigma voltado ao erro e à punição e abre-se espaço para a adoção de estratégias que permitam alcançar melhores resultados. Esse componente é vital para a criação e a manutenção da QVT.

Fonte: Elaborado com base em Lotz; Gramms, 2014.

Com a identificação das oportunidades de melhoria, completa-se uma rodada do ciclo PDCA, e a organização passa a ter condições de reiniciar um novo ciclo, planejando o programa e realizando novamente as etapas, em um movimento contínuo de aprimoramento da QVT.

É importante salientarmos a relevância da divulgação dos resultados dos programas de QVT aos colaboradores da organização. Algumas empresas, além de divulgarem em seus meios de comunicação (intranet, quadros, eventos etc.), adotam formas criativas de premiação e recompensas para aqueles que se envolveram e se destacaram nos resultados, colocando o programa "sob os holofotes". Tais iniciativas servem para estimular o interesse e a participação e alimentar a manutenção do programa.

Síntese

Neste capítulo, analisamos a implantação e a gestão de programas de QVT abordando a importância de preparar a organização para as ações de QVT por meio da elaboração de pesquisas de viabilidade, da sensibilização da alta direção, da nomeação de um gestor para o programa, da angariação do engajamento dos gestores das demais áreas e da relevância de formar um comitê gestor do programa.

Além disso, abordamos o ciclo PDCA e as atividades a serem realizadas dentro de suas etapas de planejamento, execução, avaliação e melhoria contínua no contexto dos programas de QVT.

Questões para revisão

1. Existe uma relação estreita entre o clima organizacional e a QVT, pois, assim como as questões financeiras, de produção e logística, também requer gestão. Esse fato pressupõe que a empresa realize o planejamento, a organização, a direção e o monitoramento de aspectos que compõem a saúde e o bem-estar do colaborador, de modo a contribuir para a produtividade, a lucratividade e a competitividade da organização.

   Qual ferramenta da qualidade pode melhorar os processos e a gestão do clima organizacional e da QVT?

   a) Ciclo PDCA.
   b) Fluxograma.
   c) Histograma.
   d) Diagrama de Ishikawa.
   e) Diagrama de Pareto.

2. A avaliação diagnóstica é ação imprescindível para a organização que pretende identificar as reais necessidades dos colaboradores em QVT. Por meio dela, a empresa conhece o cenário atual de saúde, bem-estar e satisfação dos colaboradores, bem como estabelece o cenário que deseja alcançar, por meio do estabelecimento de estratégias e adoção de ações que estejam em seu âmbito de intervenção e capacidade orçamentária. A seguir, assinale as três fases que compõem a avaliação diagnóstica:

   a) Aplicação do ciclo PDCA, *feedback* e definição das ações corretivas.
   b) Avaliação dos exames médicos periódicos dos colaboradores, levantamento do índice de absenteísmo e número de atestados médicos entregues no ano de exercício.
   c) Coleta dos dados da organização e dos colaboradores, confecção dos relatórios e apresentação dos resultados.
   d) Entrevista com a alta gestão, avaliação de exames periódicos de saúde dos colaboradores e aplicação do ciclo PDCA.
   e) Preparação da alta gestão, escolha do coordenador do projeto e escolha do comitê de QVT.

3. A avaliação do programa de QVT é etapa importante, pois dá a conhecer diferentes níveis de resultados, possibilitando à organização o estabelecimento das ações corretivas e ou trace as ações dos próximos programas. A seguir, com base no modelo de avaliação proposto por Kirkpatrick (1975), assinale a alternativa que apresenta os diferentes níveis de resultados.

   a) Participação, indicação, preferências e comportamento.
   b) Reação, indicação, *no show* (inscritos que não compareceram) e custos.
   c) *No show*, indicação, reação e custos.
   d) Participação; reação; comportamento e resultado.
   e) Participação, reação, indicação e pesquisa de adesão para as próximas ações de QVT.

4. Leia com atenção o diálogo entre dois colaboradores de uma empresa que cogitou implementar ações de QVT:

   > Alexandre: — Você viu que o RH está inventando mais uma moda aí de qualidade de vida e saúde?
   >
   > João: — Ah! Eu soube! Imagina que agora eles querem se meter na nossa saúde! Até o que comemos eles querem controlar!
   >
   > Alexandre: — Mas você não acha isso bom? Lembra que no ano passado você teve um problema sério de elevação da pressão arterial e que o médico te mandou fazer exercícios físicos e melhorar a alimentação para aumentar a sua disposição e vitalidade?
   >
   > João: — Imagina! Que bobagem! Na minha idade é normal! Todos temos quilos a mais e disposição de menos!

   O diálogo demonstra que João, embora tenha sido acometido por elevação da pressão arterial e redução de vitalidade, não acredita ter um problema. Tal percepção da situação provavelmente fará com que ele não veja motivos para se engajar nas ações e programas de QVT ofertados pela empresa. Como a gestão pode identificar esse tipo de situação e agir sobre ela?

5. O êxito de um programa de QVT necessariamente implica mudanças no modo de pensar dos gestores, que serão refletidas em políticas e práticas de QVT e em transformações por parte dos colaboradores, no sentido de se comprometerem com a adesão e a manutenção de hábitos saudáveis na esfera física ou psicossocial.

Agora, imagine que você é o gestor responsável por sensibilizar os colaboradores para as ações de QVT. Que estratégias você utilizaria para sensibilizar e obter a adesão dos colaboradores?

Questões para reflexão

1. Imagine que você é o gestor de uma área com diversos colaboradores. A empresa não realiza ações de QVT e você sente a necessidade de ter apoio para cuidar da saúde dos colaboradores. Como você poderia sensibilizar a direção ou a alta gestão para a necessidade de investir em programas de QVT?

2. Que estratégias você pode sugerir ao seu gestor para gerenciar a QVT em sua empresa ou área?

Para saber mais

Site

OIT – Organização Mundial do Trabalho. Disponível em: <http://www.oit.org.br/publication>. Acesso em: 25 mar. 2017.

Visite o *site* da Organização Internacional do Trabalho (OIT). Na aba "Centro de Informações", você encontra publicações e documentos que apresentam diversos aspectos relacionados à QVT no Brasil e no mundo.

Textos *on-line*

CALDEIRA, A. Meu sobrenome é trabalho. **Melhor Gestão de Pessoas.** 31 mar. 2016. Disponível em: <http://www.revistamelhor.com.br/meu-sobrenome-e-trabalho/>. Acesso em: 25 mar. 2017.

O artigo evidencia a necessidade de se pensar em programas que contemplem o combate de disfunções disfarçadas de cultura e que afetam a QVT.

PATI, C. As 26 melhores empresas para trabalhar no Brasil em 2016. **Exame,** 29 mar. 2016. Disponível em: <http://exame.abril.com.br/carreira/as-26-melhores-empresas-para-trabalhar-no-brasil/>. Acesso em: 25 mar. 2017.

Conheça a publicação anual da Revista Exame, que lista as melhores empresas para trabalhar no Brasil, com as práticas voltadas para a QVT.

6 Coletânea de ações e atividades de qualidade de vida no trabalho

Conteúdos do capítulo:
- Dimensões biológica, social e organizacional das ações e atividades de qualidade de vida.
- A combinação das dimensões biológica, psicológica, social e organizacional para a composição dos programas de qualidade de vida no trabalho (QVT).

Após o estudo deste capítulo, você será capaz de:
- entender a diversidade de ações e atividades de qualidade de vida no trabalho (QVT);
- compreender o propósito e a aplicação das ações e atividades apresentadas;
- relacionar ações e atividades à visão biopsicossocial;
- combinar ações e atividades para compor programas de QVT.

Neste capítulo, elaboramos uma coletânea de ações de QVT que podem ser aplicadas nas organizações e servir como inspiração para a adaptação de ações de modo a atender os anseios e especificidades das organizações.

Para apresentar essas ações, optamos por distribuir as atividades de acordo com as dimensões biológica, psicológica, social e organizacional (Limongi-França, 1996). Observe, no Quadro 6.1, as definições das ações dentro de cada dimensão.

Quadro 6.1 – **Dimensões, ações e atividades de QVT**

Dimensões	Ações
Biológica	Ações que promovam a saúde, que controlem os riscos ambientais e que atendam às necessidades físicas.
Psicológica	Ações que promovam a autoestima e o desenvolvimento das capacidades pessoais e profissionais.
Social	Ações que ofereçam benefícios sociais obrigatórios e espontâneos e criem oportunidade de lazer e cultura.
Organizacional	Ações que valorizem a imagem, estrutura, produto, relacionamento da empresa com os empregados.

Fonte: Adaptado de Limongi-França, 1996, p. 245.

Vejamos a seguir cada uma das dimensões elencadas.

6.1 Dimensão biológica

As ações categorizadas na dimensão biológica, que você conhecerá a seguir, são voltadas para o bem-estar e à saúde física do colaborador.

* **Prevenção de acidentes:** é a oferta de atividades voltadas à prevenção de acidentes e treinamentos diversos sobre o uso de equipamentos de proteção individual (EPIs).

Algumas das atividades realizadas são **exigidas por lei**; portanto, é imperativo que ocorram na organização.

- **Ergonomia**: oferta de ações que identifiquem, monitorem e modifiquem situações que afetam negativamente a saúde e a QVT. As ações de ergonomia consideram:
  - aspectos ambientais (temperatura, ruídos, vibrações, iluminação, entre outros);
  - aspectos biomecânicos (interface entre o trabalhador e a máquina – postura, força; e as questões fisiológicas – higiene, esforço físico);
  - aspectos cognitivos (atenção, memória, exigências do trabalho);
  - aspectos da organização do trabalho (conteúdo do trabalho, gestão, relações de poder).

- **Exames periódicos de saúde**: consultas anuais patrocinadas pela empresa e conduzidas com o objetivo de prevenir doenças, verificar a prevalência de fatores de risco e promover a saúde dos colaboradores.

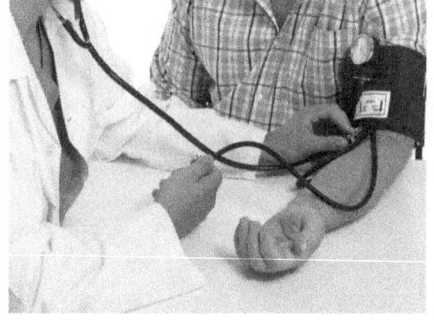

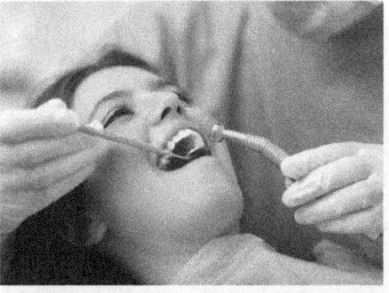

- **Plano de assistência médica e odontológica:** oferta de assistência médica, ambulatorial e odontológica por meio da contratação de um plano de saúde total ou parcialmente subsidiado pela empresa ou com a disponibilização de profissional da área da saúde para atendimento ambulatorial nas dependências da empresa.
- **Acompanhamento aos grupos de riscos:** oferta de acompanhamento aos colaboradores considerados pertencentes aos grupos de risco, tais como hipertensos, diabéticos, obesos, dislipidêmicos (gordura no sangue), entre outros.
- **Palestras sobre atividades físicas:** sensibilização para a importância da prática de atividades físicas regulares, tendo em vista os benefícios que promovem na saúde como um todo, a exemplo da qualidade do sono, tônus muscular, elevação da sensação de bem-estar, redução dos níveis de estresse e de riscos de doenças cardiovasculares.

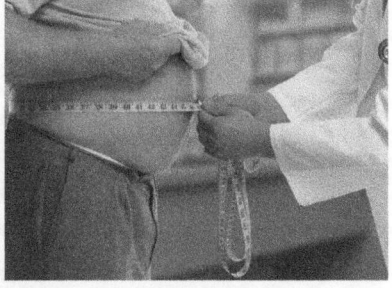

- **Caminhadas temáticas:** oferta de caminhadas lúdicas e temáticas aos colaboradores, estendidas a familiares e amigos.

- **Informes sobre atividades físicas:** divulgação de informes e matérias interessantes sobre os benefícios da prática de atividades físicas. Difusão de informações sobre grupos de caminhadas e corridas, assim como eventos que estão ocorrendo na cidade/região sobre o tema.

- **Conversa mensal com profissional da saúde:** esclarecimento sobre práticas preventivas abordando temas diversos, a exemplo de doenças sexualmente transmissíveis (DSTs); câncer (ginecológico, de mama, de próstata, da tireoide); dependência química; saúde bucal; endemias, epidemias e pandemias (gripes, dengue, zica, chikungunya etc.); distúrbios do sono, entre outros temas que sejam de interesse dos colaboradores, da empresa e da sociedade. As conversas podem ser realizadas de forma presencial ou via *chat*, videoconferência, entre outros recursos.

- **Grupos de modalidades esportivas**: estímulo e incentivo à formação de grupos de diversas modalidades, a exemplo de grupos de caminhada, grupos de corrida, grupos de dança e alongamento, entre outros. É importante que a organização também ofereça espaço físico adequado para a prática das atividades nos casos de modalidades que assim o requeiram.
- **Academia na empresa**: oferta de espaço físico e equipamentos adequados para a prática de atividades físicas, acompanhados das devidas orientações e recomendações sobre os cuidados necessários.
- **Convênios ou incentivo financeiro para o pagamento de academia**: oferta de convênios para descontos em academias, escolas de natação, ioga, tênis, ou ajuda financeira,

de modo que o colaborador escolha a modalidade que melhor lhe convém.

- **Parceria com Serviço Social do Comércio (Sesc):** oferta ao colaborador e à sua família de acesso a diversas atividades voltadas à saúde (nutrição, assistência odontológica) e atividades voltadas à cultura, ao lazer e à educação.
- **Parceria com o Serviço Social da Indústria (Sesi):** oferta de diversas ações e atividades de prevenção contra câncer; uso de álcool e outras drogas; acidentes de trabalho; doenças crônicas e DSTs; de alimentação saudável; de estímulo a atividades físicas; de saúde mental e atividades no campo da educação e da cultura.
- **Torneios esportivos:** torneios internos entre os times da empresa e a participação em torneiros externos, em diversas modalidades (futebol, voleibol, basquete etc.).

- **Ginástica laboral**: oferta de ginástica laboral para permitir ao colaborador a melhor utilização de sua capacidade funcional, por meio de exercícios para a prevenção de lesões ocupacionais, além de contribuir para a integração do pessoal. As ações e atividades devem ser desenvolvidas com base em uma criteriosa análise do ambiente. A ginástica laboral pode ser de três tipos:
  1. ginástica preparatória ou de aquecimento, realizada no início do expediente;
  2. ginástica compensatória, realizada em pausas durante o expediente;
  3. ginástica de relaxamento, realizada ao final do expediente.

Blaj Gabriel/Shutterstock

- **Nutrição**: programa para estimular a adoção de hábitos alimentares saudáveis, a exemplo de: café da manhã saudável; orientação nutricional no refeitório; oficina de culinária; divulgação de materiais sobre nutrição; palestras (alimentação funcional, comportamento alimentar, alimentação relacionada a diferentes condições

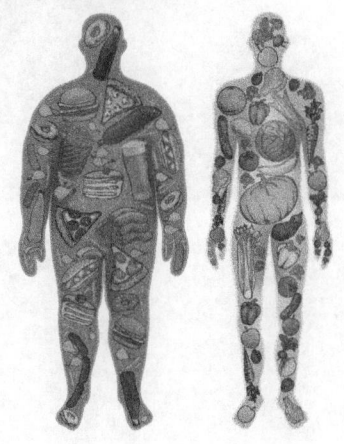

ksenia_bravo/Shutterstock

clínicas, controle de peso, vida saudável, entre outros); conversas com nutricionista; oferta de frutas e garrafas de água, entre outros.

- **Massagem em horário de expediente:** oferta de sessões de massagem com duração de dez minutos, realizadas por fisioterapeutas ou massoterapeutas que empregam técnicas e instrumentos variados, adequados à função do trabalhador.
- **Campanhas de vacinação:** oferta de vacinação para prevenir gripe, dengue, rubéola, hepatite B, sarampo, caxumba, tétano, entre outras doenças. Essa iniciativa pode ser estendida aos familiares, sem custo ou a custo reduzido, dependendo da opção adotada pela organização.

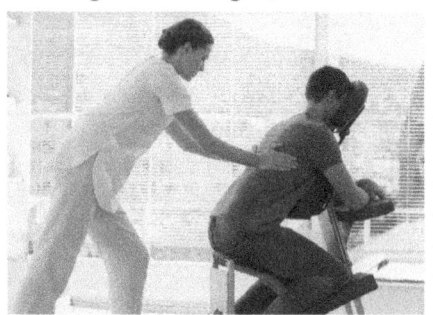

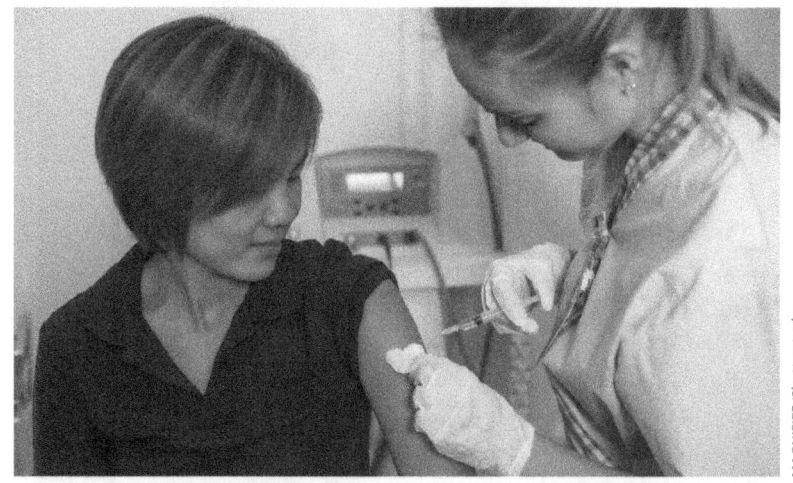

Fique atento!

A saúde é a primeira de todas as liberdades e é uma responsabilidade pessoal a ser compreendida e interiorizada. Para se ter uma vida saudável, é importante planejamento e moderação. Conheça, na Figura 6.1, a pirâmide do bem-estar, que fornece orientações úteis para a manutenção da saúde, do bem-estar e da qualidade de vida.

Figura 6.1 – **Pirâmide do bem-estar**

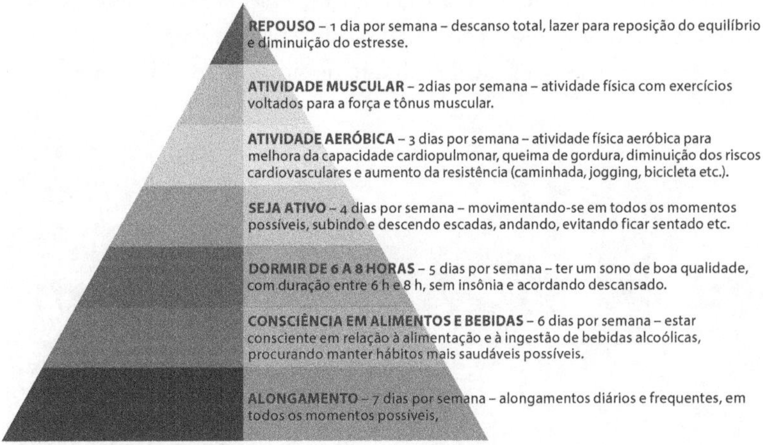

REPOUSO – 1 dia por semana – descanso total, lazer para reposição do equilíbrio e diminuição do estresse.

ATIVIDADE MUSCULAR – 2dias por semana – atividade física com exercícios voltados para a força e tônus muscular.

ATIVIDADE AERÓBICA – 3 dias por semana – atividade física aeróbica para melhora da capacidade cardiopulmonar, queima de gordura, diminuição dos riscos cardiovasculares e aumento da resistência (caminhada, jogging, bicicleta etc.).

SEJA ATIVO – 4 dias por semana – movimentando-se em todos os momentos possíveis, subindo e descendo escadas, andando, evitando ficar sentado etc.

DORMIR DE 6 A 8 HORAS – 5 dias por semana – ter um sono de boa qualidade, com duração entre 6 h e 8 h, sem insônia e acordando descansado.

CONSCIÊNCIA EM ALIMENTOS E BEBIDAS – 6 dias por semana – estar consciente em relação à alimentação e à ingestão de bebidas alcoólicas, procurando manter hábitos mais saudáveis possíveis.

ALONGAMENTO – 7 dias por semana – alongamentos diários e frequentes, em todos os momentos possíveis,

Fonte: Adaptado de Ogata; Marchi, 2008, p. 50.

6.2 Dimensão psicológica

As ações e atividades elencadas a seguir são voltadas para a saúde mental e emocional do colaborador.

* *Coaching*: oferta de apoio e parceria para potencializar o desenvolvimento de competências comportamentais e de gestão, de modo que o colaborador possa acelerar a aprendizagem e responder mais adequadamente às demandas de um cenário em constante mudança, apesar da restrição do contexto de atuação.

- **Palestras informativas sobre saúde mental:** oferta de palestras com temas relacionados à ansiedade, estresse, *burnout* e depressão, assim como orientações aos colaboradores sobre como identificar os sintomas e como proceder diante de situações desafiadoras.

- **Palestras sobre violência doméstica e familiar:** informações sobre abusos físicos, psicológicos, sexuais, morais e patrimoniais. Abordagens sobre as formas de identificar e de denunciar abusos contra mulheres, homens, crianças, legislação (Lei Maria da Penha, Lei da Palmada), direitos, casas de apoio, entre outros.

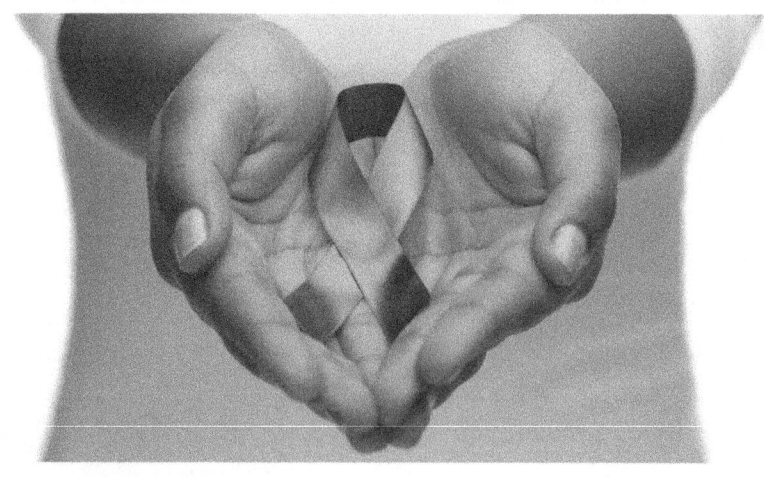

- **Oficina de gestão do tempo**: oferta de palestras sobre o uso do tempo na distribuição e no desenvolvimento das atividades cotidianas. Permite a identificação de comportamentos que drenam tempo e energia e que levam à procrastinação, oferecendo ferramentas que possibilitam gerenciar as atividades no tempo de modo a reduzir os níveis de estresse e facilitar a obtenção de resultados profissionais e pessoais, com a adoção de novos comportamentos.
- **Oficinas de desenvolvimento de inteligência emocional**: disponibilização de informações e técnicas para incentivar o autoconhecimento, autocontrole, automotivação, empatia e habilidades sociais, para estimular a formação e o fortalecimento das competências comportamentais.
- **Técnicas de relaxamento**: disponibilização de espaço para exercícios que têm por objetivo dissipar as tensões físicas, mentais e emocionais e contribuir para a eliminação ou redução dos níveis de estresse, ansiedade, e as pressões da vida cotidiana (meditação, *mindfulness* ou atenção plena, respiração, relaxamento dos principais grupos musculares do corpo).

- **Psicoterapia individual ou em grupo:** oferta de serviço prestado por profissionais especializados que têm por objetivo tratar de questões pessoais, como dificuldades emocionais, comportamentais, cognitivas. Pode ser oferecido ao profissional e estendido a familiares. Existem situações nas quais o colaborador contribui com percentual do valor do tratamento.
- **Grupos de apoio:** estímulo à formação de grupos que têm por objetivo oferecer e obter apoio mútuo. Inclui a disponibilização de espaço para os encontros, que podem ser semanais, quinzenais ou mensais, de acordo com o combinado entre os participantes. Esses encontros possibilitam a troca de experiências e aprendizagem a respeito de temas como dependência química, tabagismo, obesidade, entre outros. Os grupos de apoio partem da premissa que "caminhar acompanhado" torna o fardo mais leve.
- **Campanhas de prevenção e tratamento a álcool e drogas:** é a oferta de ações que têm por objetivo sensibilizar, conscientizar, informar, educar e capacitar funcionários e familiares na detecção e tratamento da drogadição. Incluem-se no programa estratégias

de prevenção, tratamento, recuperação e reinserção social. As políticas apresentadas e adotadas pela organização devem estar em consonância com a Política Nacional Antidrogas (Pnad).

- **Campanhas de prevenção e tratamento do tabagismo**: iniciativas cujo objetivo é conscientizar sobre os efeitos do tabagismo (tabagismo ativo e tabagismo passivo), evitar agravos à saúde devido ao fumo e oferecer suporte e recursos necessários aos funcionários que desejam parar de fumar. Políticas em relação ao fumo nas dependências da empresa também pertencem ao programa, uma vez que atuam contra o tabagismo passivo.

> **Fique atento!**
> Você sabia que a fumaça do cigarro ou de outro derivado do tabaco pode causar doenças nas pessoas com quem o indivíduo convive em casa, no trabalho e em demais espaços coletivos e que não existe nível seguro de exposição à fumaça?
>
> Tabagismo passivo é a inalação da fumaça de derivados do tabaco, tais como cigarro, charuto, cigarrilhas, cachimbo, narguilé e outros produtores de fumaça, por indivíduos não fumantes, que convivem com fumantes em ambientes fechados respirando as mesmas substâncias tóxicas que o fumante inala.
>
> A fumaça do cigarro é uma mistura de aproximadamente 4.720 substâncias tóxicas diferentes que constituem-se de duas fases fundamentais: a particulada e a gasosa. A fase gasosa é composta, entre outros por monóxido de carbono, amônia, cetonas, formaldeído, acetaldeído, acroleína. A fase particulada contém nicotina e alcatrão.
>
> Alcatrão é um composto de mais de 40 substâncias comprovadamente cancerígenas, formado a partir da combustão dos derivados do tabaco.

> [...]
> A nicotina é considerada pela OMS uma droga psicoativa que causa dependência. A nicotina age no sistema nervoso central como a cocaína, com uma diferença: chega em torno de 7 a 19 segundos ao cérebro. Por isso, o tabagismo é classificado como doença e está inserido no Código Internacional de Doenças (CID-10), no grupo de transtornos mentais e de comportamento devido ao uso de substância psicoativa.
> [...]
> A fumaça que sai da ponta do cigarro e se difunde homogeneamente no ambiente, contém em média três vezes mais nicotina, três vezes mais monóxido de carbono e até 50 vezes mais substâncias cancerígenas do que a fumaça que o fumante inala. A exposição involuntária à fumaça do tabaco pode acarretar desde reações alérgicas (rinite, tosse, conjuntivite, exacerbação de asma) em curto período, até infarto agudo do miocárdio, câncer do pulmão e doença pulmonar obstrutiva crônica (enfisema pulmonar e bronquite crônica) em adultos expostos por longos períodos.

Fonte: Brasil, 2017.

6.3 Dimensão social

A seguir, apresentaremos ações e atividades que privilegiam a dimensão social dos colaboradores nas organizações.

* **Educação financeira:** promoção da conscientização sobre os hábitos e comportamentos em relação ao uso do dinheiro, orientação para a realização de um planejamento financeiro pessoal ou familiar, informações sobre questões que envolvem gastos, empréstimos, créditos, compras parceladas, aposentadoria, entre outros, e estímulo à criação de disciplina que contribuam para a saúde financeira.
* **Planejamento familiar:** oferta de orientação sobre a importância de métodos para evitar a gravidez indesejada, planejar a época de ter filhos, amealhar o aporte financeiro que demanda a vinda de

filhos; orientações sobre questões legais sobre licença maternidade/paternidade, alternativas para casais que não podem ter filhos (fertilização, adoção, entre outros), reflexões sobre a qualidade de vida, condições sociais e culturais que os filhos terão.

- **Desenvolvimento profissional:** oferta de ações de treinamento e desenvolvimento que têm por objetivo capacitar e aprimorar as competências individuais do profissional para o exercício de suas atividades e funções.

- **Desenvolvimento interpessoal:** oferta palestras, *workshops* e cursos que têm por objetivo desenvolver a competência relacional dos colaboradores, tais como desenvolvimento de liderança, *feedback*, comunicação, escuta ativa, escuta empática, trabalho em equipe, comunicação não violenta, técnicas de negociação e gestão de conflitos, entre outros.

- **Diversidade nas organizações**: oferta de palestras e conscientização sobre a aceitação às diferenças de gênero, etnia, orientação sexual, homoafetividade, religião, idade etc.
- **Etiqueta social e profissional**: oferta de oficinas e palestras sobre regras que norteiam o comportamento das pessoas, a exemplo de cordialidade, pontualidade, postura, educação, atendimento ao telefone, uso do celular, redação de *e-mail*, vestimenta, postura à mesa, eventos sociais, redes sociais, entre outros.
- **Educação ambiental**: oferta de ações e projetos que têm por objetivo sensibilizar os colaboradores (e familiares) a respeito da relevância da sustentabilidade, por meio da utilização consciente dos recursos naturais. Entre as ações, configuram-se: oficinas de reciclagem; coleta seletiva de lixo; campanhas de uso consciente de água e energia; conscientização para o consumo responsável; visitação a parques ecológicos; trilhas em áreas de preservação e em áreas recuperadas; descarte de pilhas, baterias e lâmpadas, entre outros.
- **Família na empresa**: oferta de datas especiais nas quais os colaboradores convidam seus familiares a visitar a empresa e conhecer seus postos de trabalho, a maneira como atuam, os colegas etc.
- **Cine-empresa**: oferta de sessões de filmes, que podem ou não vir acompanhadas de debates a respeito do tema, sorteio de brindes, distribuição de pipoca, entre outros.

- **Passeios culturais:** disponibilização de momentos que possibilitem que os colaboradores (e familiares) conheçam o patrimônio, os costumes, as tradições e as crenças de determinada localidade e estimulem a curiosidade cultural por meio de visitas a centros históricos, exposições, museus, zoológicos, feiras, lançamentos de livros, entre outros.
- **Voluntariado:** disponibilização de momentos em que os colaboradores sejam estimulados e apoiados a se dedicar, por algumas horas, à prática de trabalhos voluntários e de ação social em hospitais, asilos, orfanatos, organizações não governamentais (ONGs), tais como campanhas para doação de sangue e medula óssea, entre outros eventos (dentro ou fora do horário de expediente).
- **Oficinas de arte, artesanato e fotografia:** oferta de oficinas que possibilitam ao colaborador (e familiares) aprender canto, desenho, pintura, fotografia, serigrafia, marcenaria, música, entre outras atividades.
- **Grupo de teatro:** iniciativa que tem por objetivo estimular, apoiar e patrocinar grupo de teatro da empresa, que possibilita aos colaboradores a vivência e a experiência artística. Viabiliza a abordagem de temas relevantes no dia a dia da organização de forma criativa e lúdica, a exemplo de motivação,

estresse, segurança no trabalho, qualidade de atendimento ao cliente, *endomarketing*, inclusão de colaboradores com deficiência, tabagismo, alcoolismo, entre outros.

- **Coral**: estímulo à criação e à manutenção de coral aberto à participação de colaboradores de todas as funções e níveis hierárquicos, podendo ou não ser estendido aos familiares. A empresa oferece o espaço e pode disponibilizar figurino e eventuais equipamentos, assim como promover e divulgar as apresentações.

- **Espetáculos**: estímulo a eventos culturais por meio da distribuição de ingressos para espetáculos de dança, teatro, concertos, espetáculos circenses, entre outros. Inclui ainda a oferta de momentos culturais nos quais os grupos artísticos vão até a organização para realizar suas *performances*, no auditório ou no refeitório da empresa, com o objetivo de proporcionar entretenimento, levando arte e cultura aos colaboradores.

- **Clube do livro**: estímulo, promoção e apoio à leitura e debates acerca de temas relevantes para os colaboradores e para a organização. O grupo elege um livro a ser lido e, a cada reunião, os participantes conduzem as discussões a respeito de um ou dois capítulos sobre a aplicação prática dos ensinamentos na vida profissional e pessoal. O clube do livro pode vir acompanhado da criação de biblioteca e do estímulo à leitura por meio de ações nas quais os colaboradores "esqueçam" livros em áreas estratégicas da empresa com o propósito de que sejam lidos e compartilhados com maior número de pessoas.

- **Comemorações de datas especiais:** destaque datas significativas, como Dia Internacional da Mulher; Dia das Mães; Dia dos Pais; Dia das Crianças; Carnaval; Páscoa; Natal; Dia da Consciência Negra; Dia do Trabalho; aniversariantes do mês; entre outras datas consideradas significativas pelos colaboradores.
- **Treinamento de inclusão e atendimento a pessoas com deficiência:** política implantada em organizações com mais de 100 colaboradores (por lei). Contudo, não basta apenas abrir as portas da organização para receber esses novos colaboradores com necessidades especiais: é preciso sensibilizar, conscientizar e capacitar os colaboradores que irão recebê-los. Os treinamentos de inclusão têm por objetivo oferecer informação e conhecimento, bem como desenvolver habilidades e incentivar atitudes para o dia a dia e o convívio no setor no qual o novo colaborador irá atuar. Os temas comumente tratados nos treinamentos de inclusão são: linguagem brasileira de sinais (Libras); acessibilidade; potencial de trabalho de acordo com o grau de deficiência; como e quando oferecer ajuda, entre outros fatores. A empresa pode valer-se de palestras, debates, cartilhas, peças de teatro, oficinas, entre outras estratégias para atingir tal propósito.

- Programas de Preparação para Aposentadoria (PPA): apresentação de condições e meios para uma boa aposentadoria. Entre os temas abordados no programa, configuram-se: mudança na forma de estruturar o tempo; mudança nas formas de relacionamento (família, amigos, colegas de trabalho); implicações biológicas, psicológicas, sociais e legais; busca de alternativas para o uso de capacidades e talentos, e demais assuntos afins.

6.4 Dimensão organizacional

As ações e atividades apresentadas a seguir, relacionadas à dimensão organizacional, são voltadas para o relacionamento entre a organização e os colaboradores.

- Avaliação e mudanças de processos organizacionais: oferta de ações que possibilitem a reavaliação, reorganização e redistribuição das tarefas, gestão participativa, desenvolvimento de carreira, políticas de reconhecimento, entre outras iniciativas que identifiquem os estressores oriundos de processos organizacionais e atuem sobre eles.

- **Assistência ao colaborador, ou *Employee Assistance Programs* (EAP):** programas que ofertam apoio, aconselhamento e suporte aos colaboradores, sendo muitas vezes estendido aos familiares. O EAP oferece dois serviços básicos: aconselhamento com profissional especializado em questões pessoais, com privacidade e sigilo assegurados; consultoria de recursos humanos para questões que podem afetar o desempenho e a produtividade do colaborador.
- **Pesquisa de clima organizacional:** ferramenta cujo objetivo é avaliar o clima organizacional e identificar oportunidades de melhorias no ambiente de trabalho. O clima organizacional é um poderoso indicador do grau de satisfação dos colaboradores e evidencia aos gestores a percepção dos colaboradores em relação a diversos aspectos da organização, desde políticas de RH, estilo de gestão, processos de comunicação, oportunidade de participação, salário, entre outros.
- **Código de ética e conduta:** documento que registra os princípios que regem a conduta pessoal e profissional de todos os colaboradores, independentemente do cargo ou da função que ocupem, de forma a se tornar um padrão de relacionamento interno e externo. Tem por objetivo estabelecer referencial de padrão comportamental ético alicerçado nos valores

da empresa; ser um conjunto de princípios norteadores assumidos publicamente que reduzam a subjetividade das interpretações na esfera pessoal sobre princípios morais e éticos e fortalecer a transparência empresarial perante todas as partes interessadas.

- **Ouvidoria**: oferta de um canal (telefone, internet, intranet) para que os colaboradores e terceiros possam registrar denúncias quando condutas antiéticas forem detectadas (assédio, corrupção, abuso de poder, desrespeito, discriminação, uso indevido de ativos da organização, entre outros).
- *Outplacement* (recolocação profissional): conjunto de ações aplicado quando da demissão de um colaborador onde ele, que recebe orientação para conseguir uma recolocação profissional no mercado e a empresa cumpre com sua parte social, dando o total apoio ao demitido – humaniza o processo de demissão. Acolhe o demitido, contribui para a reestruturação do currículo, para o levantamento das oportunidades de desenvolvimento, analisa a rede de contatos que a pessoa possui e que pode ser utilizado, faz um estudo da carreira da pessoa para verificar qual será seu próximo objetivo (se ingressar em outra empresa com o mesmo cargo, mudar de área, ou até mesmo abrir o negócio próprio).
- **Programa de benefícios espontâneos**: oferta de benefícios não exigidos por lei, tais como plano de saúde, complementação de aposentadoria, plano odontológico, gratificações, entre outros. Os benefícios têm por foco contribuir com o colaborador em três significativas áreas: no exercício do cargo (seguro de vida, gratificações, prêmios por produção); fora do cargo (lazer,

refeitório, cantina, transporte) e fora da organização (recreação, atividades comunitárias).

> **Fique atento!**
>
> Você sabia que a felicidade é uma experiência de alegria, contentamento ou bem-estar combinado a uma sensação de que a vida é boa significativa e valiosa?
>
> - 10% da variação nos níveis de felicidade são explicados pelas diferenças nas situações e circunstâncias da vida (situação econômica, beleza, saúde física, relacionamentos etc.);
> - 50% são pontos atribuídos geneticamente;
> - 40% estão relacionados ao comportamento e podem ser modificados.
>
> Pessoas que adotam modelos de pensamento e comportamento que as deixam mais felizes tendem a cultivar emoções positivas, tais como a prática da gratidão, do perdão, da confiança, do otimismo. Dedicam tempo em cultivar amigos, praticar atividades físicas. São pessoas que têm propósito, são comprometidas com seus objetivos e valores por toda a vida, e contribuem para o bem-estar de outras pessoas. E mesmo em momentos de crises e tragédias pessoais nutrem a esperança e a confiança.
>
> E o que fazer para aumentar o nível de felicidade?
>
> - praticar a gratidão e cultivaras emoções e pensamentos positivas;
> - investir nas relações sociais;
> - administrar o estresse, a adversidade e o trauma;
> - viver no presente;
> - comprometer-se com seus objetivos;
> - cuidar do corpo e da alma.

Fonte: Ogata; Simurro, 2009, p. 7-8.

A escolha das ações e programas de QVT estão alicerçadas em diversos fatores, tais como a cultura e o clima organizacionais, a necessidade dos colaboradores, as possibilidades orçamentárias da empresa, entre outros. Normalmente, as organizações compõem o programa de QVT contemplando mais de uma dimensão, decisão esta que é alicerçada na avaliação diagnóstica, que irá identificar as necessidades específicas da organização.

As ações que apresentamos neste capítulo não esgotam as possibilidades de atividades para a QVT. Nosso propósito foi o de inspirá-lo, para que você possa fazer a diferença na sua empresa, ajudando a identificar a opção ou a combinação de ações que atendam às necessidades dos colaboradores e às possibilidades da organização.

É importante nos atentarmos para as dimensões física, psicológica, social e organizacional ao elaborar ações de QVT, pois, ao retomarmos a noção de que o ser humano é um ser integral, não basta atendermos apenas às questões físicas, por exemplo, e concluirmos que a empresa pratica a QVT. Devemos observar todas as dimensões e entender o contexto específico da empresa, para então agir para o bem-estar e a saúde do trabalhador, que se traduz no bem-estar e saúde da própria organização.

Síntese

Neste capítulo, analisamos uma diversidade de ações e atividades de QVT voltadas para as dimensões biológica, psicológica, social e organizacional.

Dentro da dimensão biológica, contemplamos ações que envolvem o bem-estar físico do trabalhador, tais como prevenção de acidentes, estímulo a atividades físicas, orientação alimentar, controle e prevenção de doenças, entre outros.

Na dimensão psicológica, elencamos iniciativas voltadas para a saúde mental e emocional do colaborador.

Na dimensão social, apresentamos atividades dirigidas para promover a integração, a socialização e o relacionamento entre os colaboradores por meio de atividades culturais, sociais e de lazer.

Na dimensão organizacional, enfatizamos ações voltadas para a clareza de procedimentos, organização do trabalho, monitoramento do clima organizacional, políticas de demissão humanizada, canais para ouvir o colaborador, entre outros.

Questões para revisão

1. No decorrer deste capítulo, apresentamos diversas ações que, para efeitos didáticos, foram separadas nas dimensões biológica, social, psicológica e organizacional. A seguir, relacione as dimensões da primeira coluna com as descrições da segunda coluna:

(B) Biológica
(P) Psicológica
(S) Social
(O) Organizacional

( ) Ações que ofereçam benefícios sociais, obrigatórios e espontâneos e criem oportunidade de lazer e cultura.
( ) Ações que promovam a autoestima e o desenvolvimento das capacidades pessoais e profissionais.
( ) Ações que valorizem a imagem, a estrutura, o produto, o clima organizacional e o relacionamento da organização com os colaboradores.
( ) Ações que promovam a saúde, controlem os riscos ambientais e atendam às necessidades físicas.

Assinale a alternativa que corresponde à sequência correta:

a) B, P, S, O.
b) P, O, S, B.
c) O, B, S, P.
d) S, P, O, B.
e) S, O, B, P.

2. A Philips emprega 119 mil funcionários distribuídos em 60 países e está no Brasil há mais de 90 anos. A empresa assume ter como objetivo "melhorar a vida das pessoas" e, para realizar tal propósito, oferece uma diversidade de ações em prol da saúde e do bem-estar do colaborador. Entre as ações, destacam-se as **campanhas de prevenção a doenças**, que têm por objetivo facilitar o diagnóstico precoce e evitar problemas futuros. Os temas variam entre: DSTs, câncer ginecológico, de mama, de próstata e da tireoide. Também ocorrem ações contra o tabagismo, imunização contra a gripe, de reeducação e prevenção de dependências químicas e de saúde bucal.

Tendo em vista as dimensões biológica, psicológica, social e organizacional, e considerando a divisão didática apresentada neste capítulo, assinale a alternativa correta:

a) O foco das campanhas de prevenção de doenças está voltado para a dimensão organizacional.
b) O foco das campanhas de prevenção de doenças está voltado para a dimensão social.
c) O foco das campanhas de prevenção de doenças está voltado para a dimensão psicológica.
d) O foco das campanhas de prevenção de doenças está voltado para a dimensão biológica.
e) O foco das campanhas de prevenção de doenças não apresenta foco específico.

3. O conjunto de ações que tem por objetivo humanizar o processo de demissão do no qual a empresa oferece ao funcionário apoio e orientação de carreira que favoreçam a nova recolocação é denominado:

a) *Employee Assistance Programs.*
b) Plano de aposentadoria.
c) *Empowerment.*
d) *Outsourcing.*
e) *Outplacement.*

4. Leia com atenção o texto a seguir:

Art. 93 – a empresa com 100 (cem) ou mais funcionários está obrigada a preencher de 2% (dois por cento) a 5% (cinco por cento) dos seus cargos com beneficiários reabilitados ou pessoas com deficiência, habilitadas, na seguinte proporção:
I – até 200 empregados 2%
II – de 201 a 500 .... 3%
III – de 501 a 1.000 .... 4%
IV – de 1.001 em diante 5%

Fonte: Brasil, 1991.

Clair é gestora de RH de uma empresa com 220 colaboradores. Recentemente, houve processo seletivo para pessoas com deficiência e dois candidatos foram selecionados: Arnaldo, 30 anos, com deficiência visual, e Ana Clara 27, com deficiência auditiva. Clair tem 20 dias para preparar os departamentos que irão receber os novos colaboradores. Contudo, ela quer promover de fato a integração e não apenas "colocar" Arnaldo e Ana Clara em postos de trabalho porque a lei assim determina. Ela acredita na importância de criar um ambiente harmônico e receptivo tanto para os ingressantes quanto para os colaboradores que estão há mais tempo na empresa.

Qual sugestão você oferece a Clair para que ela possa de fato alcançar o propósito de integrar o colaborador com deficiência?

5. Fabrício é gestor de RH de uma indústria de móveis. Recentemente, por acaso, ao visitar um dos galpões de produção, encontrou uma funcionária aos prantos. Ao avistar o gestor, ela logo tratou de se recompor; trêmula e visivelmente descontrolada, tentou arrumar suas roupas e cabelos e fez menção de voltar ao trabalho. Fabrício a interceptou para saber o que estava acontecendo. A moça, a princípio, não se sentiu a vontade para falar. Ele percebeu nos olhos da moça medo de que alguém os visse conversando. Ao olhar o entorno ele soube que algo de muito sério acontecia ali. Contudo soube também que não tomaria conhecimento direto da situação por meio dos colaboradores.

Tendo em vista esse cenário, o que Fabrício pode fazer para identificar o que está acontecendo para que então possa interferir em prol da melhoria daquele ambiente de trabalho?

Questões para reflexão

1. Os problemas financeiros vivenciados pelas pessoas não estão relacionados apenas com o quanto elas ganham, mas principalmente com como elas gastam. Você já parou para pensar em seus hábitos de consumo? Quais deles drenam suas finanças e impactam diretamente a sua qualidade de vida?

2. Atualmente, as pessoas estão andando menos, comendo mais e errado, com excesso de *fast-foods*. Essas atitudes causam obesidade e aumento de colesterol e impactam diretamente na qualidade de vida. O que você faria para estimular uma campanha de vida saudável em sua empresa?

Para saber mais

Livros

DOMINGUES, R. **Terapia financeira**. São Paulo: Gente, 2011.

Reinaldo Domingues, educador e terapeuta financeiro, apresenta, nessa obra, as diversas dificuldades financeiras enfrentadas pelas pessoas e a metodologia que desenvolveu para ajudá-las a ter um controle de suas finanças. O livro aborda a metodologia DSOP, cuja sigla significa: Diagnosticar, Sonhar, Orçar e Poupar. Esses quatro passos, segundo o autor, transformam a relação que as pessoas têm com o dinheiro.

FARINHAS, A. C. **Cura?** Há solução para sua vida financeira. 2. ed. São Paulo: Inverso, 2006.

Nessa obra, o autor apresenta orientações para melhorar a vida financeira das pessoas que passam por dificuldades financeiras e não sabem como sair do problema. O livro narra a trajetória de um casal que, financeiramente abalado, procura um consultor que os orienta.

Sites

BOLSA BLINDADA. Sua vida financeira à prova de fracassos. Disponível em: <www.bolsablindada.com.br>. Acesso em: 24 mar. 2017.

Nesse *site*, conheça diversas estratégias e ferramentas (planilhas e dicas) para cuidar das finanças. O *site* é dedicado às mulheres, em linguagem leve e estimulante. O cuidado e a organização das finanças contribuem para a qualidade de vida.

DSOP – Educação Financeira. Disponível em: <http://www.dsop.com.br/testes/perfil-financeiro-para-adultos/>. Acesso em: 25 mar. 2017.

Faça o teste intitulado *Controle de Gastos*, recomendado para que você estabeleça seu perfil e gerencie melhor suas finanças.

Textos *on-line*

ALMEIDA, M. 9 dicas para organizar suas finanças em apenas um dia. **Exame.com**, 13 jan. 2016. Disponível em: <http://exame.abril.com.br/seu-dinheiro/9-dicas-para-organizar-suas-financas-em-apenas-um-dia/>. Acesso em: 25 mar. 2017.

Nesse texto, Almeida nos auxilia na desmistificação de que cuidar das finanças é complicado e também contribui para a elaboração de ferramenta de orçamento pessoal.

DOMINGOS, R. Por que inserir educação financeira nas empresas? **InfoMoney**, 28 maio 2013. Disponível em: <http://www.infomoney.com.br/blogs/financas-pessoais/financas-em-casa/post/2795090/por-que-inserir-educacao-financeira-nas-empresas>. Acesso em: 25 mar. 2017.

Nesse artigo, o autor apresenta argumentos sobre a importância de realizar a educação financeira e os benefícios que o equilíbrio financeiro promove na vida das pessoas, resultando em aumento de produtividade e satisfação.

Para concluir...

Quando nos referimos ao termo *qualidade*, logo pensamos em algo que vale a pena, que é feito com cuidado, com atenção e excelência. A qualidade de vida, por sua vez, remete a uma existência saudável, equilibrada, uma vida física e mental em harmonia. Assim, a *qualidade de vida no trabalho* (QVT) preconiza que o local onde as atividades laborais se desenvolvem seja saudável, com ambiente confortável e adequado ao tipo de atividade, e que a convivência entre as pessoas seja harmoniosa e respeitosa.

As pessoas tornam-se cada vez mais conscientes da importância da QVT, e os indivíduos mais qualificados escolhem trabalhar em empresas que a propiciem e a priorizem. Por isso, fazer a gestão da QVT é fundamental para que uma organização atraia e retenha colaboradores qualificados e talentosos. Além disso, nos dias atuais, a QVT vem se tornando um indicador progressivo no que se refere à sustentabilidade dos negócios. Alta QVT pode resultar em melhor desempenho organizacional, eficácia nos processos e ser um potente estímulo à inovação.

Com esta obra, esperamos ter contribuído para aumentar a conscientização sobre a importância de promover ações que efetivamente façam com que as organizações incorporem a QVT como parte de sua missão e, com isso, transcendam os limites de suas instalações para a construção de um mundo mais justo, humano e feliz.

> *Felicidade é quando o que você pensa, o que você diz e o que você faz estão em harmonia.*
>
> MAHATMA GANDHI

Referências

ABERGO – Associação Brasileira de Ergonomia. **O que é ergonomia**. Disponível em: <http://www.abergo.org.br/internas.php?pg=o_que_e_ergonomia>. Acesso em: 25 mar. 2017.

ABRAHAM Maslow: psicólogo norte-americano. **Ebiografia**. Disponível em: <https://www.ebiografia.com/abraham_maslow/>. Acesso em: 24 mar. 2017.

AESST – Agência Europeia para a Segurança no Trabalho. **Facts** n. 6/2005. Bruxelas, 2005.

ASSÉDIO MORAL.ORG. **Danos da humilhação à saúde**. Disponível em: <http://www.assediomoral.org/spip.php?article5>. Acesso em: 24 mar. 2017.

BAKER, D.; KARASEK, R. A. Stress. In.: LEVY, B. S.; WEGMAN, D. H. (Ed.). **Occupational Health**: Recognizing and Preventing Work Related Disease and Injury. 4th Ed. Philadelphia: Lippcont Willians & Wilkins, 2000. p. 419-436.

BARRETO, M. M. S. **Uma jornada de humilhações**. 266 f. Dissertação (Mestrado em Psicologia Social) – Pontifícia Universidade Católica de São Paulo, São Paulo, 2000.

BERGAMINI, C. W.; CODA, R. **Psicodinâmica da vida organizacional**: motivação e liderança. São Paulo: Atlas, 1997.

BERNIK, V. **Estresse**: o assassino silencioso. Disponível em: <http://www.cerebromente.org.br/n03/doencas/stress.htm>. Acesso em: 23 mar. 2017.

BOOG, G. G.; BOOG, M. **Manual de gestão de pessoas e equipes**: estratégias e tendências. São Paulo: Gente, 2002. v. 1.

_____. **Manual de treinamento e desenvolvimento processos e operações**. São Paulo: Pearson Prentice Hall, 2006.

BOWDITCH, J. L.; BUONO, A. F. **Elementos do comportamento organizacional**. São Paulo: Pioneira, 1992.

BRASIL. INCA – Instituto Nacional de Câncer José Alencar Gomes da Silva. Programa Nacional de Controle do Tabagismo. **Tabagismo passivo**. Disponível em: <http://www2.inca.gov.br/wps/wcm/connect/acoes_programas/site/home/nobrasil/programa-nacional-controle-tabagismo/tabagismo-passivo>. Acesso em: 25 mar. 2017.

BRASIL. Lei n. 8.213, de 24 de julho de 1991. **Diário Oficial da União**, Poder Legislativo, Brasília, DF, 25 jul. 1991. Disponível em: <http://www.planalto.gov.br/ccivil_03/leis/L8213cons.htm>. Acesso em: 25 mar. 2017.

BRASIL. Lei n. 10.224 de 15 de maio de 2001. **Diário Oficial da União**, Poder Legislativo, Brasília, DF, 16 maio 2001. Disponível em: <http://www.planalto.gov.br/ccivil_03/leis/LEIS_2001/L10224.htm>. Acesso em: 25 mar. 2017.

BRASIL. Lei n. 10.406 de 10 de janeiro de 2002. **Diário Oficial da União**, Poder Legislativo, Brasília, DF, 11 jan. 2002. Disponível em: <http://www.planalto.gov.br/ccivil_03/leis/2002/L10406.htm>. Acesso em: 23 mar. 2017.

BRASIL. Portaria n. 3.214, de 8 de junho de 1978. **Diário Oficial da União**, Brasília, DF, 6 jul. 1978. Disponível em: <http://sislex.previdencia.gov.br/paginas/63/MTE/1978/3214.htm>. Acesso em: 25 mar. 2017.

BRASIL. Ministério da Justiça. Tribunal Superior do Trabalho. **JT condena Santander por gerente sugerir uso de favores sexuais para cumprir metas**. 16 jun. 2011. Disponível em: <http://ultimainstancia.uol.com.br/conteudo/noticias/51892/jt+condena+santander+por+gerente+sugerir+uso+de+favores+sexuais+para+cumprir+metas.shtml>. Acesso em: 25 mar. 2017.

BROXADO, S. Assédio intelectual, ...você já sofreu algum? **Portal Gerenciais**, 2011. Disponível em: <http://www.portalgerenciais.com.br/ass%C3%A9dio-intelectual.php>. Acesso em: 23 mar. 2017.

BUREAU INTERNACIONAL DO TRABALHO. **Introdução à saúde e segurança no trabalho**. 2009. Traduzido pelo Gabinete de Estratégia e Planejamento, GEP/MTSS. Disponível em: <http://www.ilo.org/public/portugue/region/eurpro/lisbon/pdf/pub_modulos2.pdf>. Acesso em: 22 mar. 2017.

CABECEIRA, H. dos S. **Capacidade para o trabalho e produtividade em pacientes com pé diabético**. 78 f. Dissertação (Mestrado Profissional em Ciências Aplicadas à Saúde) – Universidade do Vale do Sapucaí, Pouso Alegre, Minas Gerais, 2015. Disponível em: <http://www.univas.edu.br/mpcas/docs/dissertacoes/6.pdf>. Acesso em: 25 mar. 2017.

CAMELO-NUNES, I. C.; SOLE, D. Rinite alérgica: indicadores de qualidade de vida. **Jornal Brasileiro de Pneumologia**, São Paulo, v. 36, n. 1, 2010.

CARMO, J. T. do; PUEYO, A. A. A adaptação ao português do Fagerström Test for Nicotine Dependence (FTND) para avaliar a dependência e tolerância à nicotina em fumantes brasileiros. **RBM: Revista Brasileira de Medicina**, v. 59, n. 1/2, p. 73-80, 2002.

CARVALHO, L. 6 casos de motivação que viraram assédio moral. **Exame**, 24 fev. 2011. Disponível em: <http://exame.abril.com.br/negocios/noticias/6-casos-de-motivacao-que-viraram-assedio-moral>. Acesso em: 25 mar. 2017.

CARVALHO, S. P. M. **A personalidade na etiologia e progressão de doença física**. 38 f. Monografia final. Seminário de Investigação. 22 jun. 2009. Disponível em: <http://www.psicologia.pt/artigos/textos/TL0176.pdf>. Acesso em: 25 mar. 2017.

CASSAR, V. B. **Direito do trabalho**. 4. ed. Niterói: Impetus, 2010.

CASTRO; F.G.; ZANELLI, J. C. Síndrome de Burnout e projeto de ser. **Cad. Psicol. Soc. Trab**. Departamento de Psicologia da Universidade Federal de Santa Catarina. São Paulo, v. 10, n. 2, dez. 2007. Disponível em: <http://pepsic.bvsalud.org/scielo.php?script=sci_arttext&pid=S1516-37172007000200003>. Acesso em: 23 mar. 2017.

CHIAVENATO, I. **Administração de Recursos Humanos**: fundamentos básicos. 5. ed. São Paulo: Atlas, 2006.

CHIAVENATO, I. **Gestão de pessoas**: o novo papel dos recursos humanos nas organizações. 4. ed. Barueri: Manole, 2014.

COOPER, C.; COOPER, R.; EAKER, L. **Living with Stress**. London: Penguin Books, 1988.

COOPERRIDER, D. L.; WHITNEY, D.; STAVROS, J. **Appreciative Inquiry Handbook**. Brunswick: Crown Custom Publishing, 2008.

COSTA, I. M. A. R. da. **Trabalho por turnos, saúde e capacidade para o trabalho dos enfermeiros**. 204 f. Dissertação (Mestrado em Saúde Ocupacional) – Universidade de Coimbra, Coimbra, 2009. Disponível em: <https://estudogeral.sib.uc.pt/bitstream/10316/13505/1/Tese_mestrado_Isabel%20Costa.pdf>. Acesso em: 25 mar. 2017.

DAVIDOFF, L. F. Introdução à psicologia. São Paulo: Makron Books, 1983.

DEL PORTO, J. A. Conceito e diagnóstico da depressão. Revista Brasileira de Psiquiatria, São Paulo, v. 21, p. 6-11, 1999.

DELL'AGLIO, D. O processo de *coping*, institucionalização e eventos de vida em crianças e adolescentes. Tese não publicada (Doutorado em Psicologia) – Universidade Federal do Rio Grande do Sul, Porto Alegre, 2000.

DEMING, E. W. Qualidade: a revolução na produtividade. Rio de Janeiro: Marques/ Saraiva, 1990.

DEPRESSÃO está entre as principais causas de afastamento do trabalho, aponta INSS. Jornal da Record (R7), 6 abr. 2015. Disponível em: <http://noticias.r7.com/jornal-da-record/videos/depressao-esta-entre-as-principais-causas-de-afastamento-do-trabalho-aponta-inss-15102015>. Acesso em: 9 mar. 2017.

DETONI, D. J. Estratégias de avaliação da qualidade de vida no trabalho: estudos de caso em agroindústrias. 141 f. Dissertação (Mestrado em Engenharia de Produção) – Universidade Federal de Santa Catarina, Florianópolis, 2001. Disponível em: <https://repositorio.ufsc.br/bitstream/handle/123456789/79666/184613.pdf?sequence=1>. Acesso em: 25 mar. 2017.

DIAS, R. Cultura organizacional. São Paulo: Alínea, 2003.

DIEGUEZ, C. Stress: a vida além do limite. Methodus. Disponível em: <http://www.methodus.com.br/artigo/869/stress-a-vida-alem-do-limite.html>. Acesso em: 23 mar. 2017.

EMRICH, G. Assédio sexual: entenda. IG. Disponível em: <http://delas.ig.com.br/assedio-sexual/n1237491675245.html>. Acesso em: 25 mar. 2017.

ENTENDA o que é presenteísmo, problema que causa desânimo e excesso de tensão no trabalho. Zh Vida, 22 jun. 2016. Disponível em: <http://zh.clicrbs.com.br/rs/vida-e-estilo/vida/noticia/2016/06/entenda-o-que-e-presenteismo-problema-que-causa-desanimo-e-excesso-de-tensao-no-trabalho-6125016.html>. Acesso em: 23 mar. 2017.

FAPESP. Memória roda viva: Entrevista Amartya Sen. 20 jan. 2001. Disponível em <http://www.rodaviva.fapesp.br/materia/32/entrevistados/amartya_sen_2001.htm>. Acesso em: 24 mar. 2017.

FARBER, B. A. Inconsequentiality: the Key to Understanding Teacher Burnout. In.: VANDERBERGUE, R.; HUBERMAN, M. A. (Eds.). **Understanding and Preventing Teacher Burnout: a Source Book of International Practice and Research**. Cambridge: Cambridge University Press, 1999. p. 159-165.

FERNANDES, E. C. **Qualidade de vida no trabalho: como medir para melhorar**. Salvador: Casa da Qualidade, 1996.

FIOCRUZ – Fundação Oswaldo Cruz. **Assédio moral e sexual no trabalho: prevenção e enfrentamento na Fiocruz**. 2014. Disponível em: <http://www.asfoc.fiocruz.br/portal/sites/default/files/2cartilha_assedio_moral_e_sexual.pdf>. Acesso em: 25 mar. 2017.

FIORELLI, J. O.; FIORELLI M. R.; MALHADAS JUNIOR, M. J. Assédio moral: uma visão multidisciplinar. São Paulo: Atlas, 2015.

FISCHER, D. **Um modelo sistêmico de segurança do trabalho**. 263 f. Tese (Doutorado em Engenharia de Produção) – Universidade Federal do Rio Grande do Sul, Porto Alegre, 2005. Disponível em: <http://www.producao.ufrgs.br/arquivos/publicacoes/DanielaFischer.pdf>. Acesso em: 25 mar. 2017.

FLEURY, M. T. L.; FISCHER, R. M. (Coord.). **Cultura e poder nas organizações**. São Paulo: Atlas, 1989.

FRAGA, M. L. **Cultura organizacional**. Rio de Janeiro: Fundo de Cultura, 2005.

FREDERICK Herzberg. **História da Administração**. 2009. Disponível em: <http://www.historiadaadministracao.com.br/jl/gurus/65-frederick-herzberg>. Acesso em: 24 mar. 2017.

FRIEDMAN, M.; ROSENMAN, R. Association of Specific Overt Behaviour Pattern with Blood and Cardiovascular Findings. **Journal of the American Medical Association**, v. 169, n. 12, p. 1286-1296, 1959.

GALINDO, R. H. et al. Síndrome de Burnout entre enfermeiros de um hospital geral da cidade do Recife. **Revista da Escola de Enfermagem**, São Paulo, v. 46, n. 2, p. 420-427, 2012.

GILL, T. M.; FEINSTEIN, A. R. A Critical Appraisal of the Quality of Quality-of-life Measurements. **Journal of the American Medical Association**, v. 272, p. 619-626, 1994.

GLOBAL CENTRE FOR HEALTHY WORKPLACES. Celebrating Workplace Health and Well-Being. In: GLOBAL HEALTHY WORKPLACE AWARDS AND SUMMIT, 4th., 2016, Washington, DC. **Summary Report...**, Washington, DC, American University of Washington; Aetna; Aquila, 2016. Disponível em<https://www.dropbox.com/s/knj0nhbeb9z34a2/Summit%20Summary%20Report%202016.pdf?dl=0>. Acesso em: 30 mar. 2017.

GOMES, E. C. V. V. **Qualidade de vida profissional em assistentes sociais da cidade de Campo Grande.** 97 f. Dissertação (Mestrado em Psicologia) – Universidade Católica Dom Bosco, Campo Grande, 2007. Disponível em: <http://site.ucdb.br/public/md-dissertacoes/7912-qualidade-de-vida-profissional-em-assistentes-sociais-da-cidade-de-campo-grande-ms.pdf>. Acesso em: 31 mar. 2017.

GUIMARÃES, L. A. M. et al. Validação brasileira do questionário de avaliação de Qualidade de Vida Profissional (QVP-35) em bancários do ABC paulista. In: ENCONTRO IBERO-AMERICANO DE QUALIDADE DE VIDA, 2., 2004, Porto Alegre. **Anais...**, 2004.

HACKMAN, J.; OLDHAM, G. R. Development of Job Diagnostic Survey. **Journal of Applied Psychology**, v. 60, n. 2, p. 159-170, 1975.

_____. **The Job Diagnostic Survey:** an Instrument for the Diagnosis of Jobs and the Evaluation of Job Redesign Projects. Department of Administrative Sciences, Yale University, May 1974. Disponível em: <http://files.eric.ed.gov/fulltext/ED099580.pdf>. Acesso em: 24 mar. 2017.

HEMINGWAY, H. et al. Is the SF-36 a Valid Measure of Change in Population Health? Results form the Whitehall II Study. **British Medical Journal**, v. 315, n. 7118, p. 1273-1279, 15 Nov. 1997. Disponível em: <https://www.ncbi.nlm.nih.gov/pmc/articles/PMC2127819/>. Acesso em: 25 mar. 2017.

HERZBERG, F. Motivation-Hygiene Profiles: Pinpointing what Ails the Organization. **Organizational Dynamics**, v. 3, n. 2, p. 18-29, 1974.

HIRIGOYEN, M. F. **Mal-estar no trabalho**: redefinindo o assédio moral. Rio de Janeiro: Bertrand Brasil, 2005.

_____. **Assédio moral**: a violência perversa no cotidiano. 2. ed. Rio de Janeiro: Bertand Brasil, 2001.

_____. **O assédio no trabalho**: como distinguir a verdade. Lisboa: Pergaminho, 2002.

HOUAISS, A.; VILLAR, M de S. **Dicionário eletrônico Houaiss da língua portuguesa.** versão 3.0. Rio de Janeiro: Instituto Antônio Houaiss; Objetiva, 2009. 1 CD-ROM.

IPAQ – International Physical Activity Questionnaire. **Centro Coordenador do IPAQ no Brasil.** Disponível em: <goo.gl/0c25sS>. Acesso em: 24 mar. 2017.

ISTAS – Instituto Sindical de Trabajo, Ambiente y Salud. **Método Istas 21 (CoPsoQ):** manual para la evaluación de riesgos psicosociales en el trabajo. Espanha; Barcelona, 2002.

JOHANN, S. L. **Gestão da cultura corporativa.** São Paulo: Saraiva, 2004.

JOHNSTON, C.; ALEXANDER, M.; ROBIN, M. **Estudos sobre a qualidade de vida no trabalho.** Canadá: Tavail, 1981.

KARASEK, R. A. et al. The Job Content Questionnaire (JCQ): an Instrument for Internationally Comparative Assessments of Psychosocial Job Characteristics. **Journal of Occupational Health Psychology,** v. 3, n. 4, p. 322-325, 1998.

KIMURA, M. **Tradução para o português e validação do Quality of Life Index de Ferrans e Powers** [tese livre-docência]. São Paulo: Escola de Enfermagem, Universidade de São Paulo; 1999.

KIMURA, M.; SILVA, J. V. da. Índice de qualidade de vida de Ferrans e Powers. **Revista da Escola de Enfermagem da USP,** São Paulo, v. 43, p. 1098-1104, dez. 2009. Disponível em: <http://www.scielo.br/scielo.php?script=sci_arttext&pid=S0080-62342009000500014&lng=pt&nrm=iso>. Acesso em: 25 mar. 2017.

KIRKPATRICK, D. L. **Techniques for Evaluating Training Programs.** Madison: American Society for Training and Development, 1975.

LACERDA, A. L. T. et al. **Depressão:** do neurônio ao funcionamento social. Porto Alegre: Artmed, 2009.

LACOMBE, F. **Recursos humanos:** princípios e tendências. São Paulo: Saraiva, 2011.

LEKA, S.; JAIN, A. **Health Impact of Psychosocial Hazards at Work:** an Overview. WHO: Geneva, 2010. Disponível em: <http://apps.who.int/iris/bitstream/10665/44428/1/9789241500272_eng.pdf>. Acesso em: 31 mar. 2017.

LAZARUS, R. S.; FOLKMAN, S. **Stress, Appraisal, and Coping**. New York: Spring, 1984.

LIMA, A. **A parábola do velho lenhador**. 2016. Disponível em <https://www.algosobre.com.br/carreira/a-parabola-do-velho-lenhador.html>. Acesso em: 25 mar. 2017.

LIMONGI-FRANÇA, A. C. **Indicadores empresariais de qualidade de vida no trabalho**: esforço empresarial e satisfação dos empregados no ambiente de manufaturas com certificação ISO 9000. 296 f. Tese (Doutorado em Administração de Recursos Humanos) – Universidade de São Paulo, São Paulo, 1996. Disponível em: <http://www.teses.usp.br/teses/disponiveis/12/12132/tde-14042009-113324/pt-br.php>. Acesso em: 24 mar. 2017.

LIMONGI-FRANÇA, A. C. **Qualidade de vida no trabalho (QVT)**: conceitos e práticas nas empresas da sociedade pós-industrial. São Paulo: Atlas, 2004.

LIMONGI-FRANÇA, A. C. et al. **As pessoas na organização**. São Paulo: Gente, 2002.

LIMONGI-FRANÇA, A. C.; RODRIGUES, A. L. **Stress e trabalho**: uma abordagem psicossomática. 3. ed. São Paulo: Atlas, 2002.

LIPOWSKI, Z. J. Psychosomatic Medicine: Past and Present. **The Canadian Journal of Psychiatry**, Toronto, v. 31, n. 1, p. 2-7, 1986.

LIPP, M. E. N. **Manual do inventário de sintomas de stress para adultos de Lipp (ISSL)**. São Paulo: Casa do Psicólogo, 2000.

_____. **Mecanismos neuropsicofisiológicos do stress**: teoria e aplicações clínicas. São Paulo: Casa do Psicólogo, 2003.

LIPP, M. E. N.; MALAGRIS, L. E. N. O stress emocional e seu tratamento. In: RANGÉ, B. **Psicoterapias cognitivo-comportamentais**. São Paulo: Artmed, 2001. p. 475-490.

LOTZ, E. G.; GRAMMS, L. C. **Gestão de talentos**. Curitiba: InterSaberes, 2012.

_____. **Coaching & mentoring**. Curitiba: Intersaberes, 2014.

LUCCA, S. R. de. Síndrome de Burnout em professora da rede pública de ensino: relato de caso. **Revista Laborativa**, v. 1, n. 1, p. 86-93, out. 2012.

LUZ, R. **Gestão do clima organizacional**. Rio de Janeiro: Qualitymark, 2003.

MAGALHAES, A. L.; ANDREONI, B.; MARCELINO, J. F. L. Proposta de roteiro para implantação de qualidade de vida no trabalho. Disponível em: <http://www.excelenciaemgestao.org/Portals/2/documents/cneg9/anais/T13_0610_3512.pdf>. Acesso em: 25 mar. 2017.

MALTZ, M. Liberte sua personalidade. 5. ed. Summus Editorial: São Paulo, 1981.

MARTINS, S. P. Assédio moral no emprego. 4. ed. São Paulo: Atlas, 2015.

MASLACH, C. Burnout: the Cost of Caring. Englewood Cliffs: Prentice-Hall, 1982.

MASLOW, A. Motivation and Personality. New York: Harper & Row, 1970. Disponível em: <http://s-f-walker.org.uk/pubsebooks/pdfs/Motivation_and_Personality-Maslow.pdf>. Acesso em: 24 mar. 2017.

MAXIMIANO, A. C. A. Introdução à administração. São Paulo: Atlas, 2010.

MELO, J. N.; NASCIMENTO, M. T. M. Tecnoestresse: tecnologia. Revista IGT na Rede, v. 6, n. 11, p. 329-333, 2009.

MIGUEL, P. A. C. Qualidade: enfoques e ferramentas. São Paulo: Artliber, 2006.

MIRANDA, I. K de. A ergonomia no sistema organizacional ferroviário. Revista Brasileira de Saúde Ocupacional, v. 8, p. 63-70, 1980.

MOSCOVICI, F. Desenvolvimento interpessoal. Rio de Janeiro: LTC, 1985.

MYERS, D.G. Social Psychology. New York: McGraw-Hill College, 1999.

NAHAS, M. V. Atividade física, saúde e qualidade de vida: conceitos e sugestões para um estilo de vida ativo. 6. ed. Londrina: Midiograf, 2013.

NAHAS, M. V.; BARROS, M. V. G. de; FRANCALACCI, V. O pentáculo do bem-estar: base conceitual para avaliação do estilo de vida de indivíduos ou grupos. Revista Brasileira de Atividade Física e Saúde, v. 5, n. 2, p. 48-59, 2000.

NASCIMENTO SOBRINHO, C. L. et al. Médicos de UTI: prevalência da Síndrome de Burnout, características sociodemográficas e condições de trabalho. Revista Brasileira de Educação Médica, Rio de Janeiro, v. 34, n. 1, p. 106-115, jan./mar. 2010.

NASCIMENTO, S. A. C. M. O assédio moral no ambiente de trabalho. Revista LTR, São Paulo, v. 68, n. 8, p. 922-930, ago. 2004.

NATIONAL WELLNESS INSTITUTE. Six Dimensions of Wellness. Disponível em: <http://www.nationalwellness.org/?page=AboutWellness>. Acesso em: 21 mar. 2017.

NEVES, J. C. Análise financeira: técnicas fundamentais. 12. ed. Lisboa: Texto, 2000. v. 1.

NEVES, J. G. das. Clima organizacional, cultura organizacional. Lisboa: RH, 2000.

NUSSBAUM, M.; SEN, A. (Ed.). The Quality of Life. Oxford: Oxford University Press, 1995.

OGATA, A.; MARCHI, R. de. Wellness: seu guia de bem-estar e qualidade de vida. São Paulo: Campus, 2008.

OGATA, A.; SIMURRO, S. Guia prático de qualidade de vida: conceitos de qualidade de vida. Rio de Janeiro: Campus, 2009.

OIT – Organização Internacional do Trabalho (Lisboa). Mandato. Disponível em: <http://www.ilo.org/public/portugue/region/eurpro/lisbon/html/genebra_trab_digno_pt.htm>. Acesso em: 25 mar. 2017.

OLIVEIRA, J. C. de. Qualidade de vida profissional e transtornos mentais menores em fisioterapeutas de um hospital de grande porte de Campo Grande/MS. 111 f. Dissertação (Mestrado em Psicologia) Universidade Católica Dom Bosco, Campo Grande-MS, 2013.

OLIVEIRA, M. A. Pesquisas de clima interno das empresas: o caso dos desconfiômetros avariados. São Paulo: Nobel, 1996.

OMS – Organização Mundial de Saúde. WHOQOL. Genebra, 1995.

OMS – Organização Mundial de Saúde. Constituição da Organização Mundial da Saúde (OMS/WHO) – 1946. Disponível em: <http://www.direitoshumanos.usp.br/index.php/OMS-Organiza%C3%A7%C3%A3o-Mundial-da-Sa%C3%BAde/constituicao-da-organizacao-mundial-da-saude-omswho.html>. Acessado em: 25 mar. 2017.

ONLINE ETYMOLOGY DICTIONARY. Disponível em: <http://etymonline.com/?search=schala>. Acesso em: 25 mar. 2017.

ONU – Organização das Nações Unidas. Declaração Universal dos Direitos Humanos. Assembleia Geral das Nações Unidas. 1 de dezembro de 1948.

ORLANDINO, A. O stress ocupacional em professores do ensino médio. 58 f. Dissertação (Mestrado em Educação) – Universidade do Oeste Paulista, Presidente Prudente, 2008.

PALANDI, J. et al. Cinemática e dinâmica. Santa Maria: Universidade Federal de Santa Maria; Departamento de Física; Grupo de Ensino de Física, 2010.

PEDROSO, B. Pesquisa de diagnóstico do trabalho. Universidade Tecnológica Federal do Paraná, Ponta Grossa. Disponível em: <http://www.brunopedroso.com.br/qvt/pmt.pdf>. Acesso em: 10 fev. 2017.

PEDROSO, B. et al. Potencial motivador do trabalho: tradução e adaptação do instrumento de Hackman e Oldham. Revista Produção, v. 10, n. 3, set. 2010. Disponível em: <https://producaoonline.org.br/rpo/article/view/533/719>. Acesso em: 24 mar. 2017.

PEDROSO, B.; PILATTI, L. A.; CANTORANI, J. R. H. Os elementos do projeto de cargo e a qualidade de vida no trabalho: analogia do modelo de Werther e Davis. Revista Digital, Buenos Aires, n. 136, ano 14, set. 2009. Disponível em: <http://www.efdeportes.com/efd136/qualidade-de-vida-no-trabalho-modelo-de-werther-e-davis.htm>. Acesso em: 25 mar. 2017.

PEDROSO, B.; PILATTI, L. A.; PICININ, C. T. Os germes da destruição da qualidade de vida no trabalho: análise do modelo de Westley. Revista Digital, Buenos Aires, ano 15, n. 144, maio 2010. Disponível em: <http://www.efdeportes.com/efd144/qualidade-de-vida-no-trabalho-modelo-de-westley.htm>. Acesso em: 25 mar. 2017.

PESQUISA aponta que 89% das pessoas sofre de estresse por falta de reconhecimento no trabalho. Zh Vida, 20 jun. 2015. Disponível em <http://zh.clicrbs.com.br/rs/vida-e-estilo/vida/noticia/2015/06/pesquisa-aponta-que-89-das-pessoas-sofre-de-estresse-por-falta-de-reconhecimento-no-trabalho-4785670.html>. Acesso em: 23 mar. 2017.

PINES, A.; ARONSON, E. Burnout: from Tedium to Personal Growth. New York: Free Press, 1981.

PNUD – Programa das Nações Unidas para o Desenvolvimento. **Desenvolvimento Humano e IDH**. Disponível em <http://www.br.undp.org/content/brazil/pt/home/idh0.html>. Acesso em: 24 mar. 2017.

PROCHASKA, J. O.; CLEMENTE, C. di. Transtheorical Therapy: Toward a More Integrative Model of Change. **Psycotherapy: Theory, Research and Practice**, v. 19, p. 161-173, 1982.

QLI – Quality of Life Index. Disponível em: <http://qli.org.uic.edu/>. Acesso em: 25 mar. 2017.

REGIS FILHO, G. I.; LOPES, M. C. Estudo de clima organizacional em serviços ambulatoriais de saúde pública, da secretaria de saúde de Itajaí – (SC). Segunda parte: perfil dos servidores e nível de satisfação. **Revista de Ciências da Saúde**, Florianópolis, v. 15, n. 1-2, p. 163-190, jan./dez. 1996.

REICHERT, J. et al. Diretrizes para cessação do tabagismo. **Jornal Brasileiro de Pneumologia**, v. 34, n. 10, p. 845-880, out. 2008. Disponível em: <http://www.scielo.br/pdf/jbpneu/v34n10/v34n10a14.pdf>. Acesso em: 24 mar. 2017.

REIS, G. G.; NAKATA, L. E. Modelo transteórico de mudança: contribuições para o coaching de executivos. **Revista Brasileira de Orientação Profissional**, São Paulo, v. 11, n. 1, p. 61-72, jun. 2010. Disponível em: <http://pepsic.bvsalud.org/scielo.php?script=sci_arttext&pid=S1679-33902010000100007&lng=pt&nrm=iso>. Acesso em: 25 mar. 2017.

ROBBINS, S. **Comportamento organizacional**. São Paulo: Prentice Hall, 2000.

ROBBINS, S. P.; JUDGE, T. A.; SOBRAL, F. **Comportamento organizacional**: teoria e prática no contexto brasileiro. 14. ed. São Paulo: Pearson Prentice Hall, 2010.

ROCHA SOBRINHO, F., PORTO, J. B. Bem-estar no trabalho: um estudo sobre suas relações com clima social, coping e variáveis demográficas. **Revista de Administração Contemporânea**, v. 16, n. 2, p. 253-270, 2012. Disponível em: <http://www.scielo.br/pdf/rac/v16n2/v16n2a06.pdf>. Acesso em: 22 mar. 2017.

RUIZ, V. S.; ARAUJO, A. L. L. Saúde e segurança e a subjetividade no trabalho: os riscos psicossociais. Revista Brasileira Saúde Ocupacional, São Paulo, v. 37, n. 125, p. 170-180, jan./jun. 2012. Disponível em: <http://www.scielo.br/scielo.php?script=sci_arttext&pid=S0303-76572012000100020&lng=pt&nrm=iso&tlng=en>. Acesso em: 22 mar. 2017.

SAAD, M.; MASIERO, D.; BATTISTELLA, L. R. Espiritualidade baseada em evidências. Acta Fisiátrica, v. 8, n. 3, p. 107-112, 2001.

SANT'ANNA, A. de S.; KILIMNIK, Z. M. Qualidade de vida no trabalho: abordagens e fundamentos. Rio de Janeiro: Elsevier, 2011.

SANT'ANNA, A. de S.; MORAES, L. F. R. O movimento da qualidade de vida no trabalho: um estudo de suas origens, evolução, principais abordagens e avanços no Brasil. Belo Horizonte: Centro de Pós-Graduação e Pesquisas em Administração da Universidade Federal de Minas Gerais, 1998.

SANTOS, A. Assédio sexual nas relações trabalhistas e estatutárias. 2. ed. Rio de Janeiro: Forense, 2002.

SCHEIN, E. H. Guia de sobrevivência da cultura corporativa. Rio de Janeiro: J. Olympio, 1992.

SENADO FEDERAL. Diretoria-Geral. Programa Pró-Equidade de Gênero e Raça. Assédio Moral e Sexual. 2011. Disponível em <https://www12.senado.leg.br/institucional/programas/pro-equidade/pdf/cartilha-de-assedio-moral-e-sexual>. Acesso em: 23 mar. 2017.

SELYE, H. The Stress of Life. New York: McGraw-Hill, 1956.

SELYE, H. A Syndrome Produced by Diverse Nervous Agents. Nature, n. 148, p. 32, July 4th 1936.

SESI – Serviço Social da Indústria. SEBRAE – Serviço Brasileiro de Apoio às Micro e Pequenas Empresas. Dicas de prevenção de acidentes e doenças no trabalho. Saúde e Segurança no Trabalho, Micro e Pequenas Empresas. Brasília, 2005.

SILVA, J. L. L. da et al. Fatores psicossociais e prevalência da síndrome de burnout entre trabalhadores de enfermagem intensivistas. **Revista Brasileira de Terapia Intensiva**, v. 27, n. 2, p. 125-133, 2015. Disponível em: <http://www.scielo.br/pdf/rbti/v27n2/0103-507X-rbti-27-02-0125.pdf>. Acesso em: 23 mar. 2017.

SILVA, M. A. D. Exercício e qualidade de vida. In: GHORAYEB, N.; BARROS, T. **O exercício: preparação fisiológica, avaliação médica – aspectos especiais e preventivos**. São Paulo: Atheneu, 1999.

SOIBELMAN, L. **A enciclopédia do Advogado**. 3. ed. Rio de Janeiro,1981.

SOUSA, A. F. **Estresse ocupacional em motoristas de ônibus urbano: o papel das estratégias de** *coping*. Dissertação (Mestrado em Psicologia) – Universidade Federal da Bahia, Salvador, 2005. Disponível em <http://www.dominiopublico.gov.br/pesquisa/DetalheObraForm.do?select_action=&co_obra=177551>. Acesso em: 23 mar. 2017.

TAMAYO, A. et al. (Org.). **Cultura e saúde nas organizações**. Porto Alegre: Artmed, 2004.

TIMOSSI, L. da S. et al. Adaptação do modelo de Walton para avaliação da qualidade de vida no trabalho. **Revista da Educação Física**, Maringá, v. 20, n. 3, p. 395-405, out./dez. 2009. Disponível em: <http://periodicos.uem.br/ojs/index.php/RevEducFis/article/view/5780/4882>. Acesso em: 24 mar. 2017.

TST – Tribunal Superior do Trabalho. **Distribuidora de bebidas é condenada por omissão em assédio moral entre colegas**. Disponível em: <http://www.tst.jus.br/web/guest/noticias/-/asset_publisher/89Dk/content/distribuidora-de-bebidas-e-condenada-por-omissao-em-assedio-moral-entre-colegas>. Acesso em: 24 mar. 2017.

TRABALHO. In: Dicionário Etimológico. Disponível em: <http://www.dicionarioetimologico.com.br/trabalho/>. Acesso em: 25 mar. 2017.

UFPR – Universidade Federal do Paraná. Departamento de Terapia Ocupacional. **Cálculo dos escores do questionário de qualidade de vida**. Disponível em: <https://toneurologiaufpr.files.wordpress.com/2013/03/questionc3a1rio-de-qualidade-de-vida-sf-36-cc3a1lculo-escores.pdf>. Acesso em: 25 mar. 2017.

UFPR – Universidade Federal do Paraná. Departamento de Terapia Ocupacional. **Versão brasileira do questionário de qualidade de vida SF-36.** 2013. Disponível em: <https://toneurologiaufpr. files.wordpress.com/2013/03/questionc3a1rio-de-qualidade-de-vida-sf-36.pdf>. Acesso em: 24 mar. 2017.

UNIESEP – Núcleo de Investigação em Saúde e Qualidade de Vida. **Saúde e qualidade de vida: uma meta a atingir.** Porto, 2011. Disponível em: <http://www.esenf.pt/fotos/editor2/saude_e_qualidade_de_vida_uma_meta_a_atingir.pdf>. Acesso em: 25 mar. 2017.

UOL. **JT condena Santander por gerente sugerir uso de favores sexuais para cumprir metas.** 16 jun. 2011. Disponível em <http://ultimainstancia.uol.com.br/conteudo/noticias/51892/jt+condena+santander+por+gerente+sugerir+uso+de+favores+sexuais+para+cumprir+metas.shtml>. Acesso em: 25 mar. 2017.

VIEIRA, A. **A qualidade de vida no trabalho na gestão da qualidade total:** um estudo de caso na Empresa Weg Motores em Jaraguá do Sul/SC. 224 f. Dissertação (Mestrado em Administração) – Universidade Federal de Santa Catarina, Florianópolis, 1996.

WAGNER III, J. A.; HOLLENBECK, J. R. **Comportamento organizacional.** São Paulo: Saraiva, 2000.

WALTON, R. E. Quality of Working Life: what is it? **Sloan Management Review,** v. 15, n. 1, p. 11-21, 1973.

WELCOA – Wellness Councils of America. **A Dynamic Incentive Campaign Step-by-step:** Walking your Way to Wellness. Omaha, 2005.

WHOQOL GROUP. The World Health Organization Quality Life Assessment (WHOQOL): Development and General Psychometric Properties. **Social Science Medicine,** n. 46, p. 1569-1585, 1998.

_____. The World Health Organization Quality of Life
Assessment (WHOQOL): Position Paper from the World Health Organization. **Social Science Medicine,** n. 41, 10, p. 1403-1409, 1995.

_____. **Users Manual:** Scoring and Coding for the WHOQOL SRPB Field-Test Instrument. May 2012. Disponível em: <http://apps.who.int/iris/bitstream/10665/77778/1/WHO_MSD_MER_Rev.2012.05_eng.pdf?ua=1>. Acesso em: 30 mar. 2017.

WOOD JR., T. **Mudança organizacional**: aprofundando temas atuais em administração de empresas. São Paulo: Atlas, 2000.

ZANETTI, R. **Assédio moral no trabalho**. 10 mar. 2010. Disponível em: <http://www.conteudojuridico.com.br/livro-digital,e-book-assedio-moral-no-trabalho,22743.html>. Acesso em: 23 mar. 2017.

ZUARDI, A. W. **Fisiologia do estresse e sua influência na saúde**. Ribeirão Preto: Faculdade de Medicina de Ribeirão Preto, 2014.Disponível em: <https://www.academia.edu/8514738/FISIOLOGIA_DO_ESTRESSE_E_SUA_INFLU%C3%8ANCIA_NA_SA%C3%9ADE>. Acesso em: 25 mar. 2017.

Bibliografia comentada

FIORELLI, J. O.; FIORELLI M. R.; MALHADAS JUNIOR, M. J.
Assédio moral: uma visão multidisciplinar. São Paulo: Atlas, 2015.
O livro apresenta conceitos, casos e reflexões profundas sobre o assédio moral. Os autores inovam ao propor uma metodologia para determinar a gravidade do assédio moral em função de seus efeitos.

LIMONGI-FRANÇA, A. C.; RODRIGUES, A. L. **Stress e trabalho**: uma abordagem psicossomática. 3. ed. São Paulo: Atlas, 2002.
O livro oferece a oportunidade de conhecer e ampliar o conceito de saúde, bem como promove reflexões e apresenta estratégias que estimulam ações efetivas para o gerenciamento do bem-estar no trabalho.

LOTZ, E. G.; GRAMMS, L. C. **Gestão de talentos**. Curitiba: InterSaberes, 2012.
Essa obra apresenta os aspectos da gestão das pessoas nas organizações, bem como as questões da aprendizagem, das emoções, do relacionamento interpessoal e da forma de tratar conflitos. Trata de questões relativas ao ambiente psicossocial da organização, que impactam a cultura e o clima organizacional e, consequentemente, gestão da qualidade de vida no trabalho.

OGATA, A.; MARCHI, R. de. **Wellness**: seu guia de bem-estar e qualidade de vida. São Paulo: Campus, 2008.
A obra reúne em uma única publicação as dimensões da qualidade de vida – física, emocional, social e espiritual –, abordadas por profissionais experientes e fortemente alicerçadas cientificamente. Também apresenta ferramentas para a promoção da saúde, motivação, educação e aprendizado, e oferecer reflexões sobre as práticas adotadas por indivíduos e empresas em prol da qualidade de vida.

Respostas

Capítulo 1

1. e

   A primeira afirmativa está correta, pois, de acordo com a Organização Mundial da Saúde (OMS), *saúde* é muito mais do que o a ausência de doenças: é o completo bem-estar físico, psicológico e social. A segunda afirmativa está incorreta porque, segundo a psicossomática, distúrbios oriundos do plano emocional podem causar influências na saúde física. A terceira afirmativa está correta, pois apresenta a dinâmica da visão biopsicossocial. Por sua vez, a quarta afirmativa também está correta, uma vez que reforça o movimento de interação dinâmica dos planos físico, psicológico e social descritos pela visão biopsicossocial e o conceito de saúde adotado pela OMS. Por fim, a quinta afirmativa é incorreta porque apenas traduz um julgamento simplista e distorcido da situação hipotética.

2. d

   A dimensão espiritual, assim como a física, emocional, social, profissional e intelectual, compõe os domínios da qualidade de vida.

3. a

   A qualidade de vida no trabalho (QVT) é composta pelo ambiente físico e psicossocial da organização. O ambiente físico remete aos aspectos tangíveis relacionados às condições específicas de trabalho, à infraestrutura, aos recursos adequados para a realização das atividades, ao leiaute, à sinalização, à adequação do posto de trabalho ao trabalhador, à ventilação, à iluminação, à segurança no trabalho, entre outros fatores. O ambiente psicossocial refere-se às interações que ocorrem no ambiente de trabalho e que envolvem o conteúdo da tarefa, as condições oferecidas para a realização do trabalho e as habilidades, necessidades e cultura do trabalhador. Esse mesmo ambiente considera, ainda, as questões extratrabalho (finanças, lazer, família, amigos, desenvolvimento pessoal, espiritualidade), que podem influenciar a saúde, o desempenho na tarefa e a satisfação no trabalho. A responsabilidade pela QVT envolve tanto a empresa, por meio da proposição de políticas e treinamentos, quanto os gestores e colaboradores, no que se refere a aspectos técnicos e comportamentais e à oferta de equipamentos de proteção individual e coletivos. Ao colaborador, ainda, compete o cuidado com a sua integridade física e com a integridade dos colegas, atuando como agente disseminador da importância e da responsabilidade de cuidar do ambiente físico de trabalho.

4. A cultura organizacional é um conjunto de crenças e valores que influenciam diretamente na tomada de decisão e no comportamento dos indivíduos da organização. Quando a qualidade de vida no trabalho é um valor para a organização, esta se mobiliza no sentido de cuidar da saúde e do bem-estar no colaborador, tanto no que se traduz em medidas de higiene e segurança no trabalho quanto no que se expressa em políticas e práticas para a gestão do ambiente psicossocial da organização.

5. O clima organizacional expressa a percepção dos colaboradores em relação às diferentes variáveis organizacionais, tais como ambiente e condições de trabalho, salário, relacionamento com a chefia, entre outros elementos. A pesquisa de clima organizacional é uma poderosa ferramenta para diagnosticar e identificar as variáveis organizacionais promotoras de satisfação e de insatisfação e, assim, para implantar estratégias que permitam elevar o patamar de satisfação e bem-estar dos colaboradores.

Capítulo 2

1. d

    O termo *estresse* remete a dois significados: como processo, que é a tensão diante de uma situação de desafio por ameaça ou conquista, e como estado, que é o resultado positivo ou negativo da tensão. O estresse que produz resultados negativos no campo físico, emocional e social do indivíduo é denominado *distress*, e aquele que produz resultados positivos é denominado *eustress*.

2. a

    Síndrome geral de adaptação é a denominação atribuída por Hans Selye (1936) para designar o conjunto de reações não específicas desencadeadas quando o organismo é exposto a um estímulo ameaçador à manutenção da homeostase. Essa síndrome é composta por três fases: alarme, resistência e exaustão. Na alternativa b, remetemo-nos à visão biopsicossocial, segundo a qual o indivíduo é composto por uma interpelação dinâmica entre as camadas biológica, psicológica e social. Na alternativa c, mencionamos os estressores – pressões internas ou externas às quais o organismo é exposto. Na alternativa d, citamos a homeostase, que é a habilidade do organismo de manter um estado físico-químico característico e constante, dentro de determinados limites. Por fim, na alternativa e, remetemo-nos à vulnerabilidade individual e a fatores individuais.

3. c

    Pertencem à categoria chamada *fatores potenciais* os tipos de estresse oriundos do ambiente, bem como as questões econômicas, políticas, tecnológicas e relativas a catástrofes naturais e áreas ambientais de risco. Por sua vez, tarefas e condições de trabalho, normas, metas que não podem ser alcançadas, incompatibilidade nas relações interpessoais, que promovem conflitos disfuncionais, ausência de clareza e divisão de atividades e falta de autonomia, compõem a categoria chamada *fatores organizacionais potenciais de estresse*. Por fim, o estilo de personalidade, as crenças limitantes, o lócus externo de controle, entre outros fatores, pertencem à categoria chamada *fatores potenciais individuais de estresse*.

4. Entre as consequências do estresse para as organizações, podemos apontar primeiramente o absenteísmo, que é ausência do trabalhador, que requer readequação da equipe para manter a produtividade, custos com

substituições, entre outros; há também o presenteísmo, caracterizado quando o trabalhador está fisicamente em seu posto de trabalho, embora não consiga produzir e realizar suas atividades, fenômeno que faz com que o efeito na produtividade decline, incorrendo em perda de prazos, erros, elevação da propensão a acidentes de trabalho, conflitos entre pessoas e equipes (que podem levar à sabotagem), incidências de doenças crônicas ou agudas (que podem levar à invalidez), ações trabalhistas, elevação do custo com treinamentos, desligamentos e contratações etc.

5. Depressão, síndrome do pânico, síndrome de *burnout*, síndrome da fadiga crônica e síndrome do desamparo são algumas das que podem estar associadas ao estresse. Contudo, o estresse pode levar também à elevação da pressão arterial, distúrbios gastrointestinais e do sono, entre outros.

Capítulo 3

1. a

O assédio moral traz em si alguns elementos caracterizadores: repetição sistemática, intencionalidade e degradação deliberada das condições de trabalho. Portanto, a gestão por injúria, os conflitos, as pressões por prazos e metas são consideradas figuras próximas, que podem gerar danos morais, mas não assédio moral.

2. c

O assédio intelectual é a ação deliberada, tácita ou explícita, de um indivíduo ocupante de maior nível hierárquico para sabotar, isolar, não valorizar ou não considerar trabalhos executados, nem levar em conta o perfil profissional, bem como as habilidades, a dedicação, os bons serviços, os projetos e ideias de pessoal subordinado. (Broxado, 2011)

3. d

O crime de assédio sexual tem por caracterizadores: a conduta de impor constrangimento a alguém; o objetivo de obter vantagem ou favorecimentos de ordem sexual; condição clara para manter o emprego; influência em promoções na carreira e a

prevalência da condição de superior hierárquico. Pode ocorrer dentro ou fora do horário de expediente e das instalações da empresa e independe da idade, do sexo, do estado civil ou da escolha afetiva do assediado, ou, ainda, do contato físico ou da ausência dele. A presença desses caracterizadores em determinada situação (que pode ocorrer uma única vez) configura crime de assédio sexual.
4. Sim, uma organização favorece a ocorrência do assédio na medida em que toma conhecimento e não adota as ações cabíveis para prevenir ou coibir tal ato no ambiente de trabalho. Quando o gestor não identifica o comportamento abusivo da equipe de trabalho e ignora a denúncia, está oferecendo reforço positivo para que aquelas condutas continuem acontecendo.
5. São diversas as possibilidades que as organizações podem adotar para coibir e prevenir o assédio no âmbito do trabalho. Entre elas, podemos citar: a adesão do código de ética e de conduta; sensibilização dos colaboradores para com o tema *assédio* e os impactos que causam no indivíduo, no grupo e na organização; a criação e a manutenção de canal sigiloso para denúncia; esforço para garantir que as informações e as denúncias sejam investigadas, tratadas e respondidas; estabelecimento e disseminação de ações disciplinares; políticas de gestão de pessoas, voltadas para seleção de pessoas, pesquisa de clima, entre outros; estímulo ao desenvolvimento das competências comportamentais dos gestores, entre outros.

Capítulo 4

1. d
O Modelo de Walton leva o nome de seu idealizador, o pesquisador Richard Walton, que, após empreender diversos experimentos, identificou que a geração e a manutenção da QVT passam por atender não apenas as necessidades, mas também as aspirações do ser humano e da responsabilidade social da empresa. De acordo com o modelo, a qualidade de vida está inserida em um

contexto de conciliação e equilíbrio entre o trabalho e as outras esferas da vida.

2. e
O Instrumento WHOQOL-100 corresponde à primeira descrição; o Pevi corresponde à quarta descrição; o QVP-35 corresponde à terceira descrição; o inventário de sintomas de *stress* corresponde à quinta descrição e o WPAI-GH corresponde à segunda descrição.

3. e
O inventário de sintomas de *stress* (ISSL), instrumento padronizado pela pesquisadora brasileira Marilda Lipp, está alicerçado no modelo da síndrome geral de adaptação desenvolvido por Hans Selye, que destaca três fases: alarme, resistência e exaustão. É indicado para auxiliar na identificação de quadros característicos do estresse, possibilitando diagnosticar esse problema em adultos, bem como a fase em que a pessoa se encontra.

4. Você pode propor para a empresa a elaboração de uma campanha ou programa de qualidade de vida com os seguintes objetivos: conscientizar as colaboradoras sobre a importância da atividade física; sensibilizar e despertar o desejo para a prática de atividade física; propor ações como caminhadas e convênios com academias, entre outras iniciativas.

5. Primeiramente, é importante conhecer o conceito do *presenteísmo*, saber do que se trata e quais são as causas e os efeitos para o indivíduo, para o grupo e para a empresa. O gestor pode identificar os "sintomas" do presenteísmo de diversas maneiras e, de forma genérica, a pesquisa de clima e os indicadores de produtividade permitem observar que algo não vai bem. Para conhecer mais a fundo e conhecer as especificidades da questão, o gestor pode aplicar o instrumento específico *Work Productivity and Activity Impairment-General Health* (WPAI-GH). Os dados obtidos pelo instrumento são transformados em informações que permitirão identificar estratégias para reduzir o problema e, sobretudo, agir preventivamente sobre a questão.

Capítulo 5

1. a
   Planejar (*Plan*): define "o que" e "como" fazer. Fazer (*Do*): refere-se à etapa da execução do que foi definido e acordado no planejamento. Verificar (*Check*): refere-se ao monitoramento e à avaliação constantes dos resultados obtidos com a execução das atividades, sejam ações isoladas ou programas que contemplam conjunto de ações voltadas ao bem-estar do colaborador. Agir/Redirecionar (*Act*): refere-se ao encaminhamento das providências estipuladas nas avaliações e relatórios sobre os processos.

2. c
   A avaliação diagnóstica é composta por três fases: a primeira coleta os dados da organização e dos colaboradores. A segunda fase, da avaliação, contempla a realização dos relatórios de *feedback* (individual e gerencial). A última fase compreende a apresentação dos resultados à direção da organização e aos colaboradores.

3. d
   A avaliação de resultados inspirados em modelo de avaliação proposto por Donald Kirkpatrick (1975) avalia diferentes níveis, a saber: a) participação: a frequência e o público-alvo ao qual pertencem os participantes; b) reação: a satisfação dos participantes; c) comportamento: impactos nos objetivos de saúde, tais como mudança no perfil de saúde (pressão arterial; peso corporal; circunferência abdominal; taxas de glicose e colesterol) e estilo de vida (tabagismo; sedentarismo; obesidade; estresse; mau padrão alimentar) e d) resultados: o impacto nos resultados da organização (a efetividade do programa).

4. A pesquisa de estágio de prontidão para mudanças investiga o nível de percepção sobre o problema e o engajamento dos profissionais em relação a mudanças. A empresa pode ter excelentes intenções em relação a melhorar a saúde, o bem-estar e a qualidade de vida do colaborador. Contudo, tais melhorias implicam modificação de hábitos que, muitas vezes, já estão com raízes

tão profundas que acabam servindo de área de conforto para a pessoa.
5. Existem diversas estratégias que podem ser utilizadas. O importante é primeiramente olhar para o perfil do público a quem se deseja comunicar para, então, com criatividade, estabelecer a ação ou conjunto de ações para a sensibilização. Entre as ações, destacamos: conversas com especialistas; mensagens na intranet (por meio de perguntas que levem o colaborador a refletir e, já na sequência, uma informação relevante sobre o tema, por exemplo, se o público for feminino: "O seu exame preventivo está em dia? Você sabia que...."); dramatizações; vídeos; informes nos contracheques, entre outros.

Capítulo 6

1. d
A dimensão (B) Biológica corresponde à quarta descrição; a dimensão (P) Psicológica corresponde à segunda descrição; a dimensão (S) Social corresponde à primeira descrição e a dimensão (O) Organizacional corresponde à primeira descrição.
2. d
O foco das campanhas de prevenção de doenças está voltado para a dimensão biológica, pois são ações que têm por objetivo promover a saúde física do colaborador.
3. e
O programa de *outplacement* tem por objetivo humanizar o processo de demissão, acolhendo o demitido e contribuindo para que ele reavalie seus objetivos de carreira, currículo, rede de relacionamento, entre outros fatores.
4. Como a empresa irá receber dois colaboradores com necessidades especiais diferentes, um visual e outro auditivo, o primeiro passo seria sensibilizar, conscientizar e capacitar os colaboradores que irão recebê-los. Clair pode ofertar ao pessoal que irá receber Arnaldo informações sobre acessibilidade e como e quando oferecer ajuda. Ao pessoal que irá receber Ana Clara, um curso de linguagem brasileira de sinais (Libras) pode contribuir

significativamente para a acolhida no sentido de criar e manter um ambiente positivo de trabalho.
5. Em uma situação como a apresentada, Fabrício pode agir em três frentes:
   1. abrir um canal sigiloso de denúncias (telefone, internet, intranet) para que os colaboradores e terceiros possam registrar denúncias quando condutas antiéticas forem detectadas (assédio, corrupção, abuso de poder, desrespeito, discriminação, uso indevido de ativos da organização, entre outros);
   2. criar código de ética e de conduta para estabelecer referencial de padrão comportamental ético alicerçado nos valores da empresa e que também permite corrigir comportamentos que se distanciarem dos desejados pela organização;
   3. aplicar pesquisa de clima, que evidenciará os fatores e focos promotores de insatisfação e da degradação do ambiente de trabalho.

Sobre as autoras

Lorena Carmen Gramms é *coach* e sócia-diretora do Instituto Elos Brasil, que atua na área de treinamento de pessoas e lideranças com cursos, treinamentos e palestras em todo o Brasil. É mestre em Administração (Estratégias e Organizações) pela Universidade Federal do Paraná (UFPR) e graduada em Administração pela Fundação Amparo e Desenvolvimento da Pesquisa (Fadeps). É certificada em *Personal e Professional Coaching* pela Sociedade Brasileira de *Coaching*, em *Competence Management and Development* pela Scholl of International Business Enterpreneuship (Berlin); em *Case Study Teaching and Learning* pela Steinbeins University Berlin e também em *Lecturing Work Integrated Master Program* (SIBE – Berlin). Iniciou carreira profissional em trabalhando com exportação de calçados para EUA e Europa, atuando como *Account* em exportadora americana, na cidade de Novo Hamburgo-RS, onde trabalhou por 5 anos. Depois disso, trabalhou por 6 anos em uma multinacional americana da área de alimentos e por 4 anos em outra multinacional americana da área médica. Após reorientação de carreira, durante o mestrado, trabalhou como tradutora e com análise de pesquisa de mercado, e então passou a trabalhar como docente de ensino superior, assumindo a gestão de cursos de Administração e Tecnologia em gestão por 13 anos. A partir de 2012, passou a atuar como consultora com palestras, treinamentos *in company* e consultoria na área de desenvolvimento de pessoas e competências e *coaching*, e também com docência em cursos de MBA. Atua ainda como Conselheira no CRA-PR, onde coordena a Câmara de Gestão Pública, compõe a Câmara de Sustentabilidade e Inovação; é avaliadora de cursos de graduação em Gestão e avaliadora dos Prêmios Belmiro Siqueira de Administração e Guerreiro Ramos de Gestão Pública. É autora dos livros *Administração estratégica, Gestão de talentos, Aprendizagem organizacional,* Coaching e mentoring e *Gestão de pessoas.*

Erika Gisele Lotz é diretora do Studio de Coaching Erika Lotz e consultora em gestão de pessoas. Ministra programas de desenvolvimento pessoal e interpessoal para organizações em todo o Brasil e atua como docente em cursos de graduação e MBA nas áreas de gestão de pessoas e *coaching*. É graduada em Administração pela Universidade Estadual de Maringá (UEM), especialista em Fundamentos Estéticos para Arte-Educação pela Faculdade de Artes do Paraná (FAP) e mestre em Turismo e Hotelaria pela Universidade do Vale do Itajaí (Univali). Possui formação em *Coaching* pela Coaching Foundation Skills in Coaching e Sociedade Brasileira de Coaching; é *Master Practitioner* em Programação Neurolinguistica. Além disso, é autora das seguintes obras: *Recrutamento e seleção de talentos,* Coaching e mentoring, *Aprendizagem organizacional, Gestão de talentos* e *Administração estratégica e planejamento.*

Os papéis utilizados neste livro, certificados por instituições ambientais competentes, são recicláveis, provenientes de fontes renováveis e, portanto, um meio **responsável** e natural de informação e conhecimento.

Impressão: Reproset